乡村治理：多维实践与路径优化

熊小四 著

西南大学出版社

国家一级出版社 全国百佳图书出版单位

图书在版编目(CIP)数据

乡村治理 : 多维实践与路径优化 / 熊小四著.
重庆 : 西南大学出版社, 2025. 7. -- ISBN 978-7-5697-3227-6

Ⅰ. D638

中国国家版本馆CIP数据核字第2025H18C68号

乡村治理:多维实践与路径优化

XIANGCUN ZHILI:DUOWEI SHIJIAN YU LUJING YOUHUA

熊小四　著

责任编辑 | 尹清强
责任校对 | 郑祖艺
装帧设计 | 起源
排　　版 | 陈智慧
出版发行 | 西南大学出版社(原西南师范大学出版社)
地址:重庆市北碚区天生路2号
邮编:400715
电话:023-68868624
印　　刷 | 重庆市圣立印刷有限公司
成品尺寸 | 185 mm × 260 mm
印　　张 | 18
字　　数 | 350千字
版　　次 | 2025年7月　第1版
印　　次 | 2025年7月　第1次印刷
书　　号 | ISBN 978-7-5697-3227-6

定　　价 | 88.00元

作者简介

ZUOZHE JIANJIE

熊小四 公共管理博士，黔南民族师范学院经济与管理学院教师。

主要研究方向：

乡村人才队伍建设、乡村人居环境治理、乡村社会治理等。

主要科研成果：

发表论文10余篇，获得实用新型专利2项；主持贵州省教育厅高校人文社会科学研究项目（专项项目）一项（2023），贵州省高校人文社会科学研究项目一项（2024），贵州省理论创新课题（联合课题）一项（2024），黔南州科技计划项目一项（2019），黔南州哲学社会科学理论创新课题三项（2020、2022、2024），黔南州揭榜挂帅教科研项目一项（2024），黔南民族师范学院校级项目三项（2013、2019、2023）。

前言

QIANYAN

中国式现代化是中国共产党领导的社会主义现代化，既遵循现代化一般规律，又立足中国实际，彰显中国特色。乡村治理作为国家治理体系的基础单元，其现代化进程不仅关乎亿万农民对美好生活的向往，更是实现全体人民共同富裕、人与自然和谐共生的关键路径。在乡村振兴战略全面推进的背景下，如何构建适配中国国情的乡村治理体系，已成为理论与实践方面的紧迫课题。本书以贵州省为实证样本，聚焦中国式现代化视域下的乡村治理多维实践，试图回答一个核心命题：如何在制度创新与技术赋能的协同中，探索欠发达地区乡村治理现代化的可行路径？

研究缘起与价值锚点。贵州省作为中国西部多民族聚居、喀斯特地貌集中连片分布的典型代表，其乡村治理实践具有三重典型性：一是生态治理的复杂性。水土流失治理与生态产业发展矛盾突出，为探索“两山”转化机制提供天然实验室。二是文化治理的特殊性。18个世居民族共生的多元文化生态，要求治理模式在现代化转型中兼顾文化传承与创新。三是数字治理的先锋性。作为国家大数据综合试验区，贵州为技术赋能乡村治理积累丰富经验。这一独特场域使其成为观察中国乡村治理现代化的“全景视窗”，既浓缩了中西部地区“治理资源匮乏—发展诉求迫切”的共性矛盾，又孕育出“三变改革”“村社合一”等制度创新样本。通过解剖贵州这只“麻雀”，可提炼出山地多民族地区乡村治理的普遍规律，为构建中国式乡村治理理论提供鲜活注脚。

理论框架与分析维度。本书构建“制度—技术—文化”协同驱动的三维理论框架。

制度创新维度，聚焦基层党组织嵌入治理的机制设计、乡村干部治理能力建设的路径优化，揭示党建引领与主体能力提升的互构逻辑；技术赋能维度，通过生态治理的数字化实践、人才培育的“三链融合”机制，解析技术工具对治理逻辑的重构效应；文化治理维度，在绩效评估体系与可持续发展路径中，凸显民族文化基因与现代治理价值的融合张力。

内容结构与阅读指南。全书共九章，形成“提出问题—分析问题—解决问题”的逻辑闭环。

本书既可为政策制定者提供决策参考，也可为学术界深化乡村治理研究提供理论工具。对于关注西部发展、民族地区治理、数字乡村建设的读者，可通过典型案例（如HY村“四轮驱动”模式、ZX侗寨文旅融合实践）直观把握治理创新的底层逻辑。

本书的完成得益于贵州省各级政府部门、驻村工作队、当地村民的鼎力支持，他们既是研究对象，更是治理创新的主体。在田野调查中，我们深切感受到乡村治理现代化绝非简单的技术移植或制度模仿，而是立足乡土社会基因的创造性转化。期待本书能激发更多学者关注中国乡村治理的复杂性与可能性。中国式现代化道路的独特性，注定中国的乡村治理实践将为全球可持续发展贡献东方智慧。在这条充满挑战与希望的征途上，本书愿作一块引玉之砖。

本书的出版得益于多位专家学者的支持与帮助，在此致以诚挚的感谢。但由于作者研究水平有限，在撰写本书过程中，难免出现疏漏和错误，恳请各位专家及读者批评指正。

目录

M U L U

绪论

在全球治理体系深度变革与中国式现代化全面推进的双重语境下,乡村治理作为国家治理现代化的基础性工程,承载着破解城乡二元结构、实现共同富裕的核心使命。绪论部分主要是通过系统阐述研究背景与理论框架,为读者理解研究价值提供认知基础。

一、研究背景与意义

(一)中国式现代化与乡村治理的内在逻辑

1.政治逻辑与制度优势

中国式现代化强调中国特色社会主义道路,乡村治理作为国家治理体系的重要组成部分,必须围绕这一政治逻辑展开,即在坚持中国特色社会主义的基础上推进乡村治理现代化。乡村治理体系与治理能力的现代化是社会主义制度在乡村层面的具体实践,通过坚持党的领导,乡村治理能够确保政策的一致性和执行力,避免因多元利益冲突而导致的治理失效。浙江省“千村示范、万村整治”工程(简称“千万工程”)通过党建引领,统筹资源,推动乡村环境整治和经济发展,成为全国乡村治理的典范,凸显了党的领导和中国特色社会主义制度的优势,确保了政策的连贯性和执行力。而通过实施“三农”政策,加强农业现代化、农村产业化和农民职业化,推动乡村经济社会发展,实现乡村治理体系和治理能力的现代化,充分体现了乡村治理体系与治理能力的现代化是社会主义制度在乡村层面的具体实践。

2.统筹“两个大局”的逻辑

“两个大局”指的是中华民族伟大复兴的战略全局和世界百年未有之大变局,即国内发展大局和国际发展大局。乡村治理必须在这“两个大局”中找准定位,既要推动乡村经济发展,又要应对全球化带来的挑战,以实现乡村治理的全面现代化。在乡村振兴战略中,中国政府通过共建“一带一路”,推动乡村特色产品走向国际市场。乡村在发展过程中,既要通过引进外资和技术,发展特色农产品,提高乡村经济实力,又要加强乡村环境保护,确保可持续发展。

3.人民乡村理念的贯彻

中国式现代化强调以人民为中心的发展思想，乡村治理必须深入贯彻落实这一理念，确保农民在乡村发展中的主体地位，提升农民的获得感、幸福感和安全感，保障农民的权益。2025年中央一号文件《中共中央 国务院关于进一步深化农村改革 扎实推进乡村全面振兴的意见》明确提出统筹建立农村防止返贫致贫机制和低收入人口、欠发达地区分层分类帮扶制度。这增强了农民对政府的信任感和归属感。

4.工具理性与价值理性的统一

工具理性作为现代化进程中的核心驱动力，其本质在于通过科学方法与技术手段实现目标的最优解。工具理性指向事物的“实然”状态，指向在剔除价值判断的基础上通过精确计算、手段选择、程序规制等，达成预期目标的实践能力。①在乡村治理场域，工具理性形态具体表现为运用大数据分析优化资源配置、依托物联网构建智能监测系统、通过云计算提升决策效率等技术治理范式。其核心价值在于突破传统治理模式的信息不对称瓶颈，构建精准化、动态化的治理体系。

价值理性是指个体行动合乎超越自我利益衡量的价值观与信念观。②价值理性作为社会治理的本质属性，强调行动与终极价值的一致性，中国语境下的乡村治理价值理性，集中体现为“以人民为中心”的发展思想，具体包括维护农民主体地位、保障基本民生权益、传承优秀乡土文化、促进社会公平正义等核心要素。这种理性形态构成乡村治理的价值基准，确保技术应用始终服务于人的全面发展。

工具理性强调效率和手段，价值理性强调目的和意义。乡村治理需要在工具理性和价值理性之间找到平衡，既要通过现代化手段提升治理效率，又要确保治理过程符合社会主义核心价值观。江苏省在“智慧乡村”建设过程中，注重引入大数据、物联网等现代技术，提升乡村治理的智能化水平。这些技术的应用始终以服务农民、提升乡村生活质量为目标，避免了技术至上带来的异化问题。

5.克服传统乡村现代化模式的弊端

传统乡村现代化模式往往忽视乡村的文化和生态价值，导致乡村特色丧失和生

---

① 孟宪斌.融合工具理性与价值理性:对地方政府绩效管理运行逻辑的反思[J].中国矿业大学学报(社会科学版),2020,22(4):77-89.

② 巨绍炜,蔡萌.高职院校大学生返乡就业意愿的影响机制研究——工具理性与价值理性的双重视角[J].中国高教研究,2024,(6):93-100.

态环境破坏。体现为:

一方面,工业化路径的生态负外部性。传统乡村现代化遵循"资源消耗—工业扩张—环境代价"的线性发展逻辑,导致生态系统的不可逆损伤。统计显示,我国耕地在2009年至2019年年均净减少超过1100万亩。第三次全国国土调查数据显示,10年间我国耕地净流向林地1.12亿亩,净流向园地0.63亿亩,有6200多万亩坡度2度以下的平地被用来种树。①这种以环境损耗为代价的发展模式,本质上是科斯定理中"产权界定模糊"导致的负外部性失控,凸显出现代化进程中生态价值核算的制度缺位。另一方面,在城乡二元结构下,传统模式陷入"人口流失—文化断层—特色消亡"的恶性循环。数据显示,2005年存量为5000个的古村落,到2013年只剩不足3000个。②这种文化解构源自吉登斯所言"现代性的脱嵌效应",当现代化进程脱离地方文化语境时,必然引发文化认同危机与社会资本耗散。再有,单一经济理性的价值异化。传统发展模式过度强调经济指标优先,导致"GDP主义"对生态文化价值的制度性排斥。

中国式现代化强调在发展中保护乡村的文化和生态,实现可持续发展。福建省在"生态银行"模式中,创新建立"三权分置"的生态产权制度,将生态资源细分为所有权(国家)、承包权(集体)、经营权(市场主体),通过颁发生态地票、林权证、水权证等形式完成确权登记。在试点过程中,福建顺昌县明确产权主体、划清产权界线,形成全县林地"一张网、一张图、一个库"数据库管理。这种制度设计有效破解了"公地悲剧"困境,为生态资本化奠定了产权基础,通过将乡村的生态资源转化为经济资产,既保护了生态环境,又促进了乡村经济发展,避免了传统工业化对乡村生态的破坏,实现了经济与生态的双赢。

(二)全球乡村治理的共性挑战与独特性

在全球化浪潮的推动下,世界各国的乡村治理都面临着诸多共性挑战。经济全球化使得乡村地区的产业结构、就业形态、人口流动等都发生了深刻变化,传统的农业生产方式受到冲击,乡村经济的可持续发展面临困境。同时,全球化也带来了文化交融与碰撞,乡村地区的传统文化、价值观念受到外来文化的冲击,乡村文化的传承与保护问题日益突出。不容忽视的是,全球气候变化、环境污染等生态问题也对乡村

① 耕地问题调查[EB/OL].(2025-02-23)[2025-02-26].http://paper.ce.cn/jjrb/html/2022-02/14/content_457991.htm.

② 中国传统村落保护的历程与展望[EB/OL].(2022-07-13)[2025-02-27].https://guoxue.ifeng.com/c/8HaiK3uheiH.

治理提出了新的要求,如何在发展经济的同时保护乡村的生态环境,实现人与自然和谐共生,成为各国乡村治理亟待解决的问题。

然而,不同国家的乡村治理又具有其独特性。各国的历史文化传统、社会制度、经济发展水平等存在差异,使得乡村治理的具体问题、治理模式和治理效果等存在不同程度的差异。如在一些发达国家,其乡村治理更加注重环境保护、生活质量提升和乡村社区的可持续发展,而在一些发展中国家,其乡村治理则更侧重于解决贫困、基础设施建设、教育医疗等基本公共服务的供给问题。因此在研究乡村治理时,必须结合各国的具体国情,深入分析其治理模式和经验。

(三)中国乡村治理的现实困境与迫切需求

中国是一个农业大国,乡村治理一直是国家治理的重要组成部分。改革开放以来,中国农村的经济发展取得了显著成就,农民的生活水平不断提高,但乡村治理仍然面临着诸多困境。主要表现为:一是农村基础设施建设仍然存在短板,一些地区的交通、水利、电力等基础设施仍然较为落后,影响了农村的生产生活和经济发展。二是农村公共服务供给不足,教育、医疗、文化等公共服务水平相对较低,城乡公共服务差距依然较大,农民的基本生活需求得不到充分满足。三是农村人口老龄化、空心化问题突出,大量青壮年劳动力外出务工,农村留守老人、留守儿童、留守妇女等弱势群体的数量不断增加,他们的生活保障、精神慰藉等问题亟待解决。四是农村生态环境问题也比较严重,一些地区的农业面源污染、农村生活垃圾处理、农村水土流失等问题较为突出,影响了农村的可持续发展和农民的生活质量。

在促进中国城乡融合发展,实现乡村治理体系和治理能力现代化的过程中,一是需要加强农村基础设施建设,改善农村的生产生活条件,为农村经济的发展提供有力支撑;二是需要提高农村公共服务供给水平,缩小城乡公共服务差距,保障农民的基本生活需求;三是需要解决农村人口老龄化、空心化问题,完善农村社会保障体系,提高农村弱势群体的生活保障水平;四是需要加强农村生态环境保护,实现农村经济、社会、生态的协调发展。

(四)贵州省乡村治理的典型性与研究价值

贵州省作为中国西南地区多民族聚居的典型省份,其乡村治理模式因地理环境复杂、民族文化多样、经济基础薄弱等特点而具有显著典型性。近年来,贵州在脱贫攻坚与乡村振兴衔接、数字技术赋能基层治理、民族文化与生态保护协同发展等方面形成了独特经验,为发展中国家探索后发地区治理路径提供了重要参考。

1.贵州省乡村治理的典型性

一是党建引领下的自治创新。贵州通过强化基层党组织在乡村治理中的核心作用,探索出多种自治模式。安顺市关岭县卧龙村成立"党群议事小组",由党员和村民代表共同商议村庄事务,推动道路硬化、环境整治等民生工程,有效解决"自治动力不足"问题。纳雍县小屯村的"七人议事小组"以党建为引领,整合资源推进"五化"建设(道路硬化、溪流净化等),将"煤矿村"转型为美丽乡村。这些治理实践体现了党组织在统筹资源、凝聚共识中的关键作用。

二是多民族协同治理的样本价值。根据第七次全国人口普查结果,贵州省有3个民族自治州、11个民族自治县,少数民族人口占比达36.43%,苗、侗、布依等民族村寨的"寨老制""议榔制"等传统治理机制与现代法治体系有机融合。例如雷山县西江苗寨通过"村民议事会+旅游合作社"模式,将传统"榔规"转化为现代村规民约,实现旅游收益分配的公平性。这种治理创新为多民族地区化解文化冲突、促进社会整合提供了实证案例。

三是文化治理与移风易俗的深度融合。贵州注重将传统文化与治理需求结合,破解陈规陋习。遵义市湄潭县通过"车不过十,礼不过百"的红白理事会改革,严控婚丧嫁娶的铺张浪费,推动乡风文明建设。六盘水市红德村制定"六要十八不准"村规民约,倡导厚养薄葬、节俭办酒,显著提升乡村文明程度。此类实践将德治融入基层治理,形成"软约束"与"硬制度"的互补。

四是数字赋能的治理现代化探索。作为全国首个大数据综合试验区,贵州建成"省—市—县—乡—村"五级政务数据共享平台。遵义市湄潭县通过"黔农智慧乡村"系统实现宅基地制度改革数字化管理,完成万宗以上农村产权线上交易。这种技术治理模式为破解山区治理半径大、信息不对称等难题提供了解决方案。

五是山地生态治理的示范意义。针对喀斯特地貌占总面积73.8%的生态脆弱性，贵州创新“河长制+林长制+树长制”三级联动体系。毕节市海雀村通过“党支部领办合作社”模式发展林下经济，成功实现了生态保护、产业发展与农民增收的协同推进，其经验在贵州省内具有典型性，并多次在国家层面被作为乡村振兴范例推广。这种生态治理与经济发展协同模式验证了“绿水青山就是金山银山”理论的实践可行性。

2.贵州省乡村治理的研究价值

一是贵州案例展现了“工具理性与价值理性统一”的治理逻辑。湄潭县“寨管家”机制将自然村寨划分为网格，推选5438名“管家”负责环境卫生、公益事业等，通过精细化服务提升治理效能，体现了工具理性；同时，其强调村民主体地位和乡风文明，彰显了“以人民为中心”的价值理性。这种注重工具理性与价值理性统一的治理逻辑，为破解传统治理中效率与公平的冲突提供了参考。

二是为探索多民族地区治理的共性路径提供了范本。贵州布依族、苗族等少数民族村寨的治理经验，对多民族地区具有普适性。修文县大木村结合布依族文化开展民歌普法，既保留民族特色，又推动法治建设；榕江县通过“榕易谈”模式在鼓楼、田野等开放空间议事，尊重少数民族议事传统，增强治理包容性。这些实践为多民族地区协调文化传承与现代化提供了范本。

三是数字化与治理创新的结合潜力。贵州在治理中积极应用数字技术，如榕江县“村超”利用大数据和直播扩大赛事影响力，推动“线上治理”与线下实践融合；修文县大木村通过数据采集分析提升矛盾预警能力。此类探索为乡村治理数字化转型提供了技术路径和风险防范经验。

四是为政策制定与学术研究提供多维视角。贵州的治理实践涉及政治学、社会学、法学等多学科的交叉。例如，“党群议事小组”机制可深化对党建引领自治的理论研究；“村超”的“五元协同”模式可为公共治理中的多元主体协作提供案例。此外，其成功经验已被农业农村部列为全国典型案例，成为政策推广的重要依据。

综上，贵州省乡村治理的深层价值在于在现代化进程中实现了传统治理资源的创造性转化，在技术赋能中坚守人文关怀，在经济发展中维系生态平衡。其经验对于理解中国式现代化道路的基层实践逻辑具有范式意义，也为全球乡村治理研究提供了超越“西方中心主义”的理论视角。

二、研究目的与问题

本书立足中国式现代化的时代背景，以贵州省为研究样本，旨在探索乡村治理的多维实践路径与优化策略，回应“如何通过制度创新与技术赋能实现乡村治理现代化”这一核心命题。

（一）研究目的

本研究的主要目的在于厘清中国式现代化与乡村治理的内在逻辑关联，构建“制度—技术—文化”协同驱动的乡村治理理论框架，丰富中国特色社会主义乡村治理理论体系；揭示贵州省在乡村治理中的典型经验与创新模式，提炼山地民族地区乡村治理的共性规律，为中西部欠发达地区提供可复制的实践方案；基于治理效能评估与问题诊断，提出乡村治理制度创新、主体能力提升、资源配置优化的具体路径，助力乡村振兴战略高质量实施。

（二）研究问题

为实现上述研究目的，本研究将围绕以下几个核心问题展开研究：

1. 中国式现代化对乡村治理提出了哪些新要求？如何构建适配中国国情的乡村治理理论框架与评价体系？

2. 在跨区域经验移植中，如何平衡“浙江特殊性”与“地方适配性”？传统文化保护与现代化转型如何协同？面对人口老龄化、城乡要素流动加速等新挑战，“千万工程”模式需如何迭代？

3. 中国乡村治理的现在如何？未来如何实现乡村治理的可持续发展？中国乡村治理在乡村干部治理能力、乡村人居环境治理以及乡村人才队伍建设等方面的做法、取得的成效及困境有哪些？如何充分考虑中国的国情和未来乡村治理趋势，实现乡村治理的本土化和创新性的可持续发展？

三、研究方法与资料来源

（一）研究方法

1.案例分析法

本研究选取江浙“千万工程”等经验，纵向梳理中国乡村治理历史演进脉络。通过对这些案例的详细考察，揭示乡村治理的具体实践过程、成功经验和面临的挑战。案例分析法有助于我们从微观层面理解不同区域乡村治理的运作机制和实际效果，为总结经验、提炼模式提供实证依据。在选取案例时，将兼顾不同地区、不同类型乡村的特点，以确保研究的全面性和典型性。

2.实地调研法

根据研究需要，笔者深入乡村治理一线，与当地政府官员、农民、乡村治理组织工作人员等进行面对面的访谈，获取第一手资料，更准确地把握乡村治理的细节和深层次问题。同时，实地调研还有助于笔者建立与乡村治理相关人员的联系，为后续的研究合作和资料获取奠定基础。

3.问卷调查法

笔者设计针对乡村治理的调查问卷，发放给不同地区的农民、乡村治理组织成员等，收集他们对乡村治理的认知、评价和建议。问卷调查法可以量化研究对象的观点和态度，为分析乡村治理的民意基础、治理效果的满意度等提供数据支持。也可以从更广泛的群体中了解乡村治理的普遍性和差异性问题，为研究提供更全面的视角。

4.数据分析法

笔者收集和整理乡村治理相关的统计数据、政府工作报告、政策文件等资料，运用统计分析、内容分析等方法，对数据进行深入挖掘和分析，从宏观层面把握乡村治理的整体趋势、政策效果和治理绩效，为研究提供量化的依据。如通过分析农村经济数据、农民收入数据、公共服务投入数据等，评估乡村治理对农村经济发展和农民福祉的贡献；通过分析政府政策文件内容，梳理出乡村治理政策的演变脉络和重点。

5.跨学科研究法

乡村治理是一个涉及经济、社会、文化、生态等多个领域的复杂系统，因此本研究采用跨学科研究法，综合运用政治学、经济学、社会学、管理学、生态学等多学科的理论和方法，对乡村治理进行全方位、多层次的分析。这种基于不同学科视角理解乡村治理的复杂性和多样性，揭示不同因素之间的相互作用和影响的研究方法，有助于为提出综合性、创新性的乡村治理策略提供理论支持。

6.定量研究方法

本研究采用fsQCA（模糊集定性比较分析）方法对贵州少数民族特色村寨进行组态分析，运用Stata、NVivo等工具处理问卷数据。

（二）资料来源

1.政府报告与政策文件

政府发布的乡村治理相关报告和政策文件是本研究的重要资料来源。这些资料详细记录了政府在乡村治理方面的政策导向、规划目标、实施措施和取得的成效，为我们了解乡村治理的政策背景和发展历程提供了权威依据。

2.学术论文与专著

国内外学术期刊、学位论文、研究报告等，为我们提供了丰富的理论资源和研究成果。通过阅读这些文献，我们可以了解乡村治理的研究现状、理论框架和研究方法，借鉴前人的研究成果，为本研究的理论构建和实证分析奠定基础。同时，学术论文和专著中对乡村治理的案例分析、经验总结和问题探讨，也为我们的研究提供了重要的参考和启示。

3.新闻报道与媒体资料

新闻媒体对乡村治理的报道和相关资料，为我们提供了及时、生动的乡村治理信息。通过查阅媒体的报道，我们可以了解乡村治理的最新动态、成功案例、创新举措以及面临的挑战和争议等，这些报道和资料为研究提供了鲜活的素材。

4.实地调研资料

利用国家统计局、贵州省统计局等官方统计数据，获取关于乡村经济社会发展的相关数据。笔者通过实地调研获取了第一手资料，包括与乡村治理相关人员的访谈记录、观察记录、会议记录等。这些资料具有真实性和针对性，能够为我们提供乡村治理的详细情况和深层次信息，是其他资料无法替代的。

5. 问卷调查资料

通过问卷调查收集的数据和资料，可以作为乡村治理民意基础和治理效果的量化数据。这些资料可以反映不同群体对乡村治理的认知、评价和需求，为我们分析乡村治理的普遍性和差异性提供了依据。问卷调查资料与实地调研资料相结合，能够使研究更加全面和深入。

四、著作结构与内容概览

本书以“理论奠基—历史溯源—经验镜鉴—多维解构—效能评估—未来展望”为逻辑主线，共分九章：

第一章，中国式现代化与乡村治理的理论基础。解析中国式现代化的五大特征及其对乡村治理的新要求，提出六大核心要素的理论框架，奠定全书分析基调。

第二章，我国乡村治理的演进脉络。梳理从古代乡约制度到新时代乡村振兴的治理变迁，揭示贵州省“山地治理”“多民族治理”“生态治理”三重特殊性，指出当代治理面临人口老龄化、资源碎片化等五大挑战。

第三章，乡村治理的东部经验与适配性分析。通过江浙“千万工程”的对比研究，提炼经验移植的适配性规律，为贵州实践提供镜鉴。

第四章至第八章，多维治理解构。

组织维度：剖析贵州“党建+数字网格”模式，揭示基层党组织嵌入治理的“四维路径”。

主体维度：基于案例，构建乡村干部治理能力的“资源整合—决策执行—组织动员”评价模型。

生态维度：量化分析社会资本对贵州民族村寨人居环境治理的影响机制。

人才维度：提出“三链融合”机制（产业链—教育链—人才链），破解乡村人才结构性短缺难题。

绩效维度：运用QCA方法识别高效能治理组态，通过HY村等典型案例验证路径可行性。

第九章,面向中国式现代化的乡村治理展望。预判数字化转型、“三治融合”深化等趋势,提出乡村治理与中国式现代化深度融合的“五维路径”,构建可持续发展策略体系。

全书以中国式现代化理论为起点,通过多维实践解构与效能评估,最终回归乡村治理现代化的未来图景设计,形成了“理论—实践—政策”的完整知识生产链条。

第一章

中国式现代化与乡村治理的理论基础

本章立足于中国式现代化的本质要求与乡村治理的实践逻辑，系统阐释二者之间的理论关联与互动机制。中国式现代化以共同富裕为根本目标，强调物质文明和精神文明相协调、人与自然和谐共生、走和平发展道路等核心特征，为乡村治理提供了方向指引与价值遵循。在乡村场域中，中国式现代化要求治理体系突破传统模式桎梏，以党建引领为核心、以人民为中心、以统筹发展与公平为路径，构建兼具中国特色与时代特征的治理范式。

首先，明确中国式现代化的五大特征对乡村治理的深刻影响，提出乡村治理须以乡村振兴为目标，推动“自治、法治、德治”三治融合，实现治理效能与民生福祉的双重提升。其次，构建“政治引领—制度创新—多元协同”的治理框架，强调工具理性（技术应用、资源配置）与价值理性（文化认同、公平正义）的统一，回应乡村治理现代化中效率与公平的张力。再次，围绕组织能力、治理机制、人才支撑、资源配置、技术应用、文化引领六大维度，夯实治理根基。其中，基层党组织建设是组织能力的核心，多元协同机制是治理创新的突破口，人才与技术赋能是动力支撑，而文化引领则通过重塑乡风文明凝聚治理共识。

第一节

中国式现代化的内涵与特征

党的二十届三中全会通过的《中共中央关于进一步全面深化改革 推进中国式现代化的决定》是将党的二十大报告中关于中国式现代化理论转化为中国特色社会主义制度、推进中国式现代化建设的纲领性文件，为中国式现代化指明了方向。中国式现代化是新时代新征程我国发展的必经之路，是实现中华民族伟大复兴的动力之源。因而，理解中国式现代化的内涵与特征对推进中国式现代化实践进程意义重大。

一、中国式现代化的内涵

习近平总书记在党的二十大报告中指出：“中国式现代化，是中国共产党领导的社会主义现代化，既有各国现代化的共同特征，更有基于自己国情的中国特色。”即中国式现代化是人口规模巨大、全体人民共同富裕、物质文明和精神文明相协调、人与自然和谐共生、走和平发展道路的现代化。这体现了中国式现代化是现代化的个性与共性的辩证统一。

一国的国家治理体系即政策制度，总是留有不同国情的烙印，这里国情体现为一国的历史文化底蕴、社会经济制度的基本性质以及经济发展水平等。中国式现代化的“中国式”，是指中国在推进现代化进程中立足自身国情、文化传统和发展阶段，形成的具有鲜明中国特色的发展道路和制度模式。这一概念的核心内涵在于其既遵循现代化的一般规律，又超越西方现代化的固有范式，通过“两个结合”（马克思主义基本原理同中国具体实际相结合、同中华优秀传统文化相结合）实现创新突破。突出体现在：

（1）以人口规模巨大的现代化为基本前提。中国式现代化使14亿多人口整体迈入现代化的进程，其规模超过现有发达国家的总和。资源分配、公共服务、就业保障等问题的复杂性和艰巨性可想而知。如何实现均衡发展，是这种“超大人口基数”的现代化不可回避的现实。回顾中国的脱贫攻坚战，它通过精准扶贫政策，使近1亿农村贫困人口全部脱贫，创造了人类减贫史上的奇迹，体现了在人口规模巨大的国情下实现共同富裕的独特路径。

（2）以全体人民共同富裕为本质要求。与西方现代化过程中贫富差距扩大、阶层固化不同，中国式现代化强调“先富带后富”，通过制度设计（如三次分配机制）和资源配置（如乡村振兴战略）缩小城乡、区域、收入差距。浙江省在“千万工程”实施过程中，通过城乡统筹发展，推动基础设施向农村延伸、公共服务向农村覆盖，2022年，浙江农民人均可支配收入达到37565元，连续38年居全国省区第一；浙江城乡居民收入倍差降至1.90，连续十年缩小，[①]成为共同富裕的典型样本。

（3）以物质文明和精神文明相协调为根本原则。中国式现代化拒绝“物质至上”的单一维度发展，强调物质富足与精神富有的统一，既追求经济繁荣，又注重社会主义核心价值观的引领和文化自信的构建。贵州省“村BA”“村超”等群众性文体活动，将篮球、足球赛事与民族文化传承结合，既激活乡村经济，又重塑乡风文明，展现了物质与精神协同发展的治理逻辑。

（4）以人与自然和谐共生为内在要求。不同于西方“先污染后治理”的工业化路径，中国式现代化将生态文明建设纳入发展全局，通过“双碳”目标、生态补偿机制等，推动绿色发展。福建省“生态银行”模式将分散的生态资源（如林地、古民居）整合为可交易的资产包，既保护生态环境，又让村民获得碳汇收益，实现“绿水青山”向“金山银山”的转化。

（5）以走和平发展道路为战略选择。中国式现代化摒弃殖民掠夺、霸权扩张的模式，坚持通过自身改革、开放合作实现发展，倡导构建人类命运共同体。中国通过共

① “千万工程”塑造美丽乡村[EB/OL].(2023-06-01)[2024-08-29].https://zhejiang.chinatax.gov.cn/art/2023/6/1/art_26011_590183.html.

建“一带一路”，与“一带一路”国家共建基础设施、共享发展红利。中老铁路开通后，云南咖啡、茶叶等农产品通过铁路直达东南亚市场，老挝的矿产品也通过中老铁路运到中国，带动沿线乡村产业升级，体现了和平发展的共赢逻辑。

可见，中国式现代化的“中国式”，本质上是中国共产党领导下的社会主义现代化的集中表达，既体现了对现代化普遍规律的遵循，又彰显了中华文明的特质与制度优势。其内涵的五个维度相互关联、彼此支撑，共同构成了一条不同于西方、扎根中国大地的现代化新道路。

“现代化”是中国式现代化理论的核心要件，强调的是共性。“现代化”强调从“走向现代的过程”（成为现代的、适合现代需要的过程）转变为“达到世界前沿的过程”（达到世界先进水平的过程）。①中国式现代化中的“现代化”内核遵循人类社会从传统向现代转型的普遍规律（如工业化、信息化、城镇化），但通过制度创新和文化传承赋予其鲜明特色。一方面，追求生产力提升、科技进步、治理效能优化等现代化共性目标。另一方面，以社会主义本质属性规避西方现代化弊端。通过“土地公有制”和“三权分置”改革，既激活农村土地资源，又防止土地兼并导致的农民失地问题，避免走入拉美国家城市化陷阱。

这一“现代化”一是强调经济、政治、文化、社会、生态“五位一体”的协调发展；二是将“人的现代化”置于核心地位，强调发展成果由全体人民共享，农民不仅是现代化“对象”，更是参与主体，重点解决弱势群体的发展权利问题；三是拒绝“定型化”思维，根据发展阶段调整中国式现代化重心，从早期乡镇企业崛起（如苏南模式），到当前智慧农业、农村电商的普及，始终紧扣技术革命脉搏。

可见，通过社会主义制度优势激活传统资源、规避资本主导的异化风险，最终实现“人—自然—社会”的和谐共生是中国式现代化的“现代化”本质。这既包含对西方现代化的批判性扬弃（如避免生态危机、贫富分化），又开创了发展中国家立足自身文明底色探索现代化的新范式。现代化不等于西方化，人类文明向现代转型的道路具有多样性。

二、中国式现代化的特征

（一）以社会主义制度为根基

中国式现代化通过社会主义制度优势（包括生产资料公有制奠定共享基础、全过程人民民主拓展参与渠道、统筹协调破解发展不平衡等）将“集中力量办大事”与“市

① 何传启．现代化科学：国家发达的科学原理[M]．北京：科学出版社，2010:8.

场活力激发”相结合，构建政府、市场、社会协同治理体系。强调在效率与公平之间寻求动态平衡，通过三次分配制度（初次分配注重市场效率、再分配强化税收社保调节、三次分配鼓励慈善捐赠）实现社会财富合理流动。这与西方“以资本为中心”的现代化理念不同，牢牢坚持了社会主义基本定位。

（二）以人的发展为目标追求

中国式现代化的本质是始终坚持以人民为中心的发展思想，通过统筹协调全体人民共同参与和共享成果，形成“发展依靠人民创造伟力、发展为了人民福祉普惠”的聚合型现代化道路，实现国家进步与民生改善的有机统一。

与西方以资本驱动为特征的现代化不同，中国式现代化突出体现为是由中国共产党及其领导下的广大人民群众共同创造的，以全体人民共同富裕与人的自由而全面发展为终极目标。其本质特征在于将“人民主体性”确立为现代化建设的根本遵循，具体表现为发展动力维度的人民首创精神与发展目标维度的人民福祉提升的双向互动结构。

从现代化动力机制分析，中国道路实现了“政党引领—群众创造”的协同创新模式。中国共产党作为现代化建设的核心领导力量，通过制度设计将14亿多人的发展诉求转化为国家治理的实践方案。这种治理智慧在民生保障领域得到充分印证，通过构建覆盖全生命周期的公共服务体系，将个体发展权嵌入城市空间规划、社会治理创新和数字化转型等具体维度。深圳特区推行的民生“七有”工程，不仅实现了从0—3岁托育服务到社区嵌入式养老的全周期覆盖，更通过数字政府建设使人均公共服务响应速度得到提升。

在价值目标层面，中国式现代化建构了“三维度”发展坐标系：其一是物质层面通过共同富裕示范区建设，将基尼系数控制在0.46的合理区间（2023年国家统计局数据）；其二是制度层面形成以“全过程人民民主”为核心的政治参与机制；其三是精神层面培育具有主体意识的现代公民人格。本质上是对西方现代化“单向度人”困境的超越，体现了对马克思“人的自由全面发展”理论的当代诠释。

（三）以人才红利为时代引擎

资本主义发展理念以资本为主要驱动，人是资本的附属品。以资本增殖逻辑为主导的西方现代化道路，自18世纪工业革命肇始便构建起“物本主义”发展范式。马克思在《资本论》中揭示了这种异化机制导致劳动价值被置换为交换价值，人沦为“观念中的占有者”，资本积累与人的发展的结构性矛盾构成了资本主义现代化的本质特征。相较之下，中国的现代化进程开创了“人本导向”的新型文明形态。基于14亿多人口超大规模型社会的特殊国情，中国式共产党创造性提出“共同富裕”发展范式，其制度设计体现在三个维度：一是所有制结构上公有制经济占比稳定在一定比例，确保发展成果共享的制度基础；二是分配制度上形成“三次分配”协调机制；三是公共服务领域构建全球最大社会保障网。2023年全国医疗保障事业发展统计公报统计数据显示，截至2023年底，全国基本医疗保险参保133389万人，城乡居民基本医疗保险参保96294万人，[①]截至2024年1月底，全国社会保障卡持卡人数达13.8亿人，覆盖97.9%人口。[②]

在我国迈向现代化进程的坚实步伐中，政府采取了一系列创新性举措，充分利用我国丰富的人力资源，逐步将人口优势转化为人才优势。党的二十大报告明确提出，必须增强现代化建设的智力基石。人才优势的转化不仅极大地推动了国内市场的消费潜力，更为我国特色现代化道路的持续发展提供了持续不断的活力，为共同富裕这一宏伟目标的实现打下了坚实的基础，人才成为推动我国现代化进程的关键驱动力。因此，深入探讨如何更有效地利用人才资源，以实现我国社会主义现代化建设的战略目标，应该是时代赋予的值得思考的重要议题之一。

（四）以高质量发展为根本路径遵循

在剖析经济基础与上层建筑的动态交互关系时，现代发展的核心要义在于持续激发并拓展生产潜力，推动生产力的现代化进程。这一理念不仅是全球现代化潮流的普遍规律，更是我国特色现代化建设的基本遵循。在新时代的征程中，我国生产力发展的根本宗旨是实现高品质发展，这亦是我国走好现代化道路的关键路径。现代化在人类社会的各个领域均有体现，而我国现代化的内涵亦随着整体社会的进步而不断深化与丰富。

以习近平同志为核心的党中央，立足于国内外发展态势以及我国现阶段的发展需求，提出了一种全新的发展理念——高质量发展。高质量发展作为一种系统性、战略性的发展理念，涵盖了全方位的产业支撑体系，旨在满足人民日益多元化且持续增长的需求。这一理念通过优化资源配置，提高全要素生产效率，建立合理的分配机

① 2023年全国医疗保障事业发展统计公报[EB/OL].(2024-07-25)[2024-09-21].https://www.nhsa.gov.cn/art/2024/7/25/art_7_13340.html.

② (两会速递)中国人社部：社保卡持卡人数达13.8亿人[EB/OL].(2024-02-29)[2024-09-21].https://www.chinanews.com/gn/2024/02-29/10172169.shtml.

制，保障宏观经济的稳定增长，并推动绿色低碳的生态循环。高质量发展贯穿于我国经济社会的各个层面，是实现社会生产力持续攀升的有效路径。

从经济基础的角度来看，生产力的现代化是高质量发展的核心支撑。在新时代背景下，我国经济已由高速增长阶段转向高质量发展阶段，这一转变意味着经济增长的动力机制从要素驱动向创新驱动转变，从规模扩张向质量提升转变。高质量发展要求构建现代化的产业体系，推动传统产业的转型升级与新兴产业的蓬勃发展，通过技术创新、管理创新和制度创新，提升产业附加值，增强产业竞争力，实现经济的可持续发展。

从上层建筑的角度来看，高质量发展不仅是经济领域的变革，更是社会全面进步的体现。它要求在经济发展的过程中，充分考虑社会公平与正义，建立合理的分配机制，缩小城乡、区域以及群体之间的收入差距，促进社会的和谐稳定。同时，高质量发展还强调生态优先、绿色发展，将生态文明建设纳入经济社会发展的全过程，推动形成绿色发展方式和生活方式，实现经济发展与生态保护的良性互动。

高质量发展还体现了我国在全球现代化进程中的独特路径选择。与西方现代化模式不同，我国的高质量发展坚持以人民为中心的发展思想，将人民对美好生活的向往作为发展的根本目标。通过高质量发展，我国不仅能够满足人民日益增长的物质文化需要，还能在教育、医疗、文化等公共服务领域实现更高水平的发展，提升人民的生活质量和幸福感。

在实现高质量发展的过程中，科技创新是关键驱动力。我国需要加大研发投入，培养高素质的创新人才队伍，推动关键核心技术的突破，提高自主创新能力。同时，高质量发展还要求深化供给侧结构性改革，优化产业结构，淘汰落后产能，培育壮大战略性新兴产业，提升产业链供应链的稳定性和竞争力。

从宏观层面来看，高质量发展是推动我国经济社会全面进步的战略抉择。它要求在宏观经济政策的制定与实施中，注重政策的协调性与前瞻性，通过财政政策、货币政策和产业政策的协同发力，为高质量发展创造良好的政策环境。此外，高质量发展还强调区域协调发展，通过推动区域间的产业转移与合作，实现优势互补，缩小区域发展差距，促进全国范围内经济的均衡发展。

总之，高质量发展是我国在新时代背景下实现现代化建设的根本遵循。它不仅是经济领域的转型升级，更是社会全面进步的体现。通过高质量发展，我国能够更好地满足人民对美好生活的向往，推动社会生产力的持续攀升，实现经济、社会与生态的协调发展，为我国现代化建设奠定坚实的基础。

第二节

中国式现代化的乡村治理内涵解析

中国式现代化的乡村治理内涵演进,深刻折射出国家治理体系与农村社会转型的复杂互动。在概念层面,治理理论的本土化重构推动着乡村管理范式从行政主导转向多元共治;在制度设计层面,中央政策文件确立的“三治融合”体系,标志着治理目标从基础制度构建向治理效能提升的战略进阶。作为乡村振兴的关键环节,乡村治理不仅承载着破解城乡二元结构、培育新型经营主体的现实使命,更面临着新质生产力转型与人口结构剧变带来的双重挑战。治理体系的现代化进程实质上是传统乡村社会与现代治理理念的动态调适,其内涵解析为理解中国式现代化的基层实践提供了关键视窗。

一、乡村治理的内涵

自20世纪90年代“乡村治理”概念被提出以来,该议题迅速跻身中国学术界及公共管理领域的研究焦点。乡村治理不局限于传统的政府行政管辖范畴,而是政府、社会、市场等多元主体共同参与的复合型治理架构。

乡村可以从生态学视角和社会文化视角加以理解。在生态学的语境中,“乡村”一词被赋予了特定的空间分布意义,它特别指代那些人口密度较低的居住区域,这些区域之间被广阔的开放空间所隔开。从地域系统的角度来看,乡村被界定为城市化区域之外的所有地域,即那些未被城市建成区覆盖的地区。这种定义与农业作为产业部门的概念截然不同,它强调了乡村在生态和地理维度上的独特性,以及乡村与城市环境在结构和功能上的本质差异。社会学与人类学视角下的乡村定义,聚焦于其社会文化构成。乡村社会以直接互动和紧密人际关系为特点,传统风俗和道德规范影响显著。家庭和血缘关系在社会结构中占据核心地位,经济活动以农业为主,相对简单。由于地域广阔和人口稀少，乡村居民倾向于保守，物质文化水平通常低于城市。

关于“治理”一词，笔者认为全球治理委员会的定义最具权威性。该委员会在1995年发表的《我们的全球伙伴关系》对“治理”的界定如下：治理是各种公共机构或者私人管理其共同事物的诸多方式的总和，它是使相互冲突的或不同的利益得以调和并采取联合行动的持续的过程。①它超越了规则和活动的范畴，其核心在于协调合作而非单向控制。中国学者徐勇对治理的理解则强调了权力配置和运作对社会的领导、管理和调节。简而言之，治理是一个动态的过程，涉及多元主体的合作与协调，旨在实现共同的社会目标。

乡村治理概念的提出标志着治理理论在乡村领域的研究应用。在20世纪90年代末期，学者张厚安与徐勇首次界定了“乡村治理”这一概念，将其视为解决农村问题、促进农村发展和稳定的关键途径。贺雪峰进一步提出，乡村治理的核心在于探讨如何实现对中国农村的有效管理以及农村的自我管理，以达成农村社会有序进步的目标。就内涵与外延而言，乡村治理还包括村民自治和村治，《中华人民共和国村民委员会组织法》明确指出，村民自治就是农民通过民主程序实现自我管理、自我教育和自我服务，共同管理村内事务。其实质是村民通过一系列的民主制度实现自主管理村庄事务的一种乡村治理模式。

2019年，中共中央办公厅、国务院办公厅印发《关于加强和改进乡村治理的指导意见》，在意见中明确提到总体目标为：到2020年，现代乡村治理的制度框架和政策体系基本形成，农村基层党组织更好发挥战斗堡垒作用，以党组织为领导的农村基层组织建设明显加强，村民自治实践进一步深化，村级议事协商制度进一步健全，乡村治理体系进一步完善。到2035年，乡村公共服务、公共管理、公共安全保障水平显著提高，党组织领导的自治、法治、德治相结合的乡村治理体系更加完善，乡村社会治理有效、充满活力、和谐有序，乡村治理体系和治理能力基本实现现代化。②

由此可见，乡村治理指的是在国家治理体系中，对农村地区的村镇规划、生态环境保护、基础设施建设和公共服务供给等方面进行科学管理和优化配置的过程。这一过程旨在推动农村经济社会发展，提升环境质量，以及改善农村居民的物质和精神文化生活。乡村治理的实施不仅有利于改善农村的卫生和秩序状况，而且能强化基层治理能力。

---

① 李锦顺．乡村治理体系的健全与发展［M］．北京：华龄出版社，2022：2.

② 关于加强和改进乡村治理的指导意见［EB/OL］．(2019-08-01)［2025-01-03］．http://www.mstd.gov.cn/MSTD/province/policylaw/detail.action? areaCode=360000&content.entityId=8a8491816b552745016c4c179abf0dd2.

二、乡村治理的重要性

1. 乡村振兴战略，乡村治理是关键一环

自党的十九大以来，中央对乡村治理工作连续作出几次重大部署和安排，2017年10月，党的十九大提出的乡村振兴战略总体要求是20个字，即产业兴旺、生态宜居、乡风文明、治理有效、生活富裕。这里将“治理有效”作为实现乡村振兴的关键一环，从管理到治理、再到治理有效，强调建立健全自治、法治、德治相结合的乡村治理体系。2019年至2025年中央一号文件均不同程度强调要完善乡村治理机制，提升乡村治理水平。

中央对乡村治理工作的连续重大部署和安排，凸显了乡村治理在国家治理体系中的战略地位，并深刻体现了习近平新时代中国特色社会主义思想的内涵。乡村治理不仅是实现乡村振兴战略的关键环节，也是推动国家治理体系和治理能力现代化的重要组成部分。这些举措旨在确保乡村治理的有效性，以促进农村经济社会的全面发展，提升农民的生活质量，维护农村社会稳定，从而实现国家治理体系和治理能力现代化的目标。

2.“三农”工作战略部署，迫切需要乡村有效治理

为实现“三步走”的战略部署，乡村治理需关注以下核心领域：城乡发展一体化，促进资源均衡配置；党的领导核心作用，推动自治、法治、德治的综合治理体系构建；精神文明建设加强，维护和传承乡村文化；城乡结构性问题破解，推动村集体经济发展壮大；法治强化与权力运行监督；治理能力提升与现代治理人才培育；公共服务均等化，弥补农村服务领域短板。这要求地方基层党政组织及其领导下的农村各类组织必须通过有效的治理实践，构建和完善治理体系，提升治理效能，实现治理现代化。

3. 新质生产力要求乡村治理高质量发展

习近平总书记指出：“新质生产力是创新起主导作用，摆脱传统经济增长方式、生产力发展路径，具有高科技、高效能、高质量特征，符合新发展理念的先进生产力质态。”[①]但是现阶段，乡村治理高质量发展中存在高质量人才缺失、技术创新运用不足、乡村产业转型发展缓慢和基础设施建设困难等诸多问题。[②]可见，未来我国农村生产

① 习近平.发展新质生产力是推动高质量发展的内在要求和重要着力点[J].宁夏农林科技，2024，65(11)：1-2.

② 文丰安，王文洁.新质生产力赋能乡村治理高质量发展的机制与路径研究[J].西北工业大学学报(社会科学版)，99-106.

力水平的明显提升，迫切要求提高乡村治理现代化水平以适应新质生产力促进乡村高质量发展的要求。

4.农村社会的组织结构、人口结构发生深刻变化，迫切要求实施乡村的有效治理

首先，经济组织多元化成为显著特征。传统的以家庭为单位的小农经济逐渐向规模化、现代化的农业经济转变，农民专业合作社、家庭农场、农业企业等新型农业经营主体大量涌现。这些经济组织在农业生产、加工、销售等方面发挥着重要作用，但同时也带来了利益协调的复杂性，要求乡村治理在保障农民权益、促进经济发展方面发挥更大作用。其次，社会组织发展迅速，农民协会、志愿者协会、文化团体等不断涌现，丰富了农村文化生活，但也对治理提出了新的挑战，如需要加强对社会组织的引导和管理，防止其活动对社会秩序产生负面影响。最后，基层党组织的功能也在转变，需要在推动经济发展的同时，发挥其在乡村治理中的核心作用，协调各方利益，维护社会稳定。

我国农村人口结构经历了显著的变迁，这些变化对乡村治理提出了新的挑战。首先，人口老龄化问题日益严重。随着大量青壮年劳动力向城市转移，农村地区的老年人口比例持续上升。据《中国乡村振兴综合调查研究报告2021》，全体人口中60岁及以上人口的比重达到了20.04%，65岁及以上人口的比重达到了13.82%，完全达到了“老龄化社会”的标准，我国农村人口老龄化形势严峻。这不仅加剧了农村的空心化现象，还对农村的社会保障体系和养老服务提出了更高的要求。其次，留守儿童数量不断增加。由于父母外出务工，许多儿童留守在农村，面临着生活照料不足、教育资源匮乏以及心理健康问题等多重挑战。此外，人口流动性的增强也对农村社会结构产生了深远影响。农民工成为流动人口的主体，经济发达地区的农村吸引了大量外来人口流入，而欠发达地区的农村则面临人口流失问题。乡村治理机制只有更加灵活和多元，才能适应人口结构的复杂性和多样性，确保农村社会的稳定与和谐发展。

第三节 乡村治理的核心要素

乡村治理是国家治理体系中不可或缺的一环,其能力的高低直接影响着乡村振兴战略能否顺利实施,以及农业农村现代化能否如期实现。在新时代这一特殊的历史阶段,乡村治理面临着诸多新的挑战,如人口流动加剧、社会结构变化、经济发展模式转型等,这些都对乡村治理提出了更高的要求。同时,信息技术的迅猛发展、政策支持力度的加大等,为乡村治理提供了新的工具和资源。在此背景下,深入剖析乡村治理能力建设的核心要素,不仅有助于我们准确把握乡村治理的现状和问题,还能为制定有效的治理策略提供理论依据。

一、组织能力:筑牢乡村治理根基

组织能力是乡村治理能力不可或缺的部分,以下主要从党组织领导力、村民自治组织能力两方面加以阐述。

(一)党组织领导力

基层党组织是乡村治理的“主心骨”,其领导力直接关乎治理成效。强化基层党组织建设,是提升乡村治理组织能力的关键所在。在优化党委社会工作部职能方面,需进一步完善机构覆盖网络,明确其职责定位。党委社会工作部作为统筹协调社会事务的核心部门,应强化对乡村治理工作的指导与监督,构建横向到边、纵向到底的组织体系,确保党的方针政策在乡村治理中得到有效贯彻落实。

提升农村基层党组织的创新活力与凝聚力是强化其领导力的另一关键。通过开展形式多样的党建活动,如主题党日、红色教育基地参观学习等,增强党员的党性修养和归属感,激发党组织的内在活力;加强党员队伍建设,注重发展年轻党员、致富带头人等群体，为党组织注入新鲜血液，提升党组织的战斗力和号召力；基层党组织还需发挥连接社会力量与整合资源的核心作用，构建政党统合的治理网络，通过与社会组织、企业、村民等多元主体建立紧密联系，凝聚各方力量，共同参与乡村治理，实现资源共享、优势互补。换言之，基层党组织作为乡村治理的核心枢纽，应充分发挥其整合与协调功能，推动乡村治理向纵深发展。

（二）村民自治组织能力

村民自治是乡村治理的核心机制之一，构建党组织引领的村民自治体系，对于增强乡村治理的组织效能至关重要。完善村民（代表）会议制度，是确保村民有效参与村级事务决策的关键环节。应通过严格规范会议的召集流程、议题设定及表决规则，使村民能够充分表达自身意愿与诉求，深度参与村庄发展规划、基础设施建设、集体经济收益分配等关键决策，从而强化村民的主体意识与责任担当。推进民主选举、民主协商、民主决策、民主管理、民主监督的全面实践，是实现村民自治的五个核心维度。一方面，要强化对村干部的监督与管理，促使其依法依规履职尽责，严防权力滥用；另一方面，要激励村民积极投身村级事务管理，如村务公开、财务管理等，以提升村级事务的透明度与公信力。进一步加强自治组织的规范化建设，拓展村民参与村级公共事务的渠道与平台，发展壮大治保会等群防群治力量，能有效增强村民自治组织的执行力与凝聚力。通过建立村民议事会、理事会等自治组织，为村民搭建多元参与、平等协商的平台，促进村民间的沟通与协作，共同应对村庄发展中的各类问题，维护村庄的和谐稳定局面。

二、治理机制：构建乡村治理框架

（一）多方协同机制

乡村治理是一项复杂的系统工程，其有效实施依赖于多元主体的协同参与。构建一个涵盖村民、村干部、企业、社会组织等多方主体的乡村治理体系，是提升乡村治理效能的关键机制。通过统筹协调，推动相关部门加强农业农村政策、资源和力量的配置，能够实现乡村治理资源的优化整合。整合下乡资源与力量，调节平衡不同治理层级和部门之间的权责关系，有助于形成上下联动、左右协同的治理格局，从而避免资源浪费和工作重复。例如，在农村基础设施建设领域，政府相关部门、企业和社会组织可以共同参与规划、建设和管理,各自发挥优势,提高建设效率和质量。此外,鼓励村民积极参与乡村治理,能够充分发挥村民的主体作用,增强乡村治理的民主性和科学性,实现共治共享的治理目标。

(二)法治与德治结合机制

法治是乡村治理的基本保障,德治是乡村治理的重要支撑。推动法治乡村建设,把政府各项涉农工作纳入法治化轨道,引导干部群众尊法学法守法用法,依法表达诉求、解决纠纷、维护权益,能够为乡村治理营造良好的法治环境。加强乡村法治宣传教育,提高村民的法律意识和法律素养。通过开展法律讲座、法律咨询、法律援助等活动,让村民了解与自身生产生活密切相关的法律法规,增强依法办事的自觉性。同时,完善乡村法律服务体系,为村民提供便捷高效的法律服务,保障村民的合法权益。加强乡村道德建设,弘扬传统美德,推动移风易俗,实现物质文明和精神文明协调发展。通过开展道德模范评选、文明家庭创建等活动,树立道德榜样,引导村民崇德向善,形成良好的社会风尚。法治与德治相结合,能够相互促进、相得益彰,为乡村治理提供坚实的基础和保障。

三、人才支撑:注入乡村治理动力

(一)基层干部队伍建设

基层干部是乡村治理的直接执行者,其素质和能力直接影响治理成效。全面提升乡镇领导班子能力,建好建强农村基层党组织,加强村干部队伍建设,健全选育管用机制,是提升乡村治理人才支撑的关键。通过加强教育培训,提高基层干部的政治理论水平和业务能力,使其能够更好地理解和贯彻党的方针政策,掌握乡村治理的知识和技能。同时注重完善干部选拔任用机制,选拔政治素质高、业务能力强、群众基础好的优秀人才进入基层干部队伍,优化干部队伍结构,增强队伍的活力和战斗力。加强对基层干部的监督管理也很重要,需要建立健全考核评价机制,激励干部担当作为,确保其在乡村治理中履职尽责,提升乡村治理的执行力和效率。

(二)专业人才引进与培养

乡村治理需要专业人才的支撑,吸引和培养一批懂农业、爱农村、爱农民的高素质人才，是提升乡村治理人才支撑的另一关键环节。可以通过政策激励、教育培训等方式，鼓励大学生、科技人员等专业人才到农村工作和创业。例如，实施大学生“村官”计划、农业技术推广人员培训计划等，为专业人才到农村发展提供政策支持和保障。同时加强农村本土人才的培养，挖掘和培养农村中的能工巧匠、致富带头人等，充分发挥他们在乡村治理中的示范引领作用。通过建立人才激励机制，为专业人才提供良好的发展环境和待遇保障，吸引和留住人才，为乡村治理提供持续的智力支持和技术保障。

四、资源配置：保障乡村治理实施

（一）经济资源

发展壮大村集体经济组织，是增强乡村治理物质基础的重要途径。村集体经济组织在乡村治理中具有重要的支撑作用，其发展壮大能够为村庄发展和农民农业生产提供资金和平台。应通过多种经营方式增强集体经济灵活性，如发展特色产业、乡村旅游、农村电商等，拓宽集体经济收入渠道，提高集体经济收益。加强对村集体经济组织的管理和监督，确保集体经济的健康发展，防止集体资产流失，为乡村治理提供稳定的经济支持。

（二）公共服务资源

优化公共服务的供给和配置，提高农村公共服务水平，是满足乡村治理需求的重要保障。推动形成城乡公共服务均等化体制机制，促进公共资源向乡村延伸、向弱势群体倾斜，能够有效缩小城乡公共服务差距，提升农村居民的生活质量。应加强农村基础设施建设，如道路、供水、供电、通信等，为农村居民提供基本的生活保障。与此同时，注意加大对农村教育、医疗、文化等公共服务的投入，提高农村公共服务的覆盖面和服务质量，满足农村居民日益增长的物质和精神文化需求。通过政府主导、社会参与、市场运作等多种方式，实现公共服务资源的合理配置和有效供给，为乡村治理创造良好的社会环境。

五、技术应用:提升乡村治理效率

(一)数字化治理

积极推进乡村治理数字化,是提升乡村治理效率的重要手段。加强乡村治理数字化的基础设施建设,建立健全乡村治理数字化标准体系,能够为乡村治理提供强有力的技术支撑。应通过数字技术将物理空间、社会空间、行政空间、政治空间进行网格化集成治理,实现乡村治理横向与纵向层面的沟通与统一,提高治理的精准性和协同性。例如,可以利用大数据分析技术,精准掌握农村人口、土地、产业等信息,为乡村治理决策提供科学依据;可以通过物联网技术,实现农村基础设施的智能化管理,提高管理效率和水平。

(二)信息化平台建设

完善数字村务公开平台,实现村民事务在线管理与服务,是拓展乡村治理渠道的重要途径。解决人口流动带来的治理难题,可以通过信息化平台,让村民随时随地了解村务信息、参与村务决策、反映问题和诉求,增强村民的参与感和获得感。应推广村级事务"阳光公开"监管平台,支持建立村民微信群、乡村公众号等,推进村级事务即时公开,提高村级事务的透明度和公信力,促进村民对村级事务的监督和管理。此外,信息化平台还可以为农村居民提供便捷的政务服务、生活服务等,提升乡村治理的便民化水平,增强乡村治理的实效性和群众满意度。

六、文化引领:塑造乡村治理精神

文化是乡村治理的灵魂,它以潜移默化的方式影响着村民的价值观念、行为习惯和精神风貌,为乡村治理提供了强大的精神动力和文化支撑。在乡村治理能力建设中,充分发挥文化引领作用,能够有效凝聚人心、化解矛盾、促进和谐,推动乡村治理走向深入。

(一)优秀传统文化传承

优秀传统文化蕴含着丰富的道德规范、伦理观念和社会智慧,是乡村治理的宝贵资源。深入挖掘农村地区的传统文化资源,如传统节日、民俗活动、家风家训等,能够唤起村民的文化认同感和归属感。应通过举办传统节日庆典、民俗文化展演等活动，让村民在参与中感受传统文化的魅力，增强对乡村文化的自豪感和保护意识。注重将传统伦理道德融入乡村治理，倡导尊老爱幼、邻里互助、诚实守信等美德，引导村民自觉遵守社会公德和村规民约，形成良好的社会风尚。而加强对传统村落和历史遗迹的保护也十分重要，要注意保留乡村的历史记忆和文化根脉，为乡村治理提供丰富的文化内涵和历史底蕴。

（二）社会主义核心价值观培育

社会主义核心价值观是当代中国精神的集中体现，培育和践行社会主义核心价值观，能够为乡村治理提供明确的价值导向和目标追求。在乡村治理中，社会主义核心价值观的融入需要贯穿于村民的日常生活与乡村建设的各个方面。而文化传播与价值认同是关键，社会主义核心价值观的宣传教育正是实现这一目标的关键手段，因此应该通过形式多样的宣传教育活动，如主题宣讲、文化墙绘、文艺演出等，使得村民能够深刻理解社会主义核心价值观的内涵与意义，从而增强对国家、社会与家庭的责任感与使命感。与此同时，社会主义核心价值观的践行需与乡村实际紧密结合。通过引导村民在产业发展、环境保护、社会治理等具体实践中践行社会主义核心价值观，使乡村治理得以高质量发展。如在产业发展中倡导诚信与创新，在环境保护中弘扬绿色与可持续理念，在社会治理中践行公平与正义。此外，树立与宣传践行社会主义核心价值观的先进典型，发挥其示范引领作用，激励村民自觉向先进看齐。可以通过挖掘与表彰乡村中的道德模范与先进人物，形成崇尚美德、弘扬正气的良好氛围。

（三）乡村特色文化打造

每个乡村都有其独特的文化特色和资源禀赋，打造具有地域特色的乡村文化，能够激发乡村治理的内生动力和创新活力。充分挖掘和利用当地的自然资源、历史传说、民间艺术等特色文化元素，开发具有地方特色的文化产业和旅游项目，如乡村文化旅游、特色手工艺品制作等，既能够促进乡村经济发展，又能够增强村民对本土文化的认同感和自豪感。同时，鼓励村民参与乡村文化的传承和创新，发挥他们的创造力和主动性，让乡村文化在传承中发展，在发展中创新。应通过乡村文化的繁荣发展，增强村民的凝聚力和向心力，激发他们参与乡村治理的热情和积极性，形成以文化促治理、以治理兴文化的良性循环。

(四)文化活动丰富

丰富多彩的文化活动是乡村治理的重要载体,能够有效凝聚村民、增进交流、化解矛盾。可定期组织村民喜闻乐见的文化活动,如文艺会演、体育比赛、农民丰收节等,为村民提供展示自我、交流互动的平台,增进村民之间的相互了解和感情交流,增强村庄的凝聚力和向心力。同时,通过文化活动传递正能量,弘扬社会主义新风尚,引导村民树立积极向上的生活态度和价值观念,营造文明和谐、积极向上的乡村治理氛围。而利用文化活动开展政策宣传、法律普及等,可以使村民在轻松愉快的氛围中接受教育和引导,增强他们的法治意识和政策知晓率,为乡村治理奠定良好的群众基础。

(五)文化教育普及

加强乡村文化教育普及,是提高村民人文素养、促进乡村治理现代化的重要途径。要完善乡村教育体系,提高农村教育质量,让村民接受良好的文化教育和道德教育,培养他们的文化素养、道德品质和法治意识。要开展农民夜校、文化讲堂等活动,邀请专家学者、文化名人等为村民授课,普及科学文化知识、法律知识、卫生健康知识等,提高村民的综合素质和自我发展能力。因此加强乡村文化人才队伍建设,培养一批懂文化、爱农村、会管理的文化工作者,为乡村文化教育普及提供人才支持尤为重要,这能够为推动乡村治理与文化教育的深度融合,实现以文化人、以文治村的目标奠定坚实基础。

第二章
我国乡村治理的演进脉络

乡村治理在国家治理体系中占有重要基础性地位,承担着维护农村社会稳定、推动农村经济繁荣、确保农民生活幸福的重大责任。我国乡村治理的历史源远流长,经历了从古代乡绅主导的自治模式、保甲制度,到近现代人民公社化运动的集体化治理,再到改革开放后村民自治的逐步探索与实践。乡村治理的历史演变不仅反映了我国社会结构经济形态、政治理念的深刻演变,还为当代乡村治理积累了丰富的历史经验。然而,随着时代的发展,我国乡村治理面临着诸多新的问题与挑战,亟待在制度框架、治理理念、实践路径等方面进行创新与完善。本章将深入分析我国乡村治理的历史发展脉络、制度构成,并探讨当前实践中的困境与难题。

第一节 我国乡村治理的历史演变

我国乡村治理的历史源远流长,乡绅自治和保甲制度等构成古代乡村治理的主要方式。民国年间的乡村自治运动以及新中国成立后形成的人民公社,突显“乡政村治”的特点。改革开放以来,随着农村经济体制改革的推进,村民自治制度逐步建立,乡村治理模式向多元主体参与、民主协商的方向转变。

一、古代乡村治理阶段

我国古代乡村治理可划分为乡官制时期、乡里制与保甲制并行时期以及乡绅治理时期,各个阶段的治理模式与特点共同勾勒出古代乡村治理的发展脉络。

(一)乡官制时期

乡官制作为古代乡村治理的早期形态,体现了中央集权向基层社会的初步延伸,主要盛行于秦汉时期。秦朝在统一六国后,全面推行郡县制,将中央集权的行政体系深入到乡村层面。在县级行政单位之下,设立了乡、亭两级行政机构,乡设乡长,亭设亭长,这些乡官负责地方治安、税款征收、人口登记等重要事务。乡官多由官府直接任命，他们直接听从上级政府的指令，执行国家政策和法令。这一时期的乡村治理，以官方为主导，强调行政命令的严格执行和国家对基层社会的严密监控。通过乡官制的实施，封建王朝能够有效加强对乡村地区的控制，确保国家政策在基层的贯彻执行，为维护封建统治秩序奠定了坚实基础。

（二）乡里制与保甲制并行时期

在魏晋南北朝时期，乡村治理的关键组织形式——乡里制逐渐成熟。其核心在于将“乡”和“里”设定为基本治理单元，乡长和里长分别承担地方治安、税款征收及公共事务管理等关键职能。乡长和里长的选任多倾向于地方豪强或具有威望的乡绅，这使得他们在执行官府命令的同时，能够兼顾地方利益，赋予治理一定的自治色彩。乡里制加强了中央对乡村的控制力度，又有效激发了地方精英参与治理的热情，为乡村社会的稳定与发展注入了活力。

保甲制的推行始于宋代王安石变法时期，并在明清时期得到进一步的完善与发展。该制度一般以十户为一保，五保为一甲，设立保长和甲长，赋予其地方治安、人口管理、税收催缴等重要职责。保甲制通过强化邻里之间的相互监督与联保联治，构建起坚固的治安防控体系，有效遏制了偷盗等犯罪行为的发生，促进了乡村社会的自我管理。

（三）乡绅治理时期

明清时期，商品经济的蓬勃发展和科举制度的日益完善为乡绅阶层的崛起创造了条件，使其逐渐成为乡村治理的主导力量。乡绅多为科举出身的士大夫，凭借其在地方上的声望和影响力，积极参与乡村公共事务的管理。在乡绅治理模式下，乡村事务的决策和执行主要由乡绅主导，官府则更多地扮演监督和支持的角色。乡绅通过设立义学、修建桥梁、兴修水利等方式，推动乡村经济和文化的发展。同时，他们利用自身的知识和人脉资源，调解乡村纠纷，维护乡村社会的和谐稳定。

（四）古代乡村治理的特点与影响

古代乡村治理中，自治与教化并重的理念尤为突出。乡里制、保甲制等制度赋予乡村一定的自治空间，乡长、里长、保长等多由地方选举或推举产生，彰显民主性。同时,官府和乡绅均重视对农民的道德教化与思想引导,官府通过设立乡校、推行乡约传播儒家思想和封建伦理道德,乡绅则凭借文化素养教化乡民,倡导传统美德,以培养农民的道德观念与法律意识,促进乡村社会和谐稳定。

官民互动与治理合力的形成也是古代乡村治理的显著特点。官府通过设立乡长、里长等职位,将行政权力延伸至乡村,直接管理乡村社会,而民间力量如乡绅、宗族等在治理中同样发挥重要作用。乡绅利用声望和资源协助官府管理乡村事务、调解民间纠纷,宗族则通过家法族规对族人进行约束和教化。这种官民互动与合作,既确保了国家政策的贯彻执行,又满足了地方社会的实际需求。

综上所述,古代乡村治理的制度和理念对后世产生了深远影响。乡里制、保甲制等制度为现代乡村治理提供了重要的历史借鉴,其组织形式和管理方式在一定程度上被现代村民自治制度所吸收和借鉴。同时,官民互动、自治与教化并重的理念,也为现代乡村治理提供了有益启示。在现代乡村治理中,如何平衡政府与村民的关系、实现自治与法治的有机结合,都可以从古代乡村治理的经验中汲取智慧。

二、近现代乡村治理变革阶段

近代以来,以“乡政村治”为显著特点的乡村自治运动的兴起与人民公社体制的建立为当代乡村治理的发展奠定了重要基础。

(一)民国时期的乡村自治运动

在民国时期,乡村治理面临着内忧外患的严峻挑战。国内军阀割据、战乱频仍,导致乡村社会秩序动荡不安。与此同时,西方列强的侵略与经济掠夺,使乡村经济陷入困境,农民生活困苦。在这样的背景下,乡村自治运动应运而生,成为近代乡村治理变革的重要尝试。

民国时期,一群具有远见卓识的改革者发起了乡村改造运动,致力于通过教育和经济改革提升乡村治理水平。在山东省邹平市(原邹平县),梁漱溟开展了长达7年之久的乡村建设实验,探索乡村自治之路,并提出了乡村建设理论。他着重于建立乡农学校等组织,旨在培养乡民的政治习惯和团体生活能力。与此同时,晏阳初在河北省定县(现定州市)推行平民教育实验,将中国农民面临的问题归纳为“愚、贫、弱、私”,并主张通过“文艺、生计、卫生、公民”四大教育来解决这些问题,以提高民众素质,改变农村落后状况。黄炎培和彭禹廷也投身于乡村改造运动。这些改革者普遍认同教育是提升乡村民众知识力的关键，生计教育能有效提高乡村生产力，而卫生教育则有助于培育乡村民众的健康力。

乡村自治运动的实施，为乡村治理带来了显著变革。首先，它打破了官府对乡村的直接统治，通过建立乡村自治组织，农民能够通过选举等方式选出代表参与乡村决策与管理，提高了农民政治参与意识和对乡村发展的积极性。其次，自治运动促进了乡村经济发展，自治组织依据本地实际制定经济发展规划，合理调配资源，推动农业生产的恢复与发展，如通过兴修水利、改良农具、推广良种等，提高了农业生产效率和农民收入，为乡村治理提供了坚实的经济基础。再次，乡村自治运动传承乡土优良传统，塑造良好社会风尚，乡贤等社会精英参与治理，倡导文明乡风，开展道德模范评选等活动，引导村民树立正确价值观，增强道德自律和社会责任感。此外，在治理结构上，自治运动使乡村治理主体由单一政府转变为多元主体共同参与。各主体各司其职、相互配合，形成灵活高效的治理结构，整合各方资源和力量，提高治理效能。

（二）新中国成立后的人民公社体制

新中国成立后，乡村治理迎来了新的历史阶段。1958年，随着“大跃进”运动的推进，人民公社体制在全国迅速建立，成为当时乡村治理的主要模式。这一体制的核心特征是“政社合一”，即人民公社既是基层政权组织，也是集体经济组织，实行统一领导、统一核算、统一分配。在这一体制下，乡村治理呈现出高度集中的特点，公社党委作为最高权力机构，负责制定全社的生产计划、分配方案和各项政策。

人民公社体制的实施，对乡村治理产生了深远的影响。一方面，人民公社体制加强了国家对乡村的管理力度，通过人民公社这一组织形式，国家能够将政治、经济、文化等各方面的资源和力量集中起来，对乡村进行统一的管理和调配。另一方面，人民公社体制推动了乡村的集体化发展，在集体化的基础上，乡村的基础设施建设和公共服务水平得到了一定程度的提升。许多地方修建了大型水利设施、学校、医院等，改善了农民的生产生活条件。

然而，人民公社体制也存在诸多弊端。由于高度集中的计划经济模式，农民的生产积极性受到抑制，农业生产效率低下，农村经济发展滞后。此外，人民公社体制下的平均主义分配方式，导致了农民之间的收入差距缩小，整体生活水平提高缓慢。

(三)改革开放以来的“乡政村治”

改革开放以来,家庭联产承包责任制的推行,使农民获得了土地的经营权,极大地激发了农民的生产积极性。在乡村治理上,农民群众自发创造,在广大农村地区初步形成和发展了“乡政村治”的农村治理模式,村民自治制度逐步建立。

1998年,中共中央办公厅、国务院办公厅联合发布《关于在农村普遍实行村务公开和民主管理制度的通知》,标志着农村治理制度的深化。2010年,《中华人民共和国村民委员会组织法》经过修订,进一步完善了村民自治的法律框架。在此基础上,乡镇机构改革、农村税费改革以及社会主义新农村建设等多方面制度(机制)相继构建,不断丰富和完善农村治理体系。党的十六大以来,社会主义新农村建设运动对农村治理制度体系提出新要求。党的十七届三中全会明确了推进农村改革的指导思想,围绕农村制度建设、现代农业建设、农村社会事业发展、农村党的建设等方面作出全面部署,为城乡统筹发展和全面建成小康社会战略奠定基础。新农村建设取得巨大成就,为党的十八大提出的城乡一体化发展战略的实施奠定了坚实的基础。

在20世纪80年代后期,农村改革的理论研究领域呈现出蓬勃发展的态势,标志着中国知识界从理论思辨向实践介入的范式转型。早期在安徽进行的基层民主试验,通过“组合竞选”机制的制度设计,不仅验证了村民自治的操作可行性,更揭示了民主实践必须与乡土社会的文化基因形成有机衔接。与此同时,实证主义研究范式的确立推动学术重心下沉,通过长期驻村观察和田野调查,研究者突破了政策文本的局限,构建起扎根现实的经验解释体系。

世纪之交的学术转向反映了研究深度的质变。研究焦点开始下沉至非正式规则、文化惯习等深层结构,通过历时性视角考察国家权力与乡土秩序的百年博弈,研究者解构了治理变迁的动力学机制;而对宗族网络功能转化的剖析,则展现了传统社会资本在现代治理中的适应性重构。研究方法的自觉革新催化了知识生产方式的升级。从个案深描到类型比较,从选举观察到治理生态分析,方法论工具箱的丰富使研究摆脱了政策注释的窠臼。学界形成了“经验—理论—政策”的螺旋上升机制,既保持了学术自主性,又实现了智库功能。

这一时期研究者从乡镇改革、宗族势力、乡村冲突等角度进行了深入探讨,开创了乡村治理从理论到实践的新时代,为解决实际问题提供了一定的理论支持。

在中国共产党的坚强领导下,“乡政村治”的农村治理模式有条不紊地推进,村民自治制度成为其关键载体。该制度赋予村民丰富的民主权利,使他们能够直接参与乡村事务的决策与管理,有效填补了人民公社解体后农村地区出现的权力真空,为村民的经济自由与政治民主提供了坚实保障。村民委员会作为村民自治的组织形式，由村民选举产生，承担着本村公共事务管理、公益事业建设、社会治安维护等重要职责。随着村民自治制度的深入实施，乡村治理主体实现从单一政府向多元主体共同参与的转变。这有助于破解农村工作中的诸多难题，农民在农村的主体地位和民主意识不断提升。此外，乡村治理的信息化建设也取得显著成效，众多地区搭建起乡村信息服务平台，为提高乡村治理效率和透明度奠定了基础。

（四）近现代乡村治理变革的影响与启示

近现代乡村治理的变革对当代乡村治理的发展具有深远影响和启示。首先，乡村自治运动和人民公社体制的探索积累了丰富的治理经验，为村民自治制度的建立和完善奠定了坚实基础。其次，近现代乡村治理变革过程中遇到的困难和挑战提醒我们，在推进乡村治理现代化的过程中，必须重视制度建设、法治保障和农民素质的提升。在当代乡村治理中，如何平衡政府与村民的关系、实现自治与法治的有机结合，可以从近现代乡村治理变革的经验中汲取智慧。例如，政府应更多地发挥引导和支持的作用，避免过度干预。同时，加强对农民的教育和培训，可以提高他们的民主意识和法治观念，使他们能够更好地参与乡村治理。此外，乡村治理的信息化建设也取得了一定进展，许多地方建立了乡村信息服务平台，提高了治理的效率和透明度。

总之，近现代乡村治理变革阶段的经验与教训为当代乡村治理的优化与创新提供了宝贵的借鉴。在新时代背景下，应继续深化乡村治理改革，探索适应农村经济社会发展需要的治理新模式，推动乡村治理体系和治理能力现代化，为实现乡村振兴战略目标提供坚实的制度保障。

三、新时代乡村振兴战略下的治理转型阶段

2012年至2023年，是乡村治理的转型时期，这一时期重点在构建乡村治理现代化的制度框架，数据赋能乡村发展质变，打造形成以贵州为典型的西部山区的突围样本。

（一）政策创新

乡村振兴战略的推进以政策创新为核心驱动力，通过制度设计优化乡村治理结构，回应新时代农村发展的复杂需求。

在“三治融合”治理体系构建方面，转变治理理念，由单一管理向多元协同转变，形成自治—法治—德治的乡村治理机制。以村民委员会为核心，推动“一事一议”“村务公开”等制度创新，强化村民参与决策的主动性是自治的主要特征。浙江的“枫桥经验”就是通过村民议事会化解矛盾，成为自治实践的典范。法治主要是通过“法律进村”工程完善农村法律服务体系，设立村级法律顾问制度，普及《中华人民共和国乡村振兴促进法》，将土地流转、集体资产分配等纳入法治轨道。以村规民约、乡贤理事会等为载体的德治，弘扬孝老爱亲、邻里互助等传统美德。可见，“三治融合”不仅提升了治理效率，更重塑了乡村社会信任网络，为乡村振兴提供了软实力支撑。

在精准扶贫与乡村振兴有效衔接机制方面，脱贫攻坚与乡村振兴的政策衔接是治理转型的关键。在精准衔接方面，通过“四个不摘”（不摘责任、政策、帮扶、监管）确保脱贫成果可持续；建立防止返贫动态监测机制，对边缘易致贫户实施分类帮扶。而产业衔接主要是将扶贫车间升级为乡村特色产业园区，例如甘肃定西的马铃薯产业从扶贫项目发展为国家级现代农业产业园，带动全产业链就业。最后在机制创新上不断探索“驻村工作队”向“乡村振兴服务队”转型，从“输血”转向“造血”，典型事例是广西百色通过“乡村振兴合伙人”计划引入社会资本，激活乡村内生动力。

在数字乡村建设加速乡村治理现代化方面，数字技术成为破解城乡二元结构的重要工具，注重推广“互联网+政务服务”。2020年，浙江德清发布了“数字乡村一张图”县域建设标准，这张地图涵盖乡村规划、乡村经营、乡村环境、乡村服务和乡村治理5个领域，可以实现水域监测、危房监测、智慧气象、医疗健康、智慧养老等120余项功能。[①]数字技术推动了乡村基础设施智能化升级，如交通、能源、通信等领域。智能交通系统优化了乡村道路规划和运输效率，智能电网提升了能源利用效率，5G网络覆盖缩小了城乡数字鸿沟，使乡村基础设施与城市标准接轨，促进城乡一体化发展，为乡村居民提供与城市均等的基础设施服务。

（二）治理效能

治理效能是指在国家治理过程中，政府、市场、社会等多元主体在政治、经济、文化、生态等各个领域中实现治理目标的能力和程度，它体现了治理活动的效率、质量与效果的统一。在这一时期，乡村治理取得了一定成效。一方面，构建了系统化的乡村治理体系，将党的领导、村民自治、社会协同等多方面有机结合。党的领导为乡村

① 浙江德清：“数字乡村一张图”描绘未来美好图景[EB/OL].(2023-10-24)[2024-12-20].https://www.news.cn/local/2023-10/24/c_1129935901.htm.

治理提供了核心指引，确保治理方向的正确性和政策的稳定性；村民自治激发了农民参与治理的积极性和创造性；社会协同则调动了社会组织、企业等多元主体的力量，共同参与乡村治理，形成了政府、市场、社会多元互动的治理格局，使治理体系更加全面和有效。另一方面，数字技术使乡村治理决策更加科学精准。通过收集和分析大量农村人口、土地、产业等数据，治理者能掌握乡村实际情况和发展趋势，制定出符合实际需求的政策和规划。此外，在乡村治理现代化的过程中，生态环境治理也取得了显著成效。治理制度明确了生态保护的责任和要求，推动了农村环境整治和生态建设；数据赋能则实现了对农村生态环境的实时监测和精准管理，提高了生态保护的效率和效果。建立农村污水处理设施的在线监测系统，使管理者能及时掌握污水处理设施的运行情况和水质达标情况，确保了农村水环境的质量，促进了乡村生态的可持续发展。

（三）贵州实践

作为全国脱贫任务最重的省份之一，贵州的探索为欠发达地区乡村振兴提供了范式。数据显示，全省建档立卡贫困人口从2012年的923万人，到2020年底全部动态清零，贵州从中国贫困人口最多的省，成为减贫人数最多的省，[①]成为名副其实的脱贫攻坚“省级样板”。这些成绩的取得，关键在于贵州通过超常规举措实现了历史性跨越。

贵州在乡村治理中善于利用大数据技术建立乡村治理数据库，整合人口、土地等信息，为精准治理提供支持。一些村庄通过大数据平台实时监控治安、环境卫生等情况，及时处理问题，提高治理效率。同时，还通过在线教育、远程医疗等平台，促进乡村公共服务均等化，让村民享受优质服务。而乡村实施的“积分制”管理，将村民的日常行为与积分挂钩，以积分兑换实物或荣誉，激发了村民的参与热情。这增强了村民的自治意识，提升了乡村文明程度，促使村民主动参与环境整治、文明创建等活动，乡村面貌焕然一新。

在部分农村推行“寨管家”模式，以自然寨为单元，由村民推选“寨管家”协助村委会处理事务，发挥其地缘亲缘优势，及时化解矛盾纠纷，促进邻里和谐，提升基层治理精细化水平。贵州是红色文化资源大省，一些乡村依据自身资源禀赋，以红色文化为引领，将之融入治理理念，传承红色基因，弘扬正能量。贵州通过打造红色教育基地、

① 贵州凭什么？中国脱贫攻坚的省级样板[EB/OL].(2021-02-23)[2025-02-20].https://www.thepaper.cn/newsDetail_forward_11432629.

举办主题活动等,增强了村民凝聚力与向心力,营造了积极向上的氛围,推动了乡村治理与精神文明建设。

除此之外,贵州注重发挥退役军人作用,培育“兵支书”队伍,带领村民发展产业、改善民生、维护稳定。他们以军人作风和担当,成为乡村治理的骨干力量,为乡村振兴注入动力。贵州还注重加强乡村法治建设,完善司法所、人民调解委员会等基层法治机构,培养“法律明白人”,提供法律服务,普及法律知识,增强村民法治意识,及时化解矛盾纠纷,维护乡村和谐稳定。尤其是贵州首创“省级领导包县、市级领导包乡、县级领导包村”的“三级包保”责任制,确保政策执行“一竿子插到底”,更是为精准乡村治理注入活力。

通过以上分析可知,新时代乡村振兴战略下的治理转型,关键是通过党的集中统一领导与基层创新结合,破解发展中国家普遍存在的政策执行碎片化难题,通过技术赋能促使后发地区实现治理现代化。而贵州实践表明,生态脆弱区完全能在保护与发展间找到平衡,这对全球山区可持续发展具有重要启示。未来,随着城乡融合发展战略的深化,乡村治理将继续向“精细化、智能化、人本化”进阶,为实现农业农村现代化提供更强支撑。

第二节

乡村治理的区域分异格局

由于地理环境、经济基础、文化传统等内生性因素差异，以及政策导向、资源分配等外源性因素的影响，使得我国乡村治理的实践具有显著的区域分异特征。本节以贵州省为典型案例，结合全国乡村治理的整体格局，从治理效能的省际差异与贵州省乡村治理的特殊性两个维度展开分析，揭示区域分异背后的逻辑与路径优化方向。

一、治理效能的省际差异

我国乡村治理效能呈现显著的省际梯度差异，主要表现为东部发达地区与中西部欠发达地区在治理资源、政策执行能力、社会参与水平等方面的分化。

在治理资源方面存在不均衡。东部发达地区在乡村治理中拥有更为丰富的治理资源。这些地区经济发达，财政收入充裕，能够为乡村治理提供充足的资金支持。尤其是浙江、江苏等地的乡村，不仅有政府的大量投入，还能吸引社会资本积极参与乡村建设，用于改善基础设施、发展乡村产业、提升公共服务水平等。同时，东部地区在人才和技术资源方面也占据优势，吸引了大量高素质人才投身乡村治理工作，并且能够率先应用先进的数字技术等提升治理效能。相比之下，中西部欠发达地区的乡村治理资源则相对匮乏。财政紧张限制了对乡村治理的投入力度，难以大规模开展基础设施建设和公共服务提升项目。人才流失问题严重，导致基层治理队伍素质和能力参差不齐，技术应用和创新也相对滞后。这些因素共同制约了乡村治理效能的提升。

在政策执行方面存在执行能力分化差异。东部发达地区的乡村在政策执行上表现出更高的能力。地方政府通常具备更强的组织协调能力和专业素养，能够迅速、准确地落实国家各项乡村治理政策。如在推进农村土地制度改革、农村集体产权制度改革等复杂政策时,发达地区能够结合本地实际情况,制定出科学合理的实施方案,有效推动政策落地生根,并取得预期成效。同时,发达地区的乡村基层干部也更善于利用政策机遇,引导农民积极参与治理过程,形成政策执行的合力。中西部欠发达地区在政策执行能力上相对较弱。一些地方政府可能存在执行力不足的问题,对政策的理解和执行不够精准到位,导致政策在实施过程中出现偏差或打折扣。此外,由于基层干部素质和能力的差异,以及农民参与度不高等因素,这些地区的政策执行效果往往不如东部地区理想,影响了乡村治理效能的提升。

在社会参与方面存在参与水平差异。东部发达地区的乡村社会参与水平较高。农民的自治意识普遍较强,参与热情较高,他们更愿意主动参与到乡村治理的各项事务中,如村民自治组织、志愿者服务队伍等。发达地区的社会组织也更为活跃,能够充分发挥其在资源动员、服务提供、矛盾调解等方面的优势,与政府形成良好的合作关系,共同推动乡村治理。一些地方的农村社区社会组织积极参与农村环境整治、文化活动组织等工作,有效提升了乡村治理的质量和效率。中西部欠发达地区的乡村社会参与水平相对较低。农民的自治意识相对薄弱,参与治理的积极性和主动性不够高,部分农民对乡村治理事务持旁观态度。社会组织的发展也相对滞后,数量少、规模小、能力弱,难以在乡村治理中发挥更大的作用。

二、贵州省乡村治理的特殊性

贵州省作为我国唯一没有平原的省份,其乡村治理具有特殊性,需探索适配性治理路径。

贵州省作为全域处于山地高原的省份,其乡村治理体系呈现出显著的地理约束性与文化复杂性双重特征。受喀斯特地貌占总面积73.8%的地理格局影响,省内88个县(市、区)中有66个属于典型山地县域,这种特殊地形不仅重构了农业生产函数,更深度塑造着治理资源配置逻辑。在典型山地县域,传统规模农业难以形成比较优势,倒逼地方政府探索特色农业发展路径。如部分县市通过立体种植模式,在不宜开垦区域建立生态茶园系统,将地理劣势转化为特色农业优势,有效提升土地单位产出效益,形成具有示范价值的制度创新样本。

高原山区特殊的地理环境同时加剧了自然灾害风险,形成复合型治理挑战。频发的洪涝、干旱等自然灾害与脆弱的经济基础相互叠加,要求治理体系必须具备更强的风险应对能力。这种“自然-经济”耦合系统的脆弱性,客观上要求建立更具韧性的灾害预警机制和产业防护体系。地方政府通过整合气象监测、农技推广和保险金融等多元要素,正逐步构建起适应山区特点的灾害治理框架。

多民族共生格局为乡村治理注入文化张力与制度弹性。全省常住人口中少数民族占比达36.4%,涵盖苗族、布依族、侗族等17个世居民族,形成56个民族特色村寨保护群落。在部分民族村寨,传统节庆活动被创造性转化为社区协商平台,民族艺术形式成为矛盾纠纷化解的沟通媒介,展现出传统文化与现代治理的有机融合。将民族习惯法与现代村民自治制度进行衔接,能够有效提升治理效能。某些苗族村寨通过建立三方联席会议机制,整合寨老权威、行政力量和乡贤智慧,成功化解多起涉及传统资源利用与现代经济发展的利益纠纷。但文化传统与现代治理的张力依然存在,如殡葬改革等政策推进过程中出现的文化冲突,需要通过建立文化缓冲机制和渐进式改革路径加以调和。

脱贫攻坚成果巩固面临的自然风险与市场波动形成特殊治理命题。贵州地处山区,自然灾害频发,如洪涝、干旱、冰雹等,这些灾害对农业生产构成严重威胁。而市场波动也是贵州乡村治理中不可忽视的因素。农产品价格的不稳定直接影响农民的收入。例如马铃薯的价格波动可能导致农民收入的大幅变化。此外,市场流通体系的不完善也加剧了这一问题。贵州的一些偏远地区,由于交通不便和市场信息不对称,农产品的销售面临困难,进一步影响了农民的收入。为了应对市场波动,贵州采取了多种措施,如发展电商平台,拓宽农产品销售渠道,通过“技能银行”等项目提升农民的职业技能、增强其市场适应能力等,有效提升了农民的收入和市场竞争力。

基础设施的历史欠账与数字化鸿沟构成治理能力提升的关键瓶颈。尽管全省实现了硬化路“组组通”,但某些地方的道路存在地质灾害隐患点,导致物流成本较平原地区高。这种物理阻隔效应在数字经济时代被进一步放大。铜仁市JK县的调查表明,仅有31%的农户能熟练使用政务APP,老年群体数字化排斥现象更为突出。这反映出公共服务供给方式的代际差异。某些地区通过流动数字服务站的创新模式,有效延伸了政务服务的空间覆盖,为破解数字鸿沟提供了实践参考。

人力资本的结构性矛盾倒逼教育嵌入治理创新。在贵州省山地乡村的发展语境中,城乡教育资源分配的结构性失衡与基层治理现代化需求之间的张力日益凸显。这种矛盾本质上源于传统教育供给体系与乡村人力资本需求类型的错位匹配,具体表现为:其一,基础教育资源向城镇集中的趋势加剧了乡村人才外流的马太效应,导致基层治理主体呈现老龄化、低学历化特征;其二,职业教育与产业需求的对接不足,难以满足特色农业、乡村旅游等新兴业态对复合型人才的需求。这种双重困境迫使地方政府将教育治理纳入乡村治理的整体框架,通过制度创新实现教育资源配置与人力资本培育的协同优化。在实践层面,职业教育的定制化培养模式成为破解基层治理人才短缺的关键路径。以“政-校-村”三方协同培养机制为例,地方政府通过需求清单明确治理人才的能力矩阵,职业院校据此调整专业设置与课程体系,村级组织则提供实践场域与就业岗位。这种定向培养模式成功输送了一批兼具农业技术、民族语言能力和现代治理意识的青年人才进入村两委班子,其知识结构能够有效应对山区治理中传统文化调适、特色产业培育等多重挑战。然而,专业技术人员供给的结构性矛盾依然突出,尤其在乡村医疗、农业科技等领域,人才缺口与岗位需求之间的鸿沟尚未完全弥合。

特殊地理文化语境下的治理现代化路径,本质上需要构建“适应性制度供给—韧性体系建设—内生动力激活”三位一体的框架。榕江县“村BA”篮球赛的爆红现象提供了文化治理的新注解,这项起源于台盘村“六月六”吃新节的民间活动,通过赛事运营权下放至村民理事会,不仅带动餐饮、住宿等配套产业增收1800万元,更成功将21条村规民约融入赛事规则,实现文化认同与现代治理的有机融合。在制度演进层面,荔波县推行的治理期权制度,通过将村民参与度与未来权益挂钩,成功破解了公共事务参与率低的难题。这种基于预期管理的制度设计,体现了治理创新中行为经济学原理的应用价值。实践表明,山区治理效能的提升必须突破标准化模式依赖,在多元要素耦合中探寻本土化解决方案。

总之,适配性治理理论(Adaptive Governance)强调,治理模式需与地域特征动态匹配。贵州省的实践表明,山地经济需强化基础设施与特色产业耦合,多民族地区需构建“法治+德治+自治”协同机制,脱贫地区需推动“应急式帮扶”向“内生性发展”转型。

第三节

乡村治理的核心挑战

一、人口结构：老龄化加剧，治理活力不足

我国大部分国土面积位于农村地区，然而多数人口却集中在城镇。过去三十年间，我国城镇常住人口持续增长，而乡村常住人口则呈下降趋势。据数据统计显示，2024年末，城镇常住人口94350万人，比上年末增加1083万人；乡村常住人口46478万人，减少1222万人；城镇人口占全国人口的比重（城镇化率）为67.00%，比上年末提高0.84个百分点。可见城市对农村人口具有显著的吸引力。

第七次全国人口普查数据显示，农村60岁及以上老年人口比例较城市高出8.8个百分点。以我国中部某省份农村为例，由于经济条件限制及消费习惯的影响，大多数老年人无法随子女迁居至城市，只能留守在农村。这导致农村老龄化程度加深，已处于中度老龄化阶段，农村60岁及以上老年人口占比达到23.8%。老年人群体通常思想较为保守且体力有限，以某村的村庄环境整治工作为例，由于缺乏青壮年劳动力的参与，仅靠老年人难以有效开展垃圾清理、道路维护等工作，降低了他们参与村庄公共事务的积极性，从而削弱了农村家庭作为经济单位的功能，影响了乡村治理的活力。

此外，农村地区的空心化与老龄化问题也增加了基层党组织运作及党员队伍管理的复杂性。为提升村干部的年轻化与专业化水平，某些地区对村干部的年龄、政治面貌和学历提出了具体要求，如需具备党员身份、年龄不超过40岁、拥有大专及以上学历等。以某偏远山区村庄为例，这些严格的条件使得该村在选举过程中难以达到法定票数，往往需要经过多轮投票才能完成选举，且面临后备干部短缺的问题，导致基层党组织活动难以有效开展，组织凝聚力减弱，乡村治理效能受损。近年来，农村人口结构的变化对乡村治理基础造成了冲击，使得乡村治理面临着有制度但缺乏实施载体的挑战。

二、治理资源：财政资金不足，社会资本参与度低

乡村治理需要充足的财政资金支持，但目前一些地区对乡村治理的财政投入相对较少，导致乡村基础设施建设滞后、公共服务供给不足，影响了乡村治理的硬件条件和治理效果，难以满足村民日益增长的美好生活需要。以农村道路建设为例，虽然硬化路“村村通”工程在脱贫攻坚中取得了显著成效，但总体上道路等级仍然较低，很多道路达不到乡村振兴的标准。乡村振兴需要使大部分乡村有序实施较大人口规模自然村（组）通硬化路，同时根据产业发展的需要，分类实施农村资源路、产业路、旅游路和村内主干道建设。然而，由于财政资金投入不足，这些基础设施建设在某些区域进展缓慢，影响了农村的经济发展和村民的生活质量。

在公共服务方面，农村的医疗卫生、教育、文化等公共服务供给水平普遍较低。例如，一些农村地区缺乏基本的医疗卫生设施和专业医护人员，导致村民看病难、看病贵的问题依然存在。此外，农村教育资源匮乏，学校设施陈旧，师资力量薄弱，影响了农村教育质量的提升。这些问题的存在，不仅影响了村民的生活质量，也制约了乡村治理的有效开展。财政资金投入不足的一个重要原因是投入机制不完善。目前，农村基础设施建设主要依赖政府财政投入，但财政资金有限，难以满足农村发展的多样化需求。此外，财政资金的分配和使用也存在一些问题，如资金分配不均衡、使用效率低下等，导致部分农村地区基础设施建设长期得不到改善。

乡村治理除了依靠政府力量外，还需要充分调动社会资本的参与。然而，目前社会资本参与乡村治理的积极性不高，参与渠道不够畅通，导致乡村治理的资源相对匮乏，难以形成多元共治的良好局面。社会资本参与乡村治理的积极性不高，主要原因是乡村治理的收益不确定性和风险较高。例如，农村基础设施建设投资大、回报周期长，社会资本在参与过程中面临诸多风险，如政策变化、市场需求波动等。此外，农村地区的市场环境和政策环境不够完善，也影响了社会资本的参与积极性。

社会资本参与乡村治理的渠道不够畅通，主要体现在以下几个方面：信息不对称，农村地区信息传播不畅，社会资本难以获取乡村治理项目的信息，导致参与机会有限；政策支持不足，虽然国家出台了一些鼓励社会资本参与乡村治理的政策，但在具体落实过程中，存在政策执行不到位、配套措施不完善等问题，影响了社会资本的参与积极性；组织协调不力，乡村治理涉及多个部门和多个利益主体，缺乏有效的组织协调机制，导致社会资本在参与过程中面临诸多障碍，难以形成合力。目前，乡村治理的多元共治机制尚不完善，政府、企业、社会组织和村民之间的合作不够紧密。例如，一些农村地区虽然有企业和社会组织参与基础设施建设，但由于缺乏有效的合作机制，各方在项目实施过程中协调不畅，导致项目进展缓慢，甚至出现重复建设、资

源浪费等问题。此外，村民参与乡村治理的渠道和机制也不够完善，村民的主体地位未能充分体现，影响了乡村治理的民主性和有效性。

社会资本的低参与度还体现在乡村治理结构单一上。理想的乡村治理模式应该是政府主导、多方参与的多元化体系，通过政府、企业、社会组织、村民等多主体的合作，共同解决乡村发展中遇到的问题。但在现实中，由于社会资本参与不积极，乡村治理往往过度依赖政府，形成了“政府包揽一切”的局面。这种单一化的治理模式不仅增加了政府的负担，也降低了治理效率和效果。在环境整治、社区服务等方面，如果能够有效吸引企业和社会组织参与，不仅可以减轻政府的压力，还能带来更多的创新解决方案和技术支持。因此，提高社会资本的参与度对于构建更加开放、高效的乡村治理体系具有重要意义。

三、治理主体：人才短缺，村干部素质参差不齐

随着中国城市化进程的加速，大量农村青壮年劳动力涌入城市，寻求更广阔的就业机会和发展空间，深刻改变了中国的城乡格局。城市因此而繁荣，但乡村却面临着前所未有的挑战——“空心化”现象日益严重。

在许多乡村，由于主要劳动力流失，留守的群体在参与乡村治理方面的能力和积极性相对较低，难以有效承担起乡村治理的各项重任。一方面，老年人由于身体条件和知识结构的限制，往往难以适应现代化的治理手段和技术。例如，数字技术在乡村治理中的应用日益广泛，但许多老年人对此不熟悉，甚至无法使用智能手机等基本设备。这大大限制了他们在信息获取、意见表达等方面的参与度。另一方面，妇女和儿童虽然在家庭和社会生活中扮演着重要角色，但由于传统观念的影响和社会资源分配不均等，他们在公共事务决策中的地位依然较低，参与决策的机会较少，从而削弱了乡村治理的民主性和代表性。

农村“空心化”还导致乡村治理决策的科学性和执行的有效性受到了显著影响。决策过程中缺乏多元化的视角和声音，特别是在涉及经济发展、基础设施建设等方面的重大决策时，缺乏具有专业知识和技能的人才支持，容易导致决策的短视和片面。此外，执行层面的效率和质量也因人力资源的不足而大打折扣，很多好的政策和项目难以落地实施，或者效果大打折扣，一定程度上影响了乡村振兴战略的推进。

未来应该通过改善乡村的教育、医疗等公共服务，吸引年轻人返乡创业；推动农业现代化，提高农业生产效率，增加农民收入；加强乡村治理体系建设，提升基层组织的服务能力和水平。同时，鼓励和支持社会力量参与乡村治理，如引入社会组织、志

愿者等,以弥补人力和专业能力的不足。

乡村干部作为乡村治理的关键力量,在推动乡村发展、促进农民增收、维护社会稳定等方面发挥着至关重要的作用,是连接政府与农民的桥梁,承担着执行国家政策、解决村民的实际困难、协调社区关系等多重任务。然而,当前村干部的整体素质仍有较大的提升空间,具体表现在以下几个方面。一是学历水平较低。许多村干部的受教育程度不高,部分甚至没有完成初中教育,这使得他们在理解和贯彻国家政策、法律法规时存在困难,也限制了他们学习新知识、新技能的能力,尤其是在信息化、数字化迅速发展的今天,低学历成为一大障碍,难以满足新时代乡村治理的需求。二是知识结构单一。由于长期处于相对封闭的环境中,很多村干部的知识面狭窄,主要集中在传统农业生产和简单的行政管理上,对于现代农业技术、市场经济规则、社会治理创新等方面的知识了解不多,这在一定程度上阻碍了乡村的现代化进程。三是年龄偏大。村干部队伍中老龄化的趋势明显,年轻一代参与度不高,据统计,某些地区的村干部平均年龄超过了50岁,而35岁以下的年轻人所占比例极低,这导致了整个团队的工作理念相对保守,创新能力不足,难以适应快速变化的社会环境。四是治理方法落后。部分村干部仍然习惯于使用传统的、较为粗放的管理方式,对现代治理理念和技术手段的应用不够熟练。例如,在信息传播、社区动员、公共服务提供等方面,依然依赖于口耳相传或简单的人工操作,效率低下且容易出错,面对日益复杂的乡村治理问题,如环境保护、公共安全、社会矛盾调解等,这些传统方法往往显得力不从心。

因此,提升村干部的综合素质,加强培训和教育,已成为提高乡村治理效能的重要途径。可以通过开展定期培训,组织涵盖法律知识、财务管理、项目管理、信息技术等多个领域的专业培训课程,帮助村干部拓宽视野、更新观念;引进外部资源,邀请专家学者、优秀企业家等举办讲座交流,分享先进经验和成功案例,激发村干部的学习热情和创新意识;鼓励年轻人才返乡,通过提供优惠政策和支持措施,吸引更多的年轻人回到家乡担任村干部,为乡村治理注入新鲜血液;建立激励机制,建立健全考核评价体系,对表现突出的村干部给予物质奖励和精神表彰,激发其工作积极性和责任感。综上所述,只有全面提升村干部的综合素质,才能更好地应对新时代乡村治理的新要求,促进农村社会经济的全面发展。

四、治理机制:村民自治机制不完善,监督机制不健全

在当前农村社会,部分行政村的村民自治机制存在一定缺陷,这不仅限制了村民群众的有效参与,也阻碍了乡村治理的现代化进程。尤其是村民自治机制的核心环

节——民主协商、民主决策和民主管理——未能得到有效实施，导致村民的基本权利无法得到充分保障。在海南省A县B村，尽管《中华人民共和国村民委员会组织法》明确规定了村民会议的召开频率，但在实际操作中，该村庄每年仅召开一次村民大会，且会议内容多由村干部单方面决定，缺乏广泛的民意征集过程。此外，村民对于村级事务的知情权、参与权、表达权和监督权在很大程度上被忽视，进一步削弱了村民参与乡村治理的积极性和主动性。村民自治机制在实际运作中的不足，不仅影响了村民的参与热情，也削弱了乡村治理的合法性和有效性。此外，村民对村级事务的监督权同样受到限制，例如，B村的财务公开制度形同虚设，村民无法获取村级财务的具体收支情况，导致村务透明度低下，进一步加剧了村民的不信任感。

与此同时，农村地区的监督机制也存在明显不足，这不仅包括上级监督机构的缺失，也涵盖了村民自身监督能力的不足。在这样的背景下，如果村干部不注重个人廉洁自律，不愿改变农村传统的"人情"关系，很容易丧失"公开、公平、公正"（简称"三公"）的原则，从而滋生腐败现象，损害村民利益，影响乡村治理的公平性和公正性。以C县D村为例，该村的上级监督机构在实际工作中往往流于形式，缺乏实质性的监督力度。2020年，D村的一名村干部因涉嫌贪污被举报，但经过上级部门的初步调查后，最终以"证据不足"为由未予立案。这一事件不仅暴露出监督机制的薄弱，也反映了村民对上级监督的信任度较低。此外，村民自身的监督能力也相对有限，许多村民由于缺乏法律知识和监督技巧，难以有效地参与到村务监督中来。调查人员在走访中发现，C县D村有800名村民，但仅有不到10%的村民表示曾主动参与过村务监督活动，其中多数村民表示对村务监督的方式和程序并不熟悉，这进一步凸显了监督机制的不健全。

综上所述，村民自治机制和监督机制不够完善是当前农村治理中亟待解决的重要问题。需要从多个层面入手，加强村民自治机制的建设，提升村民的参与意识和能力，同时建立健全监督机制，确保乡村治理的公平性和公正性。具体措施有：完善法律法规，明确村民自治的具体操作规程；加强村民教育培训，增强其法律意识和监督能力；建立透明的村务公开制度，增强村务透明度；强化上级监督机构的职能，确保监督工作的有效开展。

五、治理体系：行政化倾向明显，部门协调不畅

在促进乡村治理现代化进程中，一个突出的现象是乡村治理实践存在行政化倾向特征。相关调研发现，乡镇政府往往将村委会视为下级组织，将"指导"关系转变为

“领导”关系,导致乡村治理的行政化现象日益突出。长此以往,导致村干部在工作中习惯按指令行事,忽视了村民自治的权利,村民的主体地位得不到充分体现,治理的民主性和自主性受到抑制,治理难度加大。

随着财政支付村干部报酬的普及,许多村干部似乎成了政府官员的“跟班”,并以“准公务员”身份从事公务性工作。村干部的工作重心逐渐从村民自治转向执行上级的指令。这主要是由于村干部根据乡镇的安排展开工作,并接受其考核,而村民民主选举因素的影响力较弱。当下村庄治理在很大程度上实现了“数目字管理”。这种“项目制”的工作方式无形中强化了“事”的“行政化”。村庄的村务主要是承接上级乡镇政府的职能工作,工作形式逐渐格式化和公文化。村干部不再主要出现在田间地头,而是在村委会办公室,大部分精力花在写汇报、整材料、填表格、网络平台录入、接受上级考核、迎检等方面。村干部的专业化与职业化趋势明显。村干部的常规工作已经基本落实到岗位,各个岗位的工作都能找到乡镇、县级政府对应的部门。村干部全职化现象也日益普遍,这不仅因为现在的村务工作量很大,需要全职投入,也因为村干部的待遇相比几年前一般都有大幅提高,在某些资源密集型村庄,村干部在集体经济中还有相当比例的股份。

乡村治理体系是一个庞大、复杂的系统性工程,涉及多个部门,但在具体实践过程中缺少专门的主抓和协调部门,导致各部门之间职责不清、配合不紧密,工作推进困难,难以形成治理合力,影响了乡村治理的整体效果。在乡村治理中,多个部门参与,但各部门之间的职责划分不明确。各部门之间配合不紧密,难以形成治理合力。例如,在一些地区的乡村基础设施建设中,交通部门负责道路建设,水利部门负责水利设施建设,教育部门负责学校建设,但各部门之间缺乏有效的协调机制,会导致项目推进缓慢,资源浪费。

在促进乡村治理现代化进程中,有必要优化村干部选任和考核机制,确保村民民主选举的影响力,建立多元化的选任渠道,并完善考核机制,引入村民满意度调查,确保村干部的工作真正符合村民的利益和需求。推动村干部专业化与职业化,组织定期的专业培训课程,提升村干部的专业能力,鼓励村干部参加学历提升教育,进一步提高村干部的待遇,建立激励机制,激发其工作积极性和责任感。同时,建立部门协调机制,定期召开协调会议,解决部门之间的工作衔接问题,设立专门的乡村治理综合协调部门,建立信息共享平台,促进各部门之间的信息交流和资源共享。

第三章

乡村治理的东部经验与适配性分析

乡村治理的现代化路径既具有本土情境的特殊性,也蕴含全球化背景下治理逻辑的普遍性。本章通过梳理中国东部发达地区(浙江、江苏)的典型经验,试图在"经验共性"与"实践差异"的双重视域中,探索适配贵州乡村治理的转型方案。

第一节

乡村治理的"江浙经验"

一、浙江省"千万工程"的创新实践

浙江省"千万工程"的创新实践,在全球乡村治理领域树立了生态与数字融合发展的典范。这一工程通过持续20多年的演进,从农村人居环境整治起步,逐渐形成了以生态提升、生活改善、生产发展为三大核心的系统性乡村治理模式。

在生态提升方面,"千万工程"通过污水治理、垃圾分类、生态农业等措施,有效改善了农村的生态环境,使乡村成为宜居的绿色空间。通过大力推进农村生活污水治理,建设污水处理设施,采用生物处理、生态过滤等先进技术,确保污水达标排放,有效减少了水体污染,恢复了河流湖泊的生态功能。同时,积极推行垃圾分类制度,通过宣传教育引导农民对垃圾进行正确分类。

在生活改善上,通过数字化手段,如智慧医疗、在线教育等应用,提升了乡村生活的便利性和质量,缩小了城乡生活品质差距;大力加强农村道路建设,实现了村村通公路,方便了农民的出行;完善农村供水供电系统,保障了农民的日常生活需求。

在生产发展维度,通过发展生态农业、乡村旅游、农村电商等多元化产业,拓宽了农民的增收渠道。该工程一方面鼓励农民发展生态农业,种植有机蔬菜、水果、茶叶等高附加值农产品,满足市场对绿色食品的需求。另一方面,积极推动乡村旅游发展,利用乡村的自然风光、民俗文化等资源,吸引了大量城市游客前来休闲度假,带动了乡村餐饮、住宿、购物等相关产业的发展。同时,大力支持农村电商的发展,拓宽了农产品的销售渠道,增加了农民的收入。

余杭区的创新实践则展现了市场要素激活的另一种可能。通过"未来乡村"场景构建,该区形成"三权分置"的闲置农房盘活机制:所有权归集体、资格权归农户、经营权市场化。在JS镇,432幢闲置农房经标准化改造后,引入83个创客团队发展文创产业,形成"设计+制造+体验"的产业链条。其中,某创客社区项目通过股权众筹模式,使农户获得持续性分红,户均年增收达7.2万元,较传统租金模式提升3.8倍。这种制度创新源于政策供给的精准性。

2023年6月,浙江省自然资源厅出台《关于加快推进农村不动产确权登记的实施意见》,提出浙江计划用3至5年时间,基本实现农村不动产地籍调查和确权登记全覆盖,构建较为完备的农村不动产登记制度规范体系。[①]丽水作为全国首个生态产品价值实现机制试点市,通过建立生态产品价值核算评估应用体系,在全国率先制定山区市生态产品价值核算技术标准,推行市、县、乡、村四级GEP(生态系统生产总值)核算,将生态价值纳入政府规划、考核与决策,形成"GDP与GEP双增长"机制,破解生态资源量化难题。在此基础上,创新构建生态产品市场交易体系,成立"两山公司"、搭建"两山银行"交易平台,探索森林资源交易、土地生态溢价评估等市场化路径,并推出"生态贷""GEP贷"等金融产品,推动生态价值可质押、可变现。同时,以"丽水山耕"生态农业、"验地验水"生态工业、"丽水山景"全域旅游三大产业为抓手,严控农药化肥、推行跨区域"飞地互飞"合作、打造瓯江黄金旅游带,实现生态价值向经济价值的高效转化。

此外,丽水通过划定生态红线、实施山水林田湖草系统修复工程、建设"花园云""天眼守望"智慧监管平台,构建"空天地"一体化生态监测体系,确保生态保护长效可持续。这一系列举措系统打通了"绿水青山"量化、交易、转化、可持续的全链条路径,为全国生态产品价值实现提供了可复制的实践样板。[②]但快速市场化也带来隐忧,莫干山民宿集群的同质化竞争导致2023年平均入住率下降至58%,部分项目投资回收期延长至12年,提示着生态资本化进程中的市场风险管控需求。这些创新源于持续的政策投入,浙江省连续20多年将"千万工程"写入省委一号文件,财政投入的持续性,形成政府主导、市场运作、村民参与的治理闭环。

浙江经验的核心在于构建"生态治理—数字转型—市场激活"的治理闭环。其成功关键在于省级统筹的政策定力(连续20多年推进)、数字技术的深度渗透(村均物联网设备达152个)、社会资本的精准导入(民间投资占65%)。

---

① 农村不动产确权登记按下加速键[EB/OL].(2023-07-03)[2024-12-20].http://zjrb.zjol.com.cn/html/2023-07/03/content_3661460.htm? div=-1.

② "点绿"成金 浙江丽水探索生态产品 价值实现机制[EB/OL].(2021-06-09)[2024-12-18].https://www.ndrc.gov.cn/fzggw/jgsj/zys/sjdt/202106/t20210609_1282898.html.

二、江苏省"千万工程"的创新实践

江苏省的治理实践,则展现了行政体系与市场机制深度耦合的治理智慧,以"网格化治理+集体经济再造"为特色,形成"强政府—强市场"协同治理模式。全省村级集体经营性收入均值达268万元,组建村级集体资产公司1.2万家,通过"物业经济+服务外包"实现治理效能与经济收益双提升。这源于其独创的"三池联动"改革:将集体资金、资产、资源分别注入"资金池""资产池""资源池",通过证券化运作实现价值倍增。

江苏省的治理实践凸显了集体经济再造的独特路径。在张家港市永联村,集体资产经评估后拆分为12.6亿股,村民按1元/股认购,形成"村民变股民"的产权结构。该村建设的智能制造产业园,通过"租金+税收分成"模式,使亩均税收从1.8万元跃升至36万元,带动村民年分红人均1.2万元。这种改革成功的关键在于制度设计的精细化,县域财政78%的自给率保障了政策延续性,而《江苏省农村集体资产管理条例》等23条配套法规,构建起严密的制度防护网。①

徐州市的"农田管家"模式,则是集体服务能力提升的典型样本。通过构建"村级合作社+专业服务公司+农户"的三级托管体系,将286万亩耕地纳入标准化管理。在邳州市,建立的"五统一"服务标准(统一种植规划、统一农资采购、统一技术指导、统一机械作业、统一产品销售),使小麦生产成本降低18%,产量提升12%。更值得关注的是其利益分配机制:服务利润的40%留在村集体,30%用于技术升级,30%返还农户,形成可持续的发展模式。这些举措促进了村级组织从传统的管理主体转变为服务供给者,2023年全市村级组织服务性收入占比达57%,彻底改变依赖土地出租的收益结构。

---

① 江苏省农村集体资产管理条例[EB/OL].(2018-12-17)[2024-11-23].http://zrzy.jiangsu.gov.cn/gtapp/nrglIndex.action? type=2&messageID=2c9082b567bb41eb0167bb473d4e0008.

第二节

经验移植的适配性分析

乡村治理经验的跨区域移植本质上是制度基因与地方性知识的耦合过程。贵州多民族村寨的治理特殊性在于：以苗族、侗族、布依族等为代表的民族文化积淀深厚，“寨老制”“款首制”等传统权威体系仍具生命力；喀斯特地貌与山地经济叠加，形成“生态—贫困—文化”的三重锁定效应；青壮年外流率超65%，留守人口老龄化与空心化并存。本节通过解构江浙经验的核心要素，结合贵州典型案例，揭示经验移植的适配边界与创新路径。

一、治理模式适配：江浙“市场嵌入”模式的梯度适配策略

江浙经验表明，市场机制可通过产权创新与生态资本化破解政府单一主导困境，但其在贵州需进行适应性改造。黔东南侗寨借鉴江苏“农田管家”模式组建“稻鱼鸭共生合作社”，通过“鱼窝共享”机制整合分散的稻田养鱼资源，形成连片生态养殖区。在黎平县肇兴侗寨的实践中，统防统治服务成本降低23%的同时，单位面积产值提升41%。台江县依托苗族“姊妹节”开发非遗工坊，将银饰锻造技艺与侗族大歌传承纳入生态产品价值核算体系，创新“技艺入股+订单分成”模式使户均年增收1.2万元，其中苗族传统纹样的现代设计改良使产品溢价率达65%。雷公山自然保护区推行的“三权分置+生态股”模式更具突破性，村民以林地承包权入股碳汇项目，每公顷年分红达800元，12.6万亩竹林通过碳汇交易实现年均9.3%的固碳量增长，混合产权制度有助于维系生态保护红线，又通过竹林管护积分兑换机制激发村民环保参与度，2023年参与碳汇项目的农户中87%主动采用有机肥替代化肥。此类实践通过低技术介入的市场化路径，在降低智能设备依赖度的同时，实现了民族文化资本与生态资源的证券化重组，为喀斯特山区破解“高投入—低效益”困境提供了可复制的制度创新样本。

二、制度弹性适配:江浙弹性制度的本土化创新

江浙地区在制度弹性适配方面进行了积极的本土化创新,形成了政策供给与传统治理的良性共生机制。江浙地区经济发达、社会结构复杂,传统的刚性政策难以完全适应当地的实际情况。因此,地方政府在政策执行过程中,注重结合本地的特点和需求,进行灵活的调整和创新。

首先,江浙地区在政策执行中强调因地制宜。地方政府根据本地的经济、社会、文化等实际情况,对中央政策进行适当的调整和细化,使其更符合本地的发展需求。尤其在经济发展政策方面,江浙地区根据不同产业的特点和市场需求,制定了一系列具有针对性的扶持政策,促进了地方经济的快速发展。

其次,江浙地区注重发挥基层治理的灵活性和自主性。地方政府通过赋予基层组织更多的权力和资源,鼓励基层根据实际情况进行创新和探索。在一些乡镇,通过建立"三位一体"的治理结构,将条线部门、管理处和行政服务中心有机结合起来,实现了治理的协调性和灵活性。

此外,江浙地区还积极引入多元主体参与治理。在政策制定和执行过程中,充分听取企业和居民的意见和建议,形成政府、企业、社会组织和居民共同参与的治理格局。

综上所述,江浙地区的弹性制度创新,展示了如何通过灵活的政策调整和治理模式,实现政策与地方实际情况的有机结合。

三、文化调适适配:江浙文化活化的启示

江浙地区通过"数字赋能+市场激活"的文化再生产模式,为贵州的民族文化活化提供了创新路径。

在镇远古城的"老宅活化计划"中,当地居民通过房屋使用权入股精品民宿,不仅实现了经济增收,还将古老的木构建筑转化为活态文化展馆,让传统文化在现代生活中焕发新生。这种模式既保护了传统文化,又促进了经济发展,实现了文化与经济的良性互动。

台江县的苗绣产业则通过"云工坊"模式实现了数字化转型。全球设计师可以在线调用传统纹样进行现代设计重组,再通过技术手段自动生成刺绣针法指令,极大地提高了设计转化效率。同时,组织留守妇女成立"移动生产单元",利用现代技术实现

订单智能派发，不仅提高了绣娘的收入，还让传统苗绣走向了国际舞台，实现了文化传承与产业发展的双赢。

数字化转型不仅重构了文化生产链条，还催生出新型治理形态。在黔西南布依族村寨，将传统习惯法程序融入纠纷调解流程，组建“双语调解队”，有效提升了纠纷调解的成功率和效率。这表明，通过数字技术解构文化基因、市场机制重组生产要素、治理创新衔接传统伦理，可以在西部多民族地区实现文化保护与产业振兴的协同演进。

江浙地区的经验启示在于现代治理与地方性知识并非对立，而是可以通过创新的方式实现融合。在推动现代化的过程中，我们需要充分尊重和保护地方性知识，将其与现代治理相结合，这样才能实现可持续的发展，避免文化断裂带来的种种问题。

综上所述，乡村治理的经验移植绝非制度模板的机械复制，而是需要在“全球视野”与“地方感知”之间建立辩证对话。贵州多民族村寨的治理现代化，应摒弃“追赶式发展”的焦虑，转而挖掘“文化—生态—治理”的协同增值空间，在守护地方性知识的同时，构建具有山地特色的可持续发展范式。这种范式创新既需要政策制定者具备“文化敏感型”治理智慧，也要求学术界深入解构“传统—现代”二元对立的认知桎梏。唯有如此，方能实现“美美与共”的乡村善治愿景。

四、贵州路径：构建“文化—生态—治理”三位一体范式

贵州多民族村寨的治理创新立足“非对称优势”，通过差异化策略激活民族文化与生态资源的协同价值。在文化韧性驱动层面，雷公山苗寨首创“非遗传承积分制”，将银饰锻制时长、侗歌传习频次等文化行为量化赋分，村民凭积分可兑换碳汇权益或生态补偿额度——每制作一套传统盛装积15分（相当于0.2吨碳汇量），促使93%的家庭主动参与非遗传承。生态治理则采取“适宜技术”路径，推广成本控制在5000元/村以下的太阳能虫情测报灯，替代高精度遥感系统，在丹寨县扬武镇的实践中，虫害预警准确率提升至81%，农药使用量减少34%，且设备故障率仅为东部智能系统的1/5。更具突破性的是组织架构的混合性创新：雷公山自然保护区试点“行政—传统—科技”三元共治模式。行政层面设立生态法庭并配备12名环境警察强化执法刚性；传统权威层面组建由21名寨老构成的巡山队，依据苗族习惯法行使监督权，对盗伐行为实

施“罚酒谢罪+补种林木”的双重惩戒;技术支撑层面部署38台低成本红外相机,通过AI算法识别盗猎行为准确率达92%。该模式使该地区2023年盗伐案件同比下降79%,村民环保参与度提升至84%,更催生出新型治理生态——文化积分与碳汇交易的联动机制推动127户家庭自发成立“古树守护联盟”,将57棵千年古树纳入区块链溯源系统,每棵树年碳汇收益的8%反哺村寨公共事务。根植于地方性知识的治理创新,通过制度设计将文化资本、生态资产与治理效能深度绑定,为喀斯特山区探索出一条“低成本—高认同—可持续”的善治路径。

第四章 组织维度：基层党组织嵌入治理

中国式现代化语境下的乡村治理创新,是政党主导型治理的结构性调适。贵州省作为西部现代化转型典型,通过制度创新、组织重构与能力提升,推动基层党组织从"管理主体"向"治理中枢"转型,形成政治优势与治理效能互嵌的新格局。本章以政党嵌入理论为框架,从机制创新、作用发挥、能力建设和路径优化四个维度展开:第一节剖析党建引领机制调适,揭示组织网络重构与数字技术融合逻辑;第二节解构党组织核心功能,聚焦乡镇领导班子能力跃升与村级组织体系再造;第三节解析"头雁效应"生成机制,探讨书记能力现代化路径;第四节提出嵌入路径优化方案,保障治理效能的可持续性。

第一节

党建引领乡村治理的机制创新

一、数字赋能党建引领乡村治理的智慧转型

数字化浪潮下,贵州省通过"技术治理"与"政党引领"的深度融合,构建了"数据驱动—组织响应—效能迭代"的智慧治理闭环。以贵州党建云平台为例,该平台整合了党务管理、民生服务、产业监测等多个核心模块,覆盖了全省大多数行政村。通过这一平台,党组织能够迅速处理群众诉求,大大缩短了平均响应时间,提高了办结率,有效提升了治理效率和群众满意度。

在黔东南州雷山县,西江千户苗寨景区党委运用区块链技术建立了非遗传承数字信用体系,对银饰工匠的技艺认证和产品销售进行全流程追溯。这一举措不仅提升了非遗产品的市场价值,增加了工匠的收入,还通过技术手段增强了市场的信任度,推动了非遗产业的发展。这体现了党组织通过数据确权,重构了传统技艺的市场价值分配机制,实现了技术与文化的有机结合。

更深层次的创新体现在"数字孪生村"的建设中。毕节市七星关区阿市乡的生态保护与农业管理应用了卫星遥感、智慧监管平台等先进技术,能够动态监测土地撂荒、生态退化等风险。这种"数据穿透式治理"打破了传统治理的信息壁垒,使党组织的决策从依赖经验转向精准干预,提高了资源利用效率和风险防控能力。

二、组织嵌入与协同共治

贵州省通过“功能性嵌入”与“结构性重组”双轨并进,破解了乡村治理“碎片化”困境。在组织嵌入层面,六盘水市探索的“党支部+产业链”模式具有代表性。YB村党委将17个村民小组整合为酒业、养殖、旅游3个产业联合体,通过“党员领办项目”机制,集体经济收入从2016年的380万元跃升至2022年的1.2亿元,形成“党委统筹—支部包产—党员联户”的三级协同架构。

雷山县西江千户苗寨景区党委将12个党支部嵌入民宿管理、非遗传承、旅游服务等产业链条,形成“支部建在产业链上”模式。通过“党员示范岗”制度,带动2000余户村民参与旅游经济分工,集体经济收入从2018年的120万元增长至2022年的860万元。组织嵌入打破了传统行政层级的刚性约束,实现了治理单元与生产单元的空间重叠,使党组织的政治动员能力转化为经济发展动能。

协同共治的突破性实践体现在跨主体资源整合上。例如,安顺市平坝区乐平镇TY村建立了“党组织+乡贤会+合作社”的共治联盟,通过引入社会资本,建设生态农业园区,创造了大量就业岗位,显著提高了村民人均可支配收入。黔南州推行的“五联共建”机制(组织联建、产业联营、人才联育、生态联治、文化联兴),使跨行政村的资源整合效率大幅提升。在龙里县湾滩河镇,联合党委统筹规划生态茶园,通过统一品牌营销,显著提升了茶叶销售单价,增加了茶农的收入。

三、创新党建引领乡村治理的文化赋能机制

文化治理是党建嵌入乡村治理的价值再生产过程。贵州通过“党建+非遗”模式激活传统文化治理效能。在黔东南州台江县施洞镇,当地建立了“刺绣合作社党支部”,将苗族刺绣技艺纳入党员培训课程,培养出一批非遗传承人党员,带动全镇建立多个刺绣工坊。这一模式充分体现了“文化资本”向“治理资本”的转化逻辑——党组织通过符号赋权重构了文化资源的政治经济价值。

在乡风文明建设方面,遵义市桐梓县马鬃苗族乡创新了“红色积分制”,将党员参与文化活动、调解邻里纠纷等行为量化赋分,积分可兑换产业培训资源。这一制度显著降低了村民矛盾发生率,提高了文化活动参与率。更深层的创新在于“红色文化再生产”。毕节市黔西市新仁苗族乡化屋村挖掘长征文化资源,打造了“乌江源红色研学”路线,接待了大量党性教育团体,带动了民宿产业收益的显著增长。

四、党建引领乡村治理的精英回流与能人培养

贵州省通过“制度吸纳”与“政治赋能”双轮驱动,破解乡村人才空心化困境。铜仁市实施的“春晖行动”最具代表性:建立“村级人才数据库”和“在外精英联络站”,2021—2023年累计召回企业家、技术人才等2300余人,其中党员占比达68%。典型案例是江口县双江街道SJ村,返乡党员杨某带领村民发展生态渔业,2022年村集体收入突破500万元,较人才回流前增长40倍。

在能人培养机制上,黔西南州推行“双培双带”工程,2023年数据显示,全州村“两委”成员中产业能手占比从41%提升至79%。遵义市凤冈县建立的“村级后备力量孵化中心”更具创新性:通过“理论集训+项目实战”模式,每年遴选30名青年党员参与集体经济项目运营,孵化成功率达83%,其中12人进入村“两委”班子。贵阳市开阳县探索“职业村书记”聘任制,面向社会公开招聘具有农业经济、乡村规划专业背景的专职书记,实行“基本工资+绩效奖励+项目分红”薪酬体系,2023年聘用的17名职业村书记带动村级产业投资增长210%。

总之,贵州省的实践揭示了党建引领乡村治理的三重机制创新,即:技术治理的政党调适,数字平台不仅是工具理性载体,更是党组织重塑治理权威的价值中介;文化治理的政治经济学,传统文化资源通过党建嵌入转化为治理效能提升的“软基础设施”;精英治理的制度化路径,人才回流的本质是党组织通过政治吸纳重构乡村社会资本网络。2023年第三方评估显示,贵州省乡村治理效能指数达到86.7分,较2018年提升22.3分,其经验为后发地区实现治理现代化提供了可复制的“组织化动员—技术化治理—文化性认同”三维模型。为实现乡村治理可持续发展,应该进一步深化数字治理的算法伦理规制、文化治理的产权制度设计,以及人才治理的长效激励兼容机制的设计。

第二节

基层党组织的作用

一、提升乡镇领导班子抓乡村振兴能力

乡镇领导班子作为乡村治理的“中枢神经”,其能力建设直接决定了政党嵌入治理的效能转化。贵州省创新实施的“三训两挂”培养机制(理论培训、实践训练、专业研修;上挂省直机关、下挂重点村寨),构建了“专业化输入—在地化转化—制度化输出”的能力跃升路径。2021—2023年全省累计轮训乡镇领导班子成员2.3万人次,其中数字经济、生态治理等专项培训占比达45%,推动基层干部政策执行能力指数提升32%,跨领域协同治理能力提升28%。遵义市播州区平正仡佬族乡通过选派旅游规划专业背景的干部担任党委书记,系统性重构治理能力,建立由48名专家组成的“乡村振兴顾问团”嵌入党委决策流程。2022年针对苗绣产业化议题,顾问团提出的“文化IP+场景消费”方案使非遗工坊产值从560万元跃升至3200万元,决策科学性指数较传统模式提升41%。项目化推进机制将全域旅游规划分解为23个重点项目,实行“党委委员包保+党员专班跟进”责任制,例如党委委员牵头的“红军长征步道修复工程”整合多部门资源,8个月内完成12千米步道建设,带动沿线6个村寨民宿入住率达85%。数据化考核体系设置产业效益(40%)、生态保护(30%)、文化传承(20%)、群众满意度(10%)四维指标,2022年该乡旅游综合收入3.2亿元,较2019年增长270%,森林覆盖率从68%提升至73%,第三方评估群众满意度达93.6分。安顺市镇宁县首创的“干部能力银行”制度更具突破性,将干部治理实践成效转化为可兑换晋升资源的“能力积分”,2023年数据显示该制度使干部参与复杂治理项目的比例从35%提升至79%,跨部门协作效率提升60%。

二、健全村党组织领导的村级组织体系

在村级组织体系重构方面，贵州省推行的“村社合一”改革形成“1+3+N”治理架构（1个村党组织，集体经济合作社、乡贤理事会、网格化管理站3个平台，N个功能性党小组），实现从行政末梢到治理中枢的结构性跃迁。六盘水市盘州市YB村的实践具有范式价值，通过党组织领办合作社整合17个村民小组资源，形成酒业、养殖、旅游三大产业联合体，集体经济积累从2016年的380万元增至2022年的1.2亿元，农户年人均收入增幅达330%。该村建立“党委抓总—支部包片—党员联户”三级联动机制，62名党员划分为8个功能性党小组，每名党员定向联系5～8户群众，形成“15分钟治理响应圈”，2023年政策传达效率提升70%，民生诉求解决周期从7天缩短至1.5天。更具创新性的是“跨域党组织链”建设，村党委与周边3个行政村成立联村党委，统筹规划5000亩刺梨种植基地，通过统一技术标准使产品单价从3元/斤提升至8元/斤，带动四村集体年均增收1200万元。黔南州长顺县HZ村通过“五小五大”工程实现治理资源整合，制定12项“小公约”将68名党员编入12个网格党小组，该村年均矛盾纠纷下降63%，建立的“党员服务积分—群众德治积分”双轨体系使92%的农户参与管理，乱排乱放等违规行为发生率下降85%。铜仁市WS区“红色物业”模式验证了组织创新的普适性，在易地搬迁社区治理中，党组织统筹物业、就业、文化事务，使搬迁群众就业率从58%提升至94%，社区矛盾纠纷发生率降至0.3件/百户，较传统模式优化82%。

综上所述，贵州省乡村治理效能提升关键在于激活了乡镇领导班子专业化转型与村级组织体系化重构，形成了“双螺旋”能力共生体系，如平正仡佬族乡顾问团机制与岩博村“1+3+N”模式的协同效应；同时，当党组织网络密度（党员联户覆盖率）突破75%临界值时，治理效能呈现指数增长，典型案例显示矛盾纠纷化解效率提升63%、集体经济实现30倍增长。2023年统计数据显示，全省村级组织改革覆盖率达89%，乡村治理成本下降28%，公共服务满意度91.2分，可见党组织通过占据“结构洞”位置实施“关系性赋权”，能够有效破解集体行动困境。这为理解组织密度与治理效能的非线性关系提供了鲜活样本，也为数字技术迭代传统组织网络的研究开辟了新视角。

第三节

基层党组织书记能力建设调查

本节围绕实地调研数据，分析贵州省D市农村基层党组织书记综合素质能力，以了解乡村人才队伍建设中的基层党组织书记综合素质能力基本情况。

D市是贵州省Q自治州首府和民族聚居区腹地，下辖5个街道办事处4镇1民族乡109个行政村。每个行政村设置有1个村级党组织和1名党组织书记，全市109个行政村对应的村级党组织包括：党委12个、党总支52个、党支部45个，共有党员8743名。本研究的载体，就是上述109个行政村的党组织书记。

一、调研背景和问题提出

农村基层党组织书记是乡村振兴的“中流砥柱”，是“五级书记抓乡村振兴”纵向到底最终端组织者和执行者，扮演着乡村振兴“擎旗手”、美好蓝图“设计师”、战斗堡垒“主心骨”和共同致富“领头雁”等多重角色。D市是贵州省Q自治州首府，是民族聚居区腹地和贵州南部政治、经济、文化中心以及西南地区出海重要交通枢纽。党和政府实施乡村振兴战略对D市农村基层党组织书记综合素质能力提出更高要求。本研究对D市村级党组织书记应当具备的综合素质能力进行调查和研究，分析其存在的困难问题，提出切合实际的对策建议，为地方党委、政府加强农村基层党组织书记队伍建设提供咨鉴，具有重要的理论探讨和实际应用价值。

（一）乡村振兴背景下农村党组织书记扮演重要角色

中国特色社会主义进入新时代，我国社会的主要矛盾已经转化为人民日益增长的美好生活需要和不平衡不充分的发展之间的矛盾。为此党的十九大报告提出实施乡村振兴战略，并在2018年以中央一号文件形式出台《中共中央　国务院关于实施乡村振兴战略的意见》。《中共中央 国务院关于实施乡村振兴战略的意见》提出实施乡村振兴战略,是党的十九大作出的重大决策部署,是决胜全面建成小康社会、全面建设社会主义现代化国家的重大历史任务,是新时代"三农"工作的总抓手。而党的二十大报告提出中国共产党的中心任务就是团结带领全国各族人民全面建成社会主义现代化强国,乡村治理现代化必然是重要环节。就乡村振兴具体任务而言,它包括产业、人才、文化、生态和组织5大板块振兴。上述各方面的任务落实和实效,都要落到农村基层党组织及其书记肩上。

农村基层党组织书记是乡村振兴的"中流砥柱",是党的农村全部工作和战斗力的基础,是"五级书记抓乡村振兴"纵向到底最终端组织者和执行者。充分发挥农村基层党组织书记"领头雁""带头人"作用,能更好地推进农业农村现代化。[①]就是说,农村基层党组织书记在乡村振兴中角色重要,无论在哪个省哪个县哪个乡哪个村,也无论在经济社会文化相对发达的东部,还是经济社会文化相对落后的西部,对农村基层党组织书记综合素质能力提升进行研究,都具有非常重要的理论探讨和实践应用价值。

(二)校地合作和政校合作推动调查研究

积极开展"校地合作"分享地方办学资源并服务地方经济社会发展,有利于助推高校教育内涵提升。Q校是以师范性、民族性、地方性和应用型为办学特色的地方本科高校,在培养人才、传承文化、学术研究和服务地方经济社会发展等方面都要夯实内涵、体现特色。学校开设"行政管理"和"农村区域发展"等专业建设,既要面向地方需求培养人才,又要依托地方资源办学,更要通过课题调查研究等来推动当地发展。"村级党组织书记"是农村基层村级"行政管理"干部也是村级"农村区域发展"规划设计师,是所在村"产业、人才、文化、生态、组织"振兴决策者,因而对"D市农村党组织书记综合素质能力提升"进行调查研究,对学校相关专业学科、教师队伍和科研团队建设,尤其对"新农科"建设具有非常重要的价值。

D市牢固树立"人才是第一资源"理念,立足贵州南部区域中心城市的发展定位,围绕倾心引才、悉心育才、精心用才、真心爱才,在人才"引、育、用、留"方面下真功、下硬功,不断夯实D市高质量发展的人才支撑,明确在"十四五"期间(2021—2025年)实现D市人才队伍规模进一步壮大,人才结构得到优化,人才综合竞争力不断增强。为此,D市提出充分利用地方高校教育资源优势,由地方高校组织专家团队通过课题调

① 张利涛.新时代村党组织书记发展瓶颈及破解之策[J].内蒙古农业大学学报(社会科学版),2024,26(1):7-14.

研,为地方党委、政府决策提供咨询服务,进一步服务地方经济建设。加强对D市农村基层党组织书记综合素质能力的提升,是中共D市委组织部落实“人才强市”的重要举措。

二、调研方法和过程

课题研究由校地双方共同组队并从2023年1月启动工作,具体工作分调研准备、实施调研、整理资料和总结4个阶段。主要任务是全面了解D市农村村级党组织书记综合素质能力状况,查找存在的问题困难;目的在于有针对性地提出提升D市农村党组织书记综合素质能力的有效途径,为中共D市委在“十四五”期间加强农村党组织书记队伍建设,进而推动全市乡村振兴战略实施,推进“村社合一”发展壮大集体经济组织以及“农业产业结构调整”等措施提供决策依据。调研方法和过程如下。

(一)理论分析视角和方法

系统分析方法:主要任务是将课题研究对象“D市农村基层党组织书记综合素质能力提升”作为一个系统进行研究,详细梳理系统内部、外部以及内外之间各个要素的相互联系。案例分析法:从D市109个村中选择典型案例开展研究,主要考虑案例的个别性典型性、研究内容的深入性全面性、研究方法的多样性综合性等。超理性方法:主要通过经验和直觉判断获得D市109个行政村党组织书记综合素质能力状况。

(二)获取资料的方法

文献法:一是直接查阅D市有关志书(年鉴)资料;二是利用中共D市委组织部提供的有关资料;三是到具体村寨或乡镇机关采集有关资料。实地调查法:课题组到行政村进行实地调查研究,这个方法主要采取参与观察和个案研究方式进行。深度访谈法:课题组实地访谈有关对象,包括个别访谈和集体访谈两个方面。问卷调查法:采用发放问卷方式对D市农村基层党组织书记综合能力素质进行调研。

(三)分析资料的方法

内容分析:对获得的各种文献资料进行客观系统和定量描述分析,把现存文字资料转换成数据资料,然后利用统计方法来分析资料。统计分析:对各种数据资料进行加工分析,利用这些数据资料去获得相关信息资料,说明资料来源,推断资料结论。定量分析和定性分析:前者运用统计学有关知识对本研究有关数量进行说明,并以确切的数据量化结果;后者对有关资料信息进行分类、描述、综合和归纳,在此基础上提取定性结论。

(四)实地调研状况描述

在空间上选择部分行政村进行实地调研。实地走访以行政村为单位,共计35个,占全市109个行政村的32.1%。

分两个层面制作问卷进行调查。第一个层面是乡镇干部,包括乡镇党委书记、镇长、党委副书记、组织员和驻村干部。问卷以D市109个行政村党组织书记为对象,分别以综合素质和综合能力为栏目,综合素质包括党性原则、道德情操、廉洁自律、政策水平、民主作风、奉献精神、心理素质和创新精神共8个方面;综合能力包括把握方向、谋划全局、团结协作、带头执行、学习提高、带动致富、依法办事和群众工作共8个方面。第二个层面是村"两委"干部,包括村党组织书记、村委会主任、村组干部、村民小组长、村民代表等,调查内容包括检测村党组织书记在素质和能力上的表现。

对村党组织书记进行深度访谈。课题组提前准备深度访谈提纲,对所走访的行政村党组织书记进行访谈,访谈内容包括村党组织书记个人阅历、对乡村振兴战略理论政策的理解把握、本村乡村振兴战略推进情况、本村乡村振兴发展规划、上级政府部门意见和建议等。

以书面形式向各乡镇组织员征求意见。通过对各乡镇组织员进行访谈或通过微信、QQ群等平台,征求各乡镇组织员对提高D市农村基层党组织书记综合素质能力的意见和建议。

通过其他途径进行考察和了解。D市行政村在实施"村社合一"和"产业结构调整"等方面需要村级党组织书记肩负责任,通过观察村级党组织书记是否依法担任集体经济组织的理事长,以及他们在规范组织形式、明确职能职责、界定社员资格、推进"三资"折股量化、完善"村社合一"组织模式、建立科学合理收入分配机制、规范赋码赋权、激活经营权、强化政策支持及规范监督管理等方面的履职情况,从侧面评估村级党组织书记的综合素质能力。

三、乡村振兴对农村基层党组织书记素质能力提出更高要求

（一）习近平总书记对农村党组织书记寄予厚望

习近平总书记对农村基层党组织书记在乡村振兴战略中所扮演的角色寄予厚望。他说“要推动乡村组织振兴，打造千千万万个坚强的农村基层党组织，培养千千万万名优秀的农村基层党组织书记”。[①]要增强干部素质培养的系统性、持续性、针对性，把理想信念教育、知识结构改善、能力素质提升贯穿干部成长全过程；[②]实施乡村振兴战略，要充分发挥好乡村党组织的作用，把乡村党组织建设好，把领导班子建设强。人才振兴是乡村振兴的基础，要创新乡村人才工作体制机制，充分激发乡村现有人才活力，把更多城市人才引向乡村创新创业。[③]

（二）有关政策文件对农村党组织书记履职素质能力要求提高

党的十九大报告提出坚持农业农村优先发展，按照产业兴旺、生态宜居、乡风文明、治理有效、生活富裕的总要求，建立健全城乡融合发展体制机制和政策体系，加快推进农业农村现代化。提出必须“加强基层党组织带头人队伍建设，扩大基层党组织覆盖面，着力解决一些基层党组织弱化、虚化、边缘化问题”。[④]《中共中央 国务院关于实施乡村振兴战略的意见》要求加强农村基层党组织建设，实施农村带头人队伍整体优化提升行动，选优配强村党组织书记。[⑤]

关于农村基层党组织书记素质能力要求，有关文件规定村党支部书记是村领导班子的带头人，是村党支部发挥领导核心作用的关键。中国共产党农村基层组织工作条例规定，村党组织领导班子“应当由思想政治素质好、道德品行好、带富能力强、协调能力强，公道正派、廉洁自律，热心为群众服务的党员组成”，而村党组织书记“还应当具备一定的政策水平，坚持依法办事，善于做群众工作，甘于奉献、敢闯敢拼”。

① 习近平：推动乡村全面振兴，关键靠人[EB/OL].(2023-04-24)[2024-08-12].https://mp.weixin.qq.com/s/bz-tqA_yzwmtT996M1T8daA.

② 习近平：切实贯彻落实新时代党的组织路线 全党努力把党建设得更加坚强有力[EB/OL].(2018-07-04)[2024-12-20].https://www.gov.cn/xinwen/2018-07/04/content_5303550.htm.

③ 习近平主持中共中央政治局第八次集体学习并讲话[EB/OL].(2018-09-22)[2024-05-20].https://www.gov.cn/xinwen/2018-09/22/content_5324654.htm? eqid=cd2919670002bc58000000066487e8c2.

④ 习近平：决胜全面建成小康社会 夺取新时代中国特色社会主义伟大胜利——在中国共产党第十九次全国代表大会上的报告[EB/OL].(2017-10-27)[2024-05-22].https://www.gov.cn/zhuanti/2017-10/27/content_5234876.htm.

⑤ 中共中央 国务院关于实施乡村振兴战略的意见[EB/OL].(2018-02-04)[2024-05-21].https://www.gov.cn/zhengce/2018-02/04/content_5263807.htm.

村党组织书记应当注重从本村致富能手、外出务工经商返乡人员、本乡本土大学毕业生、退役军人中的党员培养选拔,每个村应当储备村级后备力量。

四、D市村级党组织书记综合素质能力分析

(一)从结构上分析

在职务称谓和性别上,有12名“党委书记”占11%、52名“党总支书记”占47.7%、45名“党支部书记”占41.3%。在性别结构上,男性有102人占93.58%、女性7人占6.42%。在年龄结构上,40—59周岁年龄段占绝大多数,具体是30岁以下5人占4.59%、30—39岁28人占25.69%、40—49岁43人占39.45%、50—59岁32人占29.36%、60岁及以上1人占0.92%。在学历结构上,初中学历有32人占29.36%、高中(含中专)学历24人占22.02%、大专学历及以上52人占47.71%。在是否兼任村委会主任上,有42人兼任村委会主任占38.53%、有67人没有兼任村委会主任占61.47%。在实地调查中,全市109名村党组织书记除了个别外,绝大多数是“村集体经济组织”理事长,可见,D市已经基本实现推进“村社合一”、发展壮大集体经济组织全覆盖,党组织书记基本上是“一肩双挑”甚至有20%的书记是“一肩三挑”。在个人身份上,人数最多是“普通百姓”42人占38.53%,其次是致富带头人34人占31.19%,其他身份人数相对较少。有专业合作社负责人背景的5人占4.59%、有6名外出务工经商(含返乡农民工)占5.50%、有35名下派干部(由市委组织部或乡镇指派到村担任书记)占32.11%、有7名退伍复员军人占6.42%、有乡村医生乡村教师和个体工商户6名占5.50%。

有关问题分析:一是D市农村村务工作增加,从20世纪80年代至今至少经历3次并村,许多村管辖范围就是原来的乡级建制,往往由3~5个村合并而成,村域面积的扩大意味着管理服务范围和困难的增加,对乡村振兴中的“村级头雁”更具挑战性。二是D市村级党组织书记年龄偏大,调研数据显示,50岁以上(含1名60岁及以上)村级党组织书记共计33人占30.28%,而39岁以下的党组织书记仅有33人占30.28%,年轻力量略显单薄。三是学历偏低,初中学历32人占29.36%、高中(含中专)学历24人占22.02%、大专及以上学历52人占47.71%,说明党组织书记低学历比例偏高。四是在个人身份上,“普通百姓”比重偏大,“普通百姓”42人占比接近40%,其他“致富带头人”“退伍军人”“返乡创业农民工”“乡村教师医生”等单项比例远远低于“普通百姓”,这个状况跟有关政策导向有差距,党组织书记带动能力可能存在不足。

（二）从问卷调查上分析

本研究以调查问卷方式委托各乡镇组织员，至少选择乡镇（街道办事处）党委书记、镇长（乡长）、党委副书记、组织员填写。

综合素质问卷包括党性原则、道德情操、廉洁自律、政策水平、民主作风、奉献精神、心理素质、创新精神等指标；综合能力问卷分为把握方向、谋划全局、团结协作、带头执行、学习提高、带动致富、依法办事和群众工作等指标。每个指标考核分为3个档次，即A（优秀）、B（良好）和C（合格）。其中对X办事处采取综合测评，结果最有参考价值，现以之为例分析。

X办事处共有17名村党组织书记，综合素质调查各项数据如下：

在党性原则上获得“A”档次6人占35.3%，获得“B”档次8人占47.1%，获得“C”档次3人占17.6%。在道德情操上获得“A”档次9人占52.9%，获得“B”档次8人占47.1%，获得“C”档次0人占0%。在廉洁自律上获得“A”档次16人占94.1%，获得“B”档次1人占5.9%，获得“C”档次0人占0%。在政策水平上获得“A”档次6人占35.3%，获得“B”档次10人占58.8%，获得“C”档次1人占5.9%。在民主作风上获得“A”档次14人占82.4%，获得“B”档次3人占17.6%，获得“C”档次0人占0%。在奉献精神上获得“A”档次10人占58.8%，获得“B”档次6人占35.3%，获得“C”档次1人占5.9%。在心理素质上获得“A”档次11人占64.7%，获得“B”档次6人占35.3%，获得“C”档次0人占0%。在创新精神上获得“A”档次3人占17.6%，获得“B”档次11人占64.7%，获得“C”档次3人占17.6%。

在素质评价中获得“A”档评价前三位的是廉洁自律（16人）、民主作风（14人）和心理素质（11人）；获得“A”档评价后三位的是创新精神（3人）、政策水平（6人）和党性原则（6人）。

关于综合能力，在把握方向上获得“A”档次7人占41.2%，获得“B”档次7人占41.2%，获得“C”档次3人占17.6%。在谋划全局上获得“A”档次9人占52.9%，获得“B”档次8人占47.1%，获得“C”档次0人占0%。在团结协作上获得“A”档次9人占52.9%，获得“B”档次6人占35.3%，获得“C”档次2人占11.8%。在带头执行上获得“A”档次7人占41.2%，获得“B”档次9人占52.9%，获得“C”档次1人占5.9%。在学习提高上获得“A”档次7人占41.2%，获得“B”档次8人占47.1%，获得“C”档次2人占11.8%。在带动致富上获得“A”档次5人占29.4%，获得“B”档次7人占41.2%，获得“C”档次5人占29.4%。在依法办事上获得“A”档次10人占58.8.%，获得“B”档次7人占41.2%，获得“C”档次0人占0%。在群众工作上获得“A”档次6人占35.3%，获得“B”档次8人占

47.1%，获得“C”档次3人占17.6%。

在综合能力评价中获得“A”档次最多的指标是依法办事（10人）、团结协作（9人）和谋划全局（9人）；获得“A”档次最少的是带动致富（5人）、群众工作（6人）、把握方向（7人）和学习提高（7人）。

在针对某个村党组织书记评价上，X办事处获得评价最高的是MW村党总支书记，在综合素质和综合能力上全部获得“A”档次评价，在D市109个行政村推进乡村振兴和经济社会发展中，MW村各项指标排名靠前，其党组织书记得到的评价与业绩相符。而个别村党组织书记在综合素质和综合能力指标排名上，基本都是“C”档次或“B”档次，实际情况也印证了问卷调查结果。

（三）从深度访谈上分析

本研究先后面对面访谈共计20个村党组织书记。主要就党组织书记这个“头雁”角色，在乡村振兴的产业振兴、人才振兴（含乡土人才）、文化振兴、生态振兴和组织振兴中如何谋划和发展进行深度访谈；同时就D市推进“村社合一”发展壮大集体经济组织、农业产业结构调整等问题进行深度交流。虽然各村党组织书记所面对的本村问题和困难各有差别，访谈内容各有侧重，各位书记素质和能力各有差别，但可以从中了解到D市农村村级党组织书记综合素质和综合能力情况，即无论在综合素质还是在综合能力上，都需要提高。

五、提高D市村级党组织书记综合素质能力对策建议

近年来，中共D市委和市政府，坚持以习近平新时代中国特色社会主义思想指导农村基层党组织书记队伍建设，为提高农村基层党组织书记综合素质能力做了大量工作。包括严格按照有关文件精神开展农村基层党组织书记的考察选用、培养培训、教育提高和监督管理等工作；同时立足于精准扶贫和乡村振兴战略实施，贯彻落实贵州省“十二大农业产业结构调整”“五步工作法”和“八要素”精神，全面落实省州市关于坝区农业产业结构调整，推进“村社合一”发展壮大集体经济组织有关文件精神，做了大量的理论培训、知识培训、专业培训、管理培训等工作，取得了较好成绩。但是立足于乡村振兴中的产业振兴、人才振兴、文化振兴、生态振兴和组织振兴实施，以及农业产业结构调整和推进“村社合一”发展壮大集体经济组织现实，D市农村党组织书记在综合素质和综合能力方面还有许多需要提高的地方。

（一）编制实施D市农村村级党组织书记综合素质能力提升发展规划（2024—2028年）

建议组织有关专家学者科学编制D市农村村级党组织书记综合素质能力提升发展规划（2024—2028年），全面总结D市村级党组织建设发展已有基础，查找存在的问题和不足；科学论证D市村级党组织书记综合素质能力提升的基本原则、主要目的和基本任务，详细规划D市党组织书记综合素质能力提升重点工作、实施步骤和保障措施。力争在此期间D市村级党组织书记综合素质能力得到全面提高，为D市实施乡村振兴战略和基层社会治理质量提升提供有力保障。

（二）组织力量分类别分层次对D市各行政村经济社会发展状况开展调研

围绕D市乡村振兴专题和经济社会发展，组织有关专家学者对D市各行政村进行调研，全面掌握D市各行政村经济社会发展状况，进一步明晰村级党组织书记工作职责和工作侧重点。一是按照D市行政村管辖面积和人口总量分为大村、中村、小村进行调研，目的在于考察各村总体状况；二是按照D市行政村不同产业发展重点进行调研，可以分为第一二三产业进行调研，目的在于厘清各村不同产业状况和产业发展侧重点；三是按照不同坝区及其规划进行调研，目的在于考察各村产业发展优势和重点；四是按照推进“村社合一”发展壮大集体经济组织运行程度进行调研，目的在于考察推进“村社合一”发展培育程度；五是按照村党组织书记个人身份区别进行调研，目的在于比较村级党组织书记任职背景；六是按照村党组织书记年龄大小进行调研，目的在于更好地掌握村级党组织书记年龄层次；七是按照村党组织书记任职年限进行调研，目的在于考察村级党组织书记任职阅历。

（三）将“校地合作”机制和“政校合作”机制延伸到D市各乡镇街道和行政村

一是鼓励在D市辖区内的地方高校将“校地合作”机制延伸到各乡镇街道和行政村，鼓励推动当地高等专科学校有针对性地选择跟自己办学方向相关联，尤其在人才培养和服务地方经济社会发展上密切关联的二级学院（系），同D市109个行政村建立“校地合作”关系。在方式方法上，可以采取划分包干D市各行政村的方式，将“校地合作”和“政校合作”模式覆盖到村级。二是明晰“校地合作”和“政校合作”职责清单，以

2024—2028年为合作周期，由地处D市各高校有关二级机构根据党和政府关于加强基层社会治理有关规定，分别对应拟出各行政村在产业振兴、人才振兴、文化振兴、生态振兴和组织振兴以及提高村级党组织和村级党组织书记能力素质清单，按照清单开展合作。三是加强“校地合作”和“政校合作”绩效评估，由中共D市委组织部和各高校组织部门对每一年度“校地合作”和“政校合作”情况进行评估，并纳入绩效考评，重点考察清单任务完成情况。

（四）努力提高D市村级党组织书记综合素质和能力路径

一是把好选人关。第一，把好思想政治关，重点考察拟任人选在“感党恩、跟党走”和“想干事、能干事和干成事”方面的素质；第二，把好年龄关，初任党组织书记一般年龄建议在35—45周岁之间；第三，把好阅历关，建议重点考察属于“土生土长型”的人选，即重点考察在本乡本土出生而在外有一定阅历的人才，这些阅历包括应征入伍、外出务工、外出经商、外出读书等；第四，把好学历关，任职人选应具备一定的学历，至少是高中或中专及以上，而且在任职前曾得到乡镇或市委组织部门的培训培养；第五，把好地方人情关，考察拟用人选在地方的人际关系。上述5道关口可以用笔试和面试方式进行考察，择优录用。

二是把好培养关。第一，给拟用村党组织书记进行为期3个月左右的脱产培训（可以委托党校或当地高校），培训内容包括习近平新时代中国特色社会主义思想理论、政策法规、村务管理知识、农村社会调查方法、乡村振兴专题等。第二，可以以学历培训方式，委托党校或当地高校对农村基层党组织书记或村级班子储备人才进行培养。第三，加强对“新型农业经营主体”类人才的培养，包括农民专业合作社和家庭农场个体户主要人员的培养。

三是把好管理关。第一，用岗位职责指标管人，在对各村进行充分调研的基础上，按照指标体系明晰各村党组织书记工作职责体系。虽然各村党组织书记工作职责大同小异，但就具体的各个村而言，由于各村在地理区位、人口规模、产业重点、周边环境等方面不同，所以各村党组织书记在履行工作职责时有所不同。第二，要健全考核评价机制，也可以按照共性考核指标和特性考核指标进行。

四是把好稳定关。让所有承担农村村级党组织书记职务职责（含村“两委”其他职责如村主任、村组织员、村文书）的人员在履行职责过程中，看到前途和发展希望。第一，积极探索村级干部参加地方公务员队伍招考制度（单列），规定凡是具有一定学历、履职时间、考核成绩等条件的村级干部，都有机会参加地方公务员队伍考试和录用。第二，对于在农村基层党组织任职时间长、任职岗位多、任职贡献大的村级干部，因年龄因素退休或换届改选卸任的，纳入农村基层劳动与社会保障系统，可以从政府财政中领取退休金等。第三，设法提高村级干部工资报酬。目前村级干部队伍工资较低，提高其工资报酬也是稳定农村干部队伍的有效途径。把好稳定关的核心是要解除村级党组织书记们的后顾之忧，让他们全身心投入乡村振兴工作。

（五）加强“新型农业经营主体”类人才培养，积极储备农村基层党组织书记后备队伍

加强对D市农村“新型农业经营主体”类乡土人才的培养。一是启动实施新型农业经营主体带头人培养培训计划、现代青年农场主培养培训计划和农村实用人才带头人培养培训计划，培养培训更多“爱农业、懂技术、善经营”的新型职业农民。二是依托D市职业教育资源，办好农业职业教育，鼓励帮助新型农业经营主体带头人通过“半农半读”、线上线下等多种形式接受职业教育，参加职业技能培训和技能鉴定。三是将D市新型农业经营主体列入地方高校毕业生“三支一扶”计划、大学生村官计划。四是出台有关政策鼓励返乡农民工、大中专毕业生和退伍军人等返乡下乡创办领办新型农业经营组织。

第四节

基层党组织嵌入治理路径优化

一、构建基层党组织全方位融入的乡村治理架构

基层党组织是乡村治理的核心,其全方位融入乡村治理架构是实现有效治理的关键。首先,基层党组织可以通过“党建+网格化”模式,将党组织的“触角”延伸到乡村的每一个角落。以贵州省贵阳市花溪区青岩镇为例,该镇通过建立“红色物业进村”模式,将党组织嵌入到乡村治理的各个环节。通过网格化管理,党组织能够及时了解村民的需求和问题,实现精准治理。其次,基层党组织可以通过“村党组织领办”模式,强化党组织在乡村治理中的领导地位。山东省胶州市通过村党组织领办“乡村夜校”,动员党员群众参与教育培训活动,提升了党组织的凝聚力和影响力。再次,基层党组织可以通过“党建联建”机制,整合多方资源,形成乡村治理的合力。

二、促进基层党组织引领下的乡村治理要素汇聚

基层党组织在引领乡村治理的过程中,要注重汇聚各类治理要素,包括人力、物力、财力等。首先,基层党组织可以通过“党建引领+社会共担+多元共治”模式,整合多方力量。例如四川省绵阳市通过融合共建的党建引领乡村治理新模式,激活了乡村治理的基层力量,形成了共建共治共享的治理格局。其次,基层党组织可以通过“党建+数字化”模式,提升治理效能。浙江省宁波市慈溪市通过“群治分”聚合力,打造了乡村数治新格局,有效提升了治理的精细化水平。再次,基层党组织可以通过“党建+网格化+数字化”模式,实现治理要素的优化配置。湖南省益阳市赫山区通过创新“党建+网格化+数字化”模式,打造了“三维共治”新样板,提升了治理的系统性和协同性。

三、创新基层党组织嵌入治理的协同联动模式

基层党组织在嵌入乡村治理的过程中，注重协同联动模式创新，形成多元主体共同参与的治理格局很有必要。在实践中，可以看到，基层党组织通过“党建+网格化”模式，实现治理主体的协同联动。贵州省贵阳市花溪区青岩镇通过“红色物业进村”模式，实现了党组织、村委会、村民小组、村民代表等多方协同治理。与此同时，基层党组织还通过“党建+数字化”模式，提升了治理的协同性。四川省通过推广运用“川善治”平台，赋能乡村治理数字化，实现了治理主体的高效协同。再有，基层党组织通过“党建+社会共治”模式，形成了多元主体共同参与的治理格局。湖南省永州市通过构建“党小组+”组织体系，一体推进“和美屋场”建设，形成了多元主体共同参与的治理格局。这都为创新基层党组织嵌入治理的协同联动模式提供了样板参考，各地区要根据实际情况，创新具有地域特色的基层党组织嵌入乡村治理模式，为实现乡村治理现代化奠定重要基础。

四、发挥基层党组织引领乡村治理的价值导向作用

在中国式乡村治理现代化进程中，基层党组织不仅是制度执行的“行动者”，更是价值引领的“导航者”。基层党组织可以通过“党建+”模式创新，将文化建设、价值引领与乡风文明塑造深度嵌入治理实践，激活乡村治理的内生动力与文化自觉。这一过程中，基层党组织通过重构乡村价值体系，实现了“以文化人、以德润治”的治理效能提升。首先，基层党组织可以通过挖掘与活化乡土文化资源，将传统文化基因转化为治理动能。例如安徽省宣城市绩溪县创新推行了“三步”家风培育法（寻根立训、传承担当、实践涵养），构建起新时代“四和”图景（家庭和美、邻里和睦、村社和谐、生态和畅）。该县依托178个村级党群服务中心设立“家风学堂”，组织老党员、乡贤等开展“家风故事会”2300余场次，编撰《绩溪家训百则》，覆盖全县85%以上家庭。通过将家训文化融入村规民约，2022年该县家庭矛盾纠纷同比下降41%，获评“全国乡村治理示范县”。可见基层党组织对传统文化的创造性转化，能够有效增强村民的价值认同与行为自律。其次，基层党组织可以通过制度设计与实践载体创新，将社会主义核心价值观具象化为可操作的治理行动。贵州省安顺市关岭布依族苗族自治县的典型做法是通过“一村一年一事”模式，探索了“三治”结合的载体、平台、途径，提升了乡村治

理的价值导向。价值引领机制有助于基层党组织通过搭建“价值—行为—制度”的传导链条,实现核心价值观的在地化实践。再次,基层党组织通过“党建+乡风文明”模式,提升了乡村治理的文明程度。例如河南省商丘市民权县王桥镇通过正“三风”去陋习,新时代实践新文明,提升了乡村治理的文明程度。

总之,基层党组织嵌入乡村治理路径优化是实现乡村治理现代化的重要途径。基层党组织通过“文化解码—价值编码—行为赋码”的治理逻辑,实现了价值引领从“抽象倡导”向“具象治理”的转化。通过构建全方位融入的治理架构、汇聚各类治理要素、创新协同联动模式、发挥价值导向作用,基层党组织能够有效提升乡村治理的效能和水平。

第五章

主体维度:乡村干部治理能力

本章以Q州为研究样本,聚焦乡村干部这一治理主体的治理能力,系统探讨了乡村干部能力的现状、影响因素以及提升路径。开篇从问题提出与文献回顾切入,深入剖析乡村干部能力建设的重要性,并在此基础上构建了理论框架与研究思路。继而通过案例分析,深入剖析Q州乡村干部在科学决策、组织动员、资源整合等关键领域的能力现状及其面临的挑战。在此基础上,借助问卷调查与数据分析,进一步开展实证研究,揭示了乡村干部能力的影响效应,并精准识别出能力提升的关键因素。提出了党建引领、培训实践、决策历练与实践创新四位一体的能力提升路径,涵盖提升资源整合能力、强化信息技术应用能力、构建科学决策能力以及增强组织动员能力等多方面内容。

第一节

问题提出与文献回顾

一、问题提出

2024年中央一号文件以《中共中央 国务院关于学习运用“千村示范、万村整治”工程经验有力有效推进乡村全面振兴的意见》为题,明确提出提升乡村治理水平重点是健全党组织领导的自治、法治、德治相结合的乡村治理体系。[①]可见,乡村治理的关键是将基层党组织的领导力、组织力和战斗力贯穿于农业农村改革发展之中,而打造一支优良的乡村治理干部队伍是支撑乡村治理体系的脊梁,是提升基层党组织建设水平,进而维持乡村治理体系顺畅运转不可忽略的关键因素。

自农村税费改革政策推行以来,农村的治理结构也发生了变化。目前乡村干部的自我角色认知较为清晰,但他们在政策执行能力、发展生产能力、乡村治理能力与解决自身问题能力方面明显不足。亟待通过创新选用机制、借助数字化手段、创新培训制度和完善激励机制等促进乡村干部队伍建设创新发展。[②]Q州根据自身自然资源及社会经济条件,积极响应国家乡村治理能力提升行动计划,近几年持续推进乡村治理干部队伍能力建设,助推乡村治理能力提升。在这一过程中,“乡村干部治理能力

① 国新办发布会解读中央一号文件——有力有效推进乡村全面振兴[EB/OL].(2024-02-05)[2024-07-18],https://www.gov.cn/zhengce/202402/content_6930240.htm.

② 张新勤.河南省Z市乡村干部队伍建设创新发展研究[J].农业经济,2024(5):108-109.

现状如何?”“村民是否感知到乡村干部治理能力的提升?”“乡村干部是否更有效地解决了村民迫切需要解决的问题?”这一系列问题是亟需思考的。在治理实践中,乡村干部治理能力对村民关于治理能力满意度存在复杂的影响机制。因此,为避免乡村治理能力建设与村民需求出现断层,有必要剖析其中的作用机理,了解乡村干部治理能力到提高村民对治理能力满意度的逻辑路径。这有利于促进Q州乡村治理能力提升,也是建设和美乡村的必然选择。

二、文献回顾及理论基础

(一)文献回顾

在全面推进乡村基层社会治理体系与治理能力现代化的背景下,要深化对我国乡村治理进入历史新方位的认识,重视乡村人的变化和差异,考虑人的精神思想、社会管理和公共服务3个领域的问题。①已有研究关注乡村干部在乡村治理中扮演的角色及遇到的困境等,着重从三个方面展开。一是探究乡村干部嵌入乡村治理存在的困境。乡村治理本身面临着权责关系失衡、责能嵌入缺位、责任驱动异化以及责任空间错配等问题。②从乡村干部自身来看,在制度性激励不足的情况下,闲暇、顾家、发展与成就等非制度性激励因素构成农村青年担任乡村干部的重要动机。③大学生乡村干部在现实中由于实践能力不足、赋能有限容易导致身份边缘化,难以发挥治理功能。④二是基于因果关系视角研究乡村干部治理乡村效果的影响因素。资源下乡改变了村庄公共品供给方式,重塑了村干部治理逻辑,造成的村民参与虚化、乡村干部治理动力弱化和干群关系失衡,是村级治理能力弱化的主要成因。⑤治理能力是乡村干部治理乡村效果的重要影响因素。李敏等将村级治理能力界定为村级组织引导村民依法民主自治以保障人民权益及管理公共事务的能力,并将村级治理能力具象化为资源获取能力、发展经济能力、社会组织能力、公共服务能力四个方面。⑥数字技术融入乡村治理过程中,数字技术以数字平台的技术手段和数据处理的治理优势,赋能乡村“三治融合”治理体系,提升乡村数字治理效能。⑦三是乡村干部治理策略方面。

① 秦中春.乡村振兴背景下乡村治理的目标与实现途径[J].管理世界,2020,36(2):1-6.

② 李沫.基层治理共同体责任网络建构的现实困境与策略选择[J].学习与探索,2023(9):42-49.

③ 金江峰.非制度性激励视域下青年村干部的择业逻辑研究[J].中国青年研究,2022(7):97-103.

④ 崔宝玉,肖瑶.大学生村官能改善中国乡村治理吗?——来自CRHPS2017的微观证据[J].湖南农业大学学报(社会科学版),2022,23(6):76-87.

⑤ 毛一敬.资源下乡背景下的村级治理能力探赜[J].决策与信息,2024(6):34-44.

⑥ 李敏,姚顺波.村级治理能力对农民收入的影响机制分析[J].农业技术经济,2020(9):20-31.

⑦ 丁波.数字技术赋能乡村“三治融合”的实践逻辑与优化路径[J].云南民族大学学报(哲学社会科学版),2024,41(4):144-150.

在乡村干部治理的行动策略方面，熟人关系是一种广泛运用的“游戏”。费孝通认为，差序格局产生熟人社会。乡村干部扮演的角色多样，权威、面子是治理过程中不可忽略的部分，而这也正是柔性治理至关重要的因素。[①]“双强”型乡村干部治村是引领农民致富的现实途径。[②] 由于职责不断向基层下移、中心工作的扩大化、基层监督与问责的强化等原因，基层干部的避责行为呈蔓延之势。“循证式治理”正是当前乡村干部的避责行为塑造出来的一种治理样态。[③]乡村干部行为选择基于理性经济人假设，“成本－收益”投资逻辑贯穿始终，其治理热情的动力在于符合自身利益最大化。

综上所述，学界关于乡村干部治理能力的研究成果颇丰，围绕乡村干部治理的角色、策略要素等研究，与中国不同地区农村研究一脉相承，对于本研究探索农村地区乡村干部的治理具有一定借鉴作用。但在乡村振兴进程中乡村干部嵌入乡村治理的逻辑基础及系统性和整体性研究还有待进一步探讨。其一，乡村干部的治理策略逻辑基于不同地区的乡村治理优秀案例经验，需要结合不同村寨的实际情况加以思考。其二，学者们普遍从经济与社会分化视角，考察治理主体采取的不同差异化乡村社会治理模式，鲜有基于村民对乡村干部治理满意度的视角研究乡村干部治村实践及成效。其三，已有乡村干部治理的研究着重关注乡村干部的结构性背景、治理动力机制和治理能力提升遇到的困境，而围绕乡村干部有效助推乡村社会治理，提升其治理能力的内在作用机制与实践逻辑缺乏深入系统的研究。那么，在提升基层治理体系和治理能力现代化背景下，乡村干部助推乡村社会有效治理的实践样态如何？乡村干部治理能力对乡村治理满意度的影响关联机制是什么？如何提升乡村干部治理能力？基于对以上问题的思考，本研究试图在乡村干部类型分类的基础上，通过对贵州省Q州的BM村、YG村、H村、BJ村，共4个村寨进行田野调查，从经验与实证层面探讨与构建乡村干部治理能力与村民满意度的内在关联机制、基本实践样态，探索Q州乡村干部治理能力提升的路径，以期为理解乡村干部治理能力与村民满意度的复杂逻辑机制，以及促进乡村干部治理能力提升提供经验启示。

（二）元治理理论

针对治理理论缺陷进行修正，其中影响较大的是英国著名政治理论家杰索普提出的“元治理”理论。所谓“元治理”，就是“治理的治理”，“元治理”旨在对市场、国家、

① 陈倩文.农村干部乡村治理的行动与困境综述[J].当代经济，2020(1)：108-111.

② 张兰君，张瑞业.“双强”型村干部治理模式研究[J].理论学刊，2010(1)：98-101.

③ 田先红，刘天文.循证式治理：基层干部避责行为下的乡村治理实践及效应[J].杭州师范大学学报(社会科学版)，2023，45(3)：112-122.

公民社会等治理形式、力量或机制进行一种宏观安排,重新组合治理机制。国家(政府)要发挥的制度作用有:(1)政府在社会治理体系中要发挥主导作用,要做社会治理规则的主导者和制定者;(2)政府要与其他社会力量合作,通过对话、协作,共同实现社会的良好治理;(3)要促进社会信息透明,使政府和其他社会力量在充分的信息交换中了解彼此的利益、立场,从而达成共同的治理目标;(4)政府要做社会利益博弈的"平衡器",避免社会各阶层因利益冲突而损害治理协作。[①]因此,"元治理"的实质就是依托政府的良好制度安排和政策指导,努力消除政府、市场、社会等各种管理主体之间的不协调、对立和冲突,建立起更加高效的社会治理制度。

元治理理论在应对社会治理复杂化进程中展现出独特价值,通过重构治理体系、协调多元主体关系的核心机制,已在企业数字化转型、大气污染防治技术协同、个人信息保护制度构建等领域形成成熟应用范式。尽管该理论与乡村治理需求存在三重深度契合——在价值层面,"家的回归"理念精准对接乡村差序格局的社会结构;在机制层面,"中心再中心化"策略有效破解基层治理碎片化困境;在实践层面,弹性治理框架为自治、法治、德治融合提供制度接口——但针对乡村干部治理能力提升的系统研究仍属薄弱环节。乡村治理主体的核心力量在于乡村基层党组织的领导能力和治理水平,这将直接决定和美乡村建设的成效。乡村治理能力是多元治理主体运用各种规章制度管理乡村社会经济事务的能力,主要通过乡村治理主体能力以及乡村治理实效体现出来。元治理理论明确了党通过培育自己的乡村干部队伍,赋予其在基层治理中作为领导核心的关键性地位,从而夯实乡村治理的地基。

党委和政府主要负责统筹规划和调整,促进多元治理主体实现有效互动。在治理过程中,亟需一个强有力的治理主体,该治理主体承担"元治理"的核心职责。具体在乡村治理实践中,党培育的乡村干部队伍是治理主体,有能力通过制定清晰的规章制度,引导有关治理主体的治理行为。

但是随着城市化进程发展,目前我国农村居民大量流入城市,乡村治理面临诸多新情况,如治理未能跟上乡村社会变迁步伐,导致乡村干部治理能力水平与村民预期的实际诉求还有差距等,部分地区出现乡村治理"内卷化"、农村基层党组织"悬浮化"、党建活动"形式化"的困境。[②]因此,基于元治理理论视角,探究乡村干部在进行乡村治理过程中,发挥治理主体在乡村治理能力建设中的核心角色及"元长者"作用的内在逻辑,对促进乡村干部治理能力与水平提升,实现高效的乡村社会治理制度与

① 丁冬汉.从"元治理"理论视角构建服务型政府[J].海南大学学报(人文社会科学版),2010,28(5):18-24.

② 张利庠,刘开邦,张泠然.社会交换理论视角下"金字塔"型乡村治理体系研究——基于山东省J市S村的单案例分析[J].中国人民大学学报,2022,36(3):102-114.

机制形成,助力和美乡村建设具有重大理论意义与实践意义。

三、研究思路及研究方法

(一)研究思路

本研究的研究思路是探究Q州乡村干部治理能力的建设成效及Q州乡村干部治理能力对乡村治理满意度的影响,在元治理视角下探索提升Q州乡村干部治理能力的策略与路径。研究人员首先构建分析框架(见图5-1),通过该分析框架,分析乡村治理过程中乡村干部治理能力发挥的网络结构体系,深化对乡村干部嵌入乡村治理,促进乡村治理的理论解释,进而为现阶段贵州省Q州乡村社会治理提供有价值的案例样板。

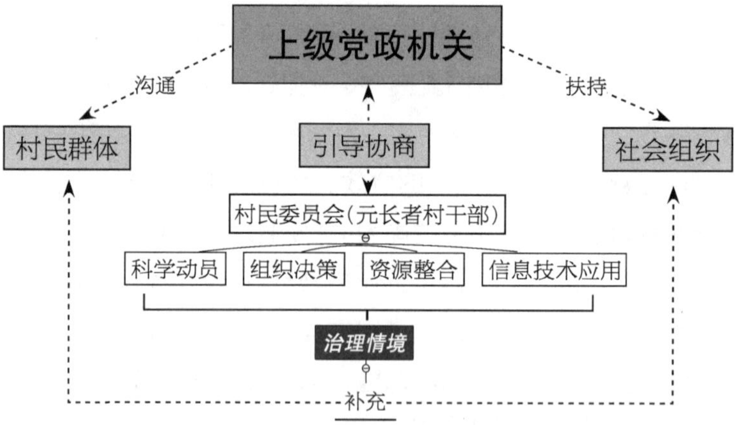

图5-1　乡村干部治理网络分析框架图

(二)研究方法

本研究运用定性与定量分析相结合的研究方法。具体而言,通过研制调查问卷,在2024年7月—2024年8月发放问卷,调查Q州所辖的其中4个村寨的村民及乡村干部,了解乡村干部治理能力的总体情况及村民对治理成效的评估。同时,随机抽取4个典型的Q州村寨,对其乡村治理典型案例的实践进行深入个案研究;对乡村干部、普通党员与村民以及乡镇政府工作人员,通过半结构化访谈,获取调研的一手资料,辅之以收集村寨建设的相关新闻报道、文档书籍、会议纪要等材料,挖掘Q州乡村治理能力的相关问题及影响因素,进一步了解Q州乡村治理能力的建设成效。

第二节

乡村干部治理能力的案例分析

通过阐述贵州省Q州的乡村治理环境背景，深描Q州几个村寨基层社会治理实践，加深对乡村干部能力作用发挥的理解。

一、Q州乡村社会的治理环境

Q州属于贵州省的地州市之一，拥有独特的自然资源、民族风情，以及乡村独特而复杂的治理环境。深入了解Q州乡村社会的治理环境是进一步厘清乡村治理体系现状的必要前提。下文将围绕自然资源、社会经济、社会治安、民族关系等方面进行梳理，以便对Q州的治理环境有初步系统的感知。

（一）自然资源状况

Q州位于贵州省，长期以来人均土地贫乏、交通不便导致Q州贫困落后。因而，Q州需要加快发展现代农业，保持粮食产量的稳步增长。

相关实验研究数据显示，最适合人类生存的海拔是500～2000米，空气中密集的负氧离子有强化和激活人体生理活动的作用，1500米的海拔是一支天然的“兴奋剂”。而Q州平均海拔997米，最高海拔1961米，最低海拔242米，年平均气温16.0℃，平均年降水量1023.0毫米，年平均日照时数1172.7小时，年平均相对湿度76.0%。Q州的自然风光和旅游资源丰富，拥有多个国家级森林公园和湿地公园。因此，Q州需要大力发展现代服务业，切实推动旅游和文化产业的发展。

（二）社会经济状况

“十四五”期间，Q州积极抢抓国发〔2022〕2号文件重大机遇，围绕“四新”主攻“四化”主战略和“四区一高地”战略定位,聚焦“五个新Q”建设,着力做好“企稳、补短、求进、跃升”四篇文章,聚力发展实体经济,全州经济总体高质量发展向好。全州以发展特色产业为重点,加强农村基础设施建设,依法依规落实各项补贴及易地扶贫搬迁等优惠政策,使得州内乡村民众的生活得到极大改善,Q州社会经济发展突飞猛进,社会更加和谐稳定。

在促进经济发展方面。2023年全州生产总值为1800.95亿元,比上年增长3.0%,其中,农林牧渔业总产值505.24亿元,比上年增长4.2%。通过聚焦林下经济、刺梨、森林康养等推动林业产业发展,全州林业总产值达551.5亿元。探索形成农村产业革命“精准打法七条”,茶叶、蔬菜、水果、中药材、刺梨等12个特色优势产业,加快工业转型升级,做强做优现代化工、新型建材、生态特色食品等六大主导产业。旅游业实现提质增效,旅游业发展指数位居全省前列,服务业快速发展。

此外,Q州大力实施工业强州战略,加快推进工业转型升级,印发了《Q州实施工业倍增行动计划》,提出全州到“十四五”末工业总产值完成3200亿元、投资完成3000亿元、规模企业达到1600家的倍增目标。根据县市产业基础和资源优势,进一步压实责任,推进工业高质量发展。大力发展现代服务业,切实提升旅游和文化产业发展水平;大力优化经济发展环境,不断增强经济发展的动力和活力;大力推进以交通和水利为重点的基础设施建设,进一步改善加快经济社会发展的条件;大力推动科教兴州和人才强州,提升科技创新能力和人力资源素质;大力加强民生工程和社会建设,促进社会和谐稳定,全力从建设“幸福Q”等方面着手推进Q州社会经济的发展。

(三)社会治安形势

Q州乡村社会治安良好,乡村社会的安全能够得到保障,乡村居民安居乐业,社会治安体系和能力能够实现稳固。

Q州社会治安体系已初步确立,治安能力不断得到提升。一是不断完善以党委为主导,以政府为主体,以公安、社会组织协同,党政军警民“五位一体”广泛参与的有力治安保障体系。二是健全安全风险的防控制度,将安全风险通过防控、预警等应急措施降到可控范围。州政府主要通过投入资金用于安全防控的信息化平台搭建和完善工作,充分利用大数据、人工智能等现代化的防控技术在重要的通道、小道和便道等安装远程监控系统,确保对全州的监督防控,以此来应对安全风险。

（四）民族关系发展态势

Q州是全国民族团结进步示范州，2024年全州常住人口350.12万人。Q州有78个中国传统村落，38个国家级民族特色村寨。民族感情深厚，民族团结。Q州在党的领导下，全面贯彻执行党的民族政策，从居住格局、各民族相互适应、中华民族共同体意识的培育等方面为新时代Q州民族关系的融洽发展提供了场域、基础和动力，促进各民族广泛交流交往交融，凝心聚力，推进各民族关系融洽发展。

Q州着力打造各民族维护核心紧跟核心、民族平等团结互助和谐、各民族交往交流交融互嵌、民族传统文化繁荣发展、民族事务治理现代化、民族地区高质量发展、民族工作齐抓共管等“七个典范”，将铸牢中华民族共同体意识纳入党的建设和意识形态工作责任制，纳入巡视巡察和政绩考核。各级党委积极组织全州人民参与民族团结进步创建活动，增强各民族“五个认同”。建设了一批铸牢中华民族共同体意识教育基地，定期组织升国旗、在界碑前重温入党誓词等活动，不断增强群众对中华民族共同体的认同，铸牢中华民族共同体意识。发展地区社会经济，满足民众的物质和文化需求，确保各族人民都能共享社会主义现代化建设的成果。培育了一批民族优秀文化品牌，水书文献成功入选《世界记忆亚太地区名录》，DY毛尖茶制作技艺被列入人类非遗代表作名录，文化产业增加值占GDP比重的4.5%。持续加强民族团结和谐、互助平等的价值观念，拥护各族人民一致团结、努力奋进、共同发展繁荣的精神信念，深度推进群众对民族、国家、中国特色社会主义建设以及各民族共同繁荣发展的高度认同。

通过对Q州的自然资源、社会经济、社会治安及民族关系的梳理，我们发现该地区拥有丰富的矿产资源和生物资源。在乡村社会治理中，一方面，政府需要制定出合理的资源开发和环境保护政策，以促进可持续发展；同时，由于Q州的经济发展相对滞后，主要以农业为主，经济结构单一，经济发展的不平衡性依然明显，因而乡村治理应重点关注经济发展与民生改善的结合，以增强农民的幸福感和获得感。另一方面，基于民族关系和谐的目标导向，应注重在政府治理中，通过政策引导和基层组织建设，加强民族团结教育，加深大众对民族关系和谐重要性的认识，以有效提升社会治理的稳定性。

二、Q州乡村干部治理能力的案例分析

Q州在国家和美乡村建设的大政方针指导下，基于自身资源禀赋，形成不同的乡

村治理模式。从乡村社会治理底层逻辑看,乡村治理的问题大多是由于缺乏足够的经济资源和人才资源支撑引起的,即表象是社会建设问题,实则是经济与人才资源带来的治理能力建设问题。因此下文将从乡村干部治理中的科学决策能力、组织动员能力、资源整合能力、信息技术应用能力等四个维度,深描Q州4个村寨的基层治理实践。

(一)BM村乡村干部治理策略呈现

BM村是中国农村中较为普遍的城郊融合类村庄,人口规模大、地理区位优势明显,但在发展初期同样面临村级党组织软弱涣散、乡村治理体系不健全、"有集体无经济"的问题,作为党建嵌入乡村治理的典型实践样态,该村将村级党组织打造成坚实的战斗堡垒,实现乡村治理精准有效、村集体经济重获新生,具有一定的代表性。

BM村位于DY市西部,MJ镇西北部,是原BM乡人民政府驻地,平均海拔1485米,面积19.35平方千米,耕地面积4802亩(其中水田2690亩、旱地2112亩)。村委会驻地距DY市城区28千米,距高速匝道口10千米。境内有国道、高速、高铁穿过,已实现组组通硬化路,交通十分便利。辖9个村民小组675户2744人,党员87人,乡贤人才111人,布依族人口占比达90%以上。村民经济收入主要来源于省外务工、种植养殖业及就近务工。

1.BM村乡村干部科学决策能力

BM村乡村干部主要通过发布项目情况征求村民意见,来进行最终决策。具体表现在:其一,以实施BM河道环境美化亮化整治项目和集镇农贸市场改造项目为契机,通过推动环境卫生整治等红黑榜评议公开,积极落实群众商户"门前三包"政策,引导脱贫户做好家庭"五净一规范",实现村庄环境和农户家庭环境干净整洁有序。其二,深入开展"法律进乡村""普法宣传月""普法小课堂"等法治宣传教育活动。在乡村干部、矛盾纠纷调解员中培养一批村"法治带头人"。坚持发展新时代"枫桥经验",让村民小组组长兼任矛盾纠纷调解处化解网格员,一旦发现问题就在村本级迅速处理。处理不了的上报至镇,镇村两级协调就地解决,力争"小事不出村、大事不出镇、矛盾不上交"。

2.BM村乡村干部组织动员能力

该村探索构建"党支部+乡贤会+网格员+联户长"的基层治理组织架构。乡贤会的成员经过投票选拔,在勇闯敢做、有能力有经验的老干部、老教师、村社负责人等群体中产生。2024年4月,BM村成功召开"完善新乡贤机制　助力和美乡村建设"院坝协商会,并成立乡贤理事会,在理事会成员带头下,募集到109位乡贤成员和爱心人士的捐资助学款33000元。在村"两委"的指导下乡贤会发挥自身威望,组织村民参与村寨管理,协调解决村民矛盾。该村建立村"两委"一队共10人的组织,全村划分为10个网格,配强配齐10个网格员,按照"缺什么补什么"的原则,开展帮扶工作。

3.BM村乡村干部资源整合能力

BM村以农文旅融合发展为核心,做强做大茶产业,依托举办"四月八""六月六"等布依民族文化活动节及百年渡槽和千年古银杏树等丰富旅游资源,积极谋划争取、推动落地一批牵引性强、成长空间大、发展前景好的文旅融合、茶旅融合项目。积极争取项目资金50万元,完成农贸市场大棚更换2400平方米,规划整治市场摊位200个,停车位50个,新建了一个可容纳近300立方米临时垃圾的垃圾转运站,有效解决了集镇垃圾处理问题。

在全力推动村合作社中,探索以工代赈路径,试行在路灯维修、道路修建养护、水管维护等小型工程项目上委托本村公司按照合法合规程序将其设定为以工代赈项目,自行组织施工、自主分配资金,不断壮大村集体经济积累。

(二)YG村乡村干部治理策略呈现

YG村隶属LB县,距乡人民政府所在地6千米,距县城18千米。全村辖10个村民小组7个自然寨314户1217人,由原YG村、YL村合并而成,该村主要民族为布依族和水族。

1.YG村乡村干部科学决策能力

YG村创造性地打造"支部嵌入产业发展"模式,村中3个合作社建立对应的3个党支部,党支部书记由合作社或股份有限公司的主要负责人担任,确保集体经济组织市场化、专业化发展。2024年实现村集体经济收入达10万元以上,实现集体经济稳步增长。引进大户种植板蓝根165亩,种植罗汉果150亩。

2.YG村乡村干部组织动员能力

YG村构建"民心党建+组委会"乡村治理模式,实现基层自治力量在邻里纠纷、环境卫生治理及乡风文明建设等方面的落实,提升乡村干部治理能力。同时,自2019年以来,YG村致力于培养建立一支素质优良、结构合理的村级后备力量人才队伍。目前,村级储备后备力量共有3人,村级股份经济合作社储备后备力量20人。

3.YG村乡村干部资源整合能力

YG是某旅游区门户,以YG村落为载体,以村落生活体验为基底,有古法蜡染、古法造纸、傩戏表演、精品民宿等产品,形成旅游发展新业态,形成古法农耕文旅体验IP,不断吸引游客前来体验,2023年全年游客量达到1万人次。

在政策资源解读及执行上,YG村全力落实"3+1"保障和综合保障政策。饮水方面,全村10个小组,314户都通自来水,饮水有保障。教育方面,6—16周岁适龄儿童202人享受"两免一补"政策保障,无辍学失学儿童。医疗保障方面,2024年,全村1217人全部参加新农村合作医疗保障,参合率100%,享受政府财政资助485人,全村慢性病人均实现家庭医生签约服务。

(三)H村乡村干部治理策略呈现

H村位于HH镇南部,距离镇政府3千米,距离县城17千米,全村总面积7.76平方千米,有15个自然村寨,平均海拔1000米,有林地4500亩、耕地3450亩,其中有高标准农田650亩,花卉苗木和草皮种植140亩,全村交通发达,农业产业基础设施较为便利。

1.H村乡村干部科学决策能力

在产业发展决策上,H村制定村集体经济"三年倍增"计划,采取一月一研判的工作机制,结合村寨实际情况,种植油菜50亩,年收益2万余元。2023年村集体可用资金达5万余元。H村结合党员会议、村民代表大会等统一全村发展秋冬农业生产,明确工作任务,动员党员、组长等积极引导群众。开展大遍访、召开群众会,积极宣传秋冬油菜种植政策,引导群众不留冬闲田,种油粮作物。

2.H村乡村干部组织动员能力

村党支部书记带领群众积极参与村级公益事业。具体体现在:一是党员干部及乡贤筹集资金1.1万元开展金秋助学活动,资助6名困难大学生圆大学梦;二是村级4名党员带头发展产业,利用自身优势资源,帮带4户群众发展致富产业;三是村干部主动对接各部门,遍访能人和乡贤,寻找资源发展村集体经济;四是党员带头参加村内各项公益事业,党员干部、群众募集资金1万元,投工投劳98人次,改善基础设施。

3.H村乡村干部资源整合能力

村“两委”充分盘活H村旅游资源。利用好H村现有闲置木屋12间,引进特色小吃,增加活动多样性。加强合作社市场化运营,对接本地旅行社进行地接,串联经典路线。利用H村特有的地理环境和优势,多方合作,扩大文创收益。鼓励产业大户盘活闲置用地发展特色产业(金钱橘种植)。

(四)BJ村乡村干部治理策略呈现

DJ镇BJ村六个组被评为特色村寨,被列入第六批中国传统村落。2023年以来BJ村始终围绕“五网合一、一网统管”的工作任务,高质量抓好各项工作,在各项督查检查中得到各级领导的好评和肯定。

1.BJ村乡村干部科学决策能力

BJ村完善村党组织领导下的村级议事决策机制和监督机制,实现修订完善村自治章程、村规民约合法性审核和备案全覆盖,筑牢村民参与村级事务制度体系。BJ村党支部探索“3个3”环境整治工作机制,扮靓村庄颜值,获全省文明村称号。创新探索“三会一委”(乡贤会、红白理事会、卯文化旅游协会、寨管委)治理模式。以某寨为示范点,全面推广覆盖到各自然寨。依托“一中心一张网十联户”治理机制,通过党建引领、网格管理、联户共治为群众开展“管家式”贴心服务。

村委积极推行积分制管理制度,不断激发广大群众参与基层治理的主动性和积极性,将治理由“村里事”变成“家家事”,将“要我参与”变成“我要参与”,让“小积分”汇聚成“大效能”,推动基层治理。截至2004年8月,开展积分兑换活动3次,共兑换洗衣粉、洗洁精、肥皂、纸巾等物品100余件。

2.BJ村乡村干部组织动员能力

BJ村构建服务大平台,发挥关键人物作用,探索建立“党建+志愿者+N”工作机制,实现基层治理可持续发展。通过“党员+网格员+志愿者+联户长+组长+护林员+保洁员”,自上而下在村民小组内发挥示范带头作用,形成7个网格缔结点,实现“惠民政策宣传、民意收集”全覆盖。同时,组建7人“小组委员会”,负责组内红白喜事、酒驾醉驾劝导、邻里矛盾纠纷化解、环境整治与移风易俗监督和执行,不断激励村民小组自治,创新社会治理版图。

3.BJ村乡村干部资源整合能力

BJ村的组(寨)管委积极组织发动本组的“土专家”、“田秀才”、致富能手等,挖掘服务村民的“金点子”,真正实现群众自我管理、自我服务、自我教育、自我监督,使基层组织建设管理更加民主,干群关系更加密切。

BJ村多方筹集资金,按照“一厅四区多室一中心”的标准,整合现有资源,规范设置综合便民服务大厅、党群活动区、宣传教育区等多功能室,总面积600余平方米。基于村寨资源禀赋和发展优势,创优“1+20+N”的股份经济合作社运营服务体系,探索在办公、环卫、物资采购等领域拓展经营范畴,以示范引领带动村集体经济组织共同参与运营,补齐人员紧缺、资源有限短板,实现实体化运营规模扩容建设。

三、小结

上述4个村寨的治理策略主要围绕乡村干部的科学决策能力、组织动员能力及资源整合能力展开阐述,而没有提到乡村干部信息技术应用能力,因为调研发现,这几个村的信息技术应用都处于初级阶段,即运用微信群发布通知、微信公众号宣传村寨的乡村振兴建设情况。而大部分乡村干部运用信息技术关注及搜集乡村发展政策、市场信息的能力欠缺。乡村品牌建设、产业发展需要利用科技创新成果,如何促进数字技术融入传统生产要素实现融合发展,促进乡村数字治理是需要进一步探索的问题。

在乡村治理过程中,这几个村寨都体现了党组织是乡村治理体系的根基要义,都不同程度地搭建以村党组织领导班子为中心,社会组织、乡贤会、村民、自管委等多元主体协调治理的网络。这几个村寨的治理共同凸显的亮点体现在,充分利用党的执政优势探索治理模式、扩宽治理渠道,挂村领导、驻村第一书记与村支书能够很好配合,有序推进工作开展;村“两委”班子成员政治素质普遍较高,工作能力较强,班子成员之间团结协作,有较强的敬业精神和事业心,能严于律己。

但在治理中,乡村干部的能力发挥还面临一些困境,一是乡村干部利用信息技术(互联网)开展乡村治理的能力不足,许多信息数据收集未使用在线表格、专用APP工具;二是乡村干部缺乏与投资者的联系,导致企业参与村合作社动力不足,难以形成具有竞争力的营商环境,农产品的附加值较低,市场竞争力不强,制约了村合作社集体经济发展;三是乡村干部与村民沟通的有效性不够,例如群众反映的问题乡村干部未充分理解其意图或未及时反馈处理，出现理解偏差情况，在政策宣传和开展集体活动中，组织沟通力度不够，导致村民参与动力不足；四是乡村干部带领群众增收致富的办法和能力有所欠缺，这是由于村“两委”及工作队队员非专业人士，对于村集体经济的发展研究不深不透，同时项目资金来源途径较少，缺乏主导产业，缺少发展特色产业的专业人才，导致大部分旅游资源闲置。

第三节
乡村干部治理能力的影响效应与策略

为探究Q州乡村干部治理能力对治理满意度的深层次影响,增进对乡村干部治理能力作用机制的理解,并得出相应结论,本研究基于元治理视角设计问卷并运用线性回归方法分析乡村干部治理能力对乡村治理满意度的影响效应、控制变量的影响效应,从而探寻Q州乡村治理能力的关键影响要素。

一、样本来源及问卷设计

研究者于2024年7月至8月对Q州样本村寨的村干部及村民进行问卷调查,收集数据。根据多阶段抽样法从Q州辖县(市)中抽取了1个县级市及3个县,每个县(市)采用目的性抽样,选择与研究关系较为密切的4个村,每个村随机抽取30位村民构成问卷调查对象。编制村民版的《Q州村民对乡村干部治理能力满意度调查问卷》,村干部版的《Q州乡村干部治理能力调查问卷》,问卷内容涉及调查对象基本信息、科学决策能力、组织动员能力、资源整合能力以及信息技术应用能力的量表测量及满意度评价。目的是调查乡村干部治理能力的总体情况及村民对其成效的评估。

研究者通过问卷星于2024年7月至8月共发放问卷135份,回收有效问卷120份,无效问卷15份,问卷数量满足实证分析的总样本量大于100或至少为题项数目5倍的要求。回收的问卷显示,乡村干部及村民的背景信息分布与当前乡村干部及村民的群体特征基本吻合,具有较高的样本代表性。

二、Q州乡村干部治理能力的影响效应分析

为探讨Q州乡村干部治理能力与乡村治理满意度的内在关联机制,分析村民对乡

村干部在科学决策能力、组织动员能力、资源整合能力、信息技术应用能力等方面的感知满意情况，下文将采用多元线性回归方法对Q州乡村干部治理能力和乡村治理满意度的影响关系进行深入分析。

（一）关键变量定义

本研究关注的因变量是整体治理满意度（ST），自变量为科学决策满意度（SA）、组织动员满意度（SB）、资源整合满意度（SC）、信息技术应用满意度（SD）。具体的有关变量定义见表5-1。

（二）模型设定

整体治理满意度（ST）由科学决策满意度（SA）、组织动员满意度（SB）、资源整合满意度（SC）、信息技术应用满意度（SD）四个维度组成。因此，显然有：

$$ST = SA + SB + SC + SD$$

由于满意度是村民基于日常生活中与各类乡村干部接触的经历形成的评价。因此，如果某一位村民对某一类乡村干部接触得多，那么这类干部的能力也会更多地对该村民的评价产生影响。同时，由于按负责的事务划分，乡村干部岗位可分为4类（乡村振兴、社会事务、党务政务和综合服务），每一类乡村干部的科学决策能力、组织动员能力、资源整合能力和信息技术应用能力的均值分别为GA_j、GB_j、GC_j和GD_j，且i名村民与4类乡村干部的接触度分别为α_i、β_i、λ_i、χ_i，那么村民能感知到的负责各类事务的乡村干部的科学决策能力、组织动员能力、资源整合能力和信息技术应用能力分别为GA'_{ij}、GB'_{ij}、GC'_{ij}和GD'_{ij}。其中：

$$GA'_{ij} = \sum_{j=1}^{n}\left(\frac{\alpha_i}{\alpha_i + \beta_i + \chi_i + \lambda_i} \times GA_j\right);\ GB'_{ij} = \sum_{j=1}^{n}\left(\frac{\beta_i}{\alpha_i + \beta_i + \chi_i + \lambda_i} \times GB_j\right)$$

$$GC'_{ij} = \sum_{j=1}^{n}\left(\frac{\lambda_i}{\alpha_i + \beta_i + \chi_i + \lambda_i} \times GC_j\right);\ GD'_{ij} = \sum_{j=1}^{n}\left(\frac{\chi_i}{\alpha_i + \beta_i + \chi_i + \lambda_i} \times GD_j\right)$$

因此i名村民可感知的各类干部的科学决策能力为：

$$GAA_i = \frac{\alpha_i}{\alpha_i + \beta_i + \chi_i + \lambda_i} \times GA_1;\ GAB_i = \frac{\beta_i}{\alpha_i + \beta_i + \chi_i + \lambda_i} \times GA_2$$

$$GAC_i = \frac{\lambda_i}{\alpha_i + \beta_i + \chi_i + \lambda_i} \times GA_3;\ GAD_i = \frac{\chi_i}{\alpha_i + \beta_i + \chi_i + \lambda_i} \times GA_4$$

表5-1　主要变量定义

变量代码	变量定义	变量代码	变量定义
SA	科学决策满意度	GA	村民能感知到的乡村干部的科学决策能力
SB	组织动员满意度	GB	村民能感知到的乡村干部的组织动员能力
SC	资源整合满意度	GC	村民能感知到的乡村干部的资源整合能力
SD	信息技术应用满意度	GD	村民能感知到的乡村干部的信息技术应用能力
GAA	村民能感知到的负责与乡村振兴相关事务的乡村干部的科学决策能力	Gender	村民的性别,该变量为控制变量
GAB	村民能感知到的负责与社会事务相关事务的乡村干部的科学决策能力	Age	村民的年龄,该变量为控制变量
GAC	村民能感知到的负责与党务政务相关事务的乡村干部的科学决策能力	Job	村民的职业,该变量为控制变量
GAD	村民能感知到的负责与综合服务相关事务的乡村干部的科学决策能力	Country	村民所属的乡村,该变量为控制变量
GBA	村民能感知到的负责与乡村振兴相关事务的乡村干部的组织动员能力	GDA	村民能感知到的负责与综合服务相关事务的乡村干部的信息技术应用能力
GBB	村民能感知到的负责与社会事务相关事务的乡村干部的组织动员能力	GDB	村民能感知到的负责与党务政务相关事务的乡村干部的信息技术应用能力
GBC	村民能感知到的负责与党务政务相关事务的乡村干部的组织动员能力	GDC	村民能感知到的负责与乡村振兴相关事务的乡村干部的信息技术应用能力
GBD	村民能感知到的负责与综合服务相关事务的乡村干部的组织动员能力	GDD	村民能感知到的负责与社会事务相关事务的乡村干部的信息技术应用能力
GCA	村民能感知到的负责与综合服务相关事务的乡村干部的资源整合能力	调节效应1	GBA和GBC的交乘项,该变量为调节变量
GCB	村民能感知到的负责与乡村振兴相关事务的乡村干部的资源整合能力	调节效应2	GBC和GBD的交乘项,该变量为调节变量
GCC	村民能感知到的负责与社会事务相关事务的乡村干部的资源整合能力	调节效应3	GCA和GCC的交乘项,该变量为调节变量
GCD	村民能感知到的负责与党务政务相关事务的乡村干部的资源整合能力	调节效应4	GDA和GDC的交乘项,该变量为调节变量

i 名村民可感知的各类干部的组织动员能力为：

$$\mathrm{GBA}_i = \frac{\alpha_i}{\alpha_i + \beta_i + \chi_i + \lambda_i} \times \mathrm{GB}_1;\ \mathrm{GBB}_i = \frac{\beta_i}{\alpha_i + \beta_i + \chi_i + \lambda_i} \times \mathrm{GB}_2$$

$$\mathrm{GBC}_i = \frac{\lambda_i}{\alpha_i + \beta_i + \chi_i + \lambda_i} \times \mathrm{GB}_3;\ \mathrm{GBD}_i = \frac{\chi_i}{\alpha_i + \beta_i + \chi_i + \lambda_i} \times \mathrm{GB}_4$$

i 名村民可感知的各类干部的资源整合能力为：

$$\mathrm{GCA}_i = \frac{\alpha_i}{\alpha_i + \beta_i + \chi_i + \lambda_i} \times \mathrm{GC}_1;\ \mathrm{GCB}_i = \frac{\beta_i}{\alpha_i + \beta_i + \chi_i + \lambda_i} \times \mathrm{GC}_2$$

$$\mathrm{GCC}_i = \frac{\lambda_i}{\alpha_i + \beta_i + \chi_i + \lambda_i} \times \mathrm{GC}_3;\ \mathrm{GCD}_i = \frac{\chi_i}{\alpha_i + \beta_i + \chi_i + \lambda_i} \times \mathrm{GC}_4$$

i 名村民可感知的各类干部的信息技术应用能力为：

$$\mathrm{GDA}_i = \frac{\alpha_i}{\alpha_i + \beta_i + \chi_i + \lambda_i} \times \mathrm{GD}_1;\ \mathrm{GDB}_i = \frac{\beta_i}{\alpha_i + \beta_i + \chi_i + \lambda_i} \times \mathrm{GD}_2$$

$$\mathrm{GDC}_i = \frac{\lambda_i}{\alpha_i + \beta_i + \chi_i + \lambda_i} \times \mathrm{GD}_3;\ \mathrm{GDD}_i = \frac{\chi_i}{\alpha_i + \beta_i + \chi_i + \lambda_i} \times \mathrm{GD}_4$$

因此，满意度的基础模型为：

$$\begin{aligned}\text{各类满意度} = {} & d_{11}\mathrm{GAA}_i + d_{12}\mathrm{GAB}_i + d_{13}\mathrm{GAC}_i + d_{14}\mathrm{GAD}_i \\ & + d_{21}\mathrm{GBA}_i + d_{22}\mathrm{GBB}_i + d_{23}\mathrm{GBC}_i + d_{24}\mathrm{GBD}_i \\ & + d_{31}\mathrm{GCA}_i + d_{32}\mathrm{GCB}_i + d_{33}\mathrm{GCC}_i + d_{34}\mathrm{GCD}_i \\ & + d_{41}\mathrm{GDA}_i + d_{42}\mathrm{GDB}_i + d_{43}\mathrm{GDC}_i + d_{44}\mathrm{GDD}_i \\ & + d_{51}\text{调节效应4} + d_{52}\mathrm{control} + \varepsilon\end{aligned}$$

此外，由于村民对乡村干部科学决策能力的满意度受其感知到的乡村干部治理能力影响，且上述能力很可能遵循某种机制（模式）间接有机地发生作用，而非直接对满意度产生影响，因此，本研究引入交乘项对能力与满意度间的作用机制进行考察。具体模型如下所示：

组织动员能力满意度的调节效应1：

$$\begin{aligned}\mathrm{SB}_i = {} & a_{11}\mathrm{GAA}_i + a_{12}\mathrm{GAB}_i + a_{13}\mathrm{GAC}_i + a_{14}\mathrm{GAD}_i \\ & + a_{21}\mathrm{GBA}_i + a_{22}\mathrm{GBB}_i + a_{23}\mathrm{GBC}_i + a_{24}\mathrm{GBD}_i \\ & + a_{31}\mathrm{GCA}_i + a_{32}\mathrm{GCB}_i + a_{33}\mathrm{GCC}_i + a_{34}\mathrm{GCD}_i \\ & + a_{41}\mathrm{GDA}_i + a_{42}\mathrm{GDB}_i + a_{43}\mathrm{GDC}_i + a_{44}\mathrm{GDD}_i \\ & + a_{51}\text{调节效应1} + a_{52}\mathrm{control} + \varepsilon\end{aligned}$$

组织动员能力满意度的调节效应2:

$$
\begin{aligned}
SB_i = {} & a_{11}'GAA_i + a_{12}'GAB_i + a_{13}'GAC_i + a_{14}'GAD_i \\
& + a_{21}'GBA_i + a_{22}'GBB_i + a_{23}'GBC_i + a_{24}'GBD_i \\
& + a_{31}'GCA_i + a_{32}'GCB_i + a_{33}'GCC_i + a_{34}'GCD_i \\
& + a_{41}'GDA_i + a_{42}'GDB_i + a_{43}'GDC_i + a_{44}'GDD_i \\
& + a_{51}'\text{调节效应2} + a_{52}'\text{control} + \varepsilon
\end{aligned}
$$

资源整合能力满意度的调节效应3:

$$
\begin{aligned}
SC_i = {} & A_{11}'GAA_i + A_{12}'GAB_i + A_{13}'GAC_i + A_{14}'GAD_i \\
& + A_{21}'GBA_i + A_{22}'GBB_i + A_{23}'GBC_i + A_{24}'GBD_i \\
& + A_{31}'GCA_i + A_{32}'GCB_i + A_{33}'GCC_i + A_{34}'GCD_i \\
& + A_{41}'GDA_i + A_{42}'GDB_i + A_{43}'GDC_i + A_{44}'GDD_i \\
& + A_{51}'\text{调节效应3} + A_{52}'\text{control} + \varepsilon
\end{aligned}
$$

信息技术应用能力满意度的调节效应4:

$$
\begin{aligned}
SD_i = {} & b_{11}GAA_i + b_{12}GAB_i + b_{13}GAC_i + b_{14}GAD_i \\
& + b_{21}GBA_i + b_{22}GBB_i + b_{23}GBC_i + b_{24}GBD_i \\
& + b_{31}GCA_i + b_{32}GCB_i + b_{33}GCC_i + b_{34}GCD_i \\
& + b_{41}GDA_i + b_{42}GDB_i + b_{43}GDC_i + b_{44}GDD_i \\
& + b_{51}\text{调节效应4} + b_{52}\text{control} + \varepsilon
\end{aligned}
$$

(三)实证分析

1.科学决策满意度的估计结果

表5-2为科学决策满意度模型逐步回归结果。其中,模型11为科学决策满意度模型的基础模型。模型12至18陆续剔除了“党务政务可感知科学决策能力”“综合服务可感知资源整合能力”“综合服务可感知组织动员能力”“综合服务可感知信息技术应用能力”“社会事务可感知信息技术应用能力”“社会事务可感知组织动员能力”“乡村振兴可感知资源整合能力”。

表5-2　科学决策满意度

变量	科学决策满意度							
	模型11	模型12	模型13	模型14	模型15	模型16	模型17	模型18
社会事务可感知科学决策能力	23.88	23.81	23.64*	25.19*	22.72***	22.61***	22.32***	22.09***
	−15.04	−11.77	−10.81	−9.159	−4.013	−3.418	−3.051	−2.741
综合服务可感知科学决策能力	−7.41	−7.597	−7.395	−6.724	−2.76	−2.32	−1.927**	−1.923**
	−7.352	−12.96	−12.44	−12.27	−3.953	−1.716	−0.614	−0.608
乡村振兴可感知科学决策能力	3.247	2.617	2.648	3.57	4.613*	4.434*	4.333*	4.354*
	−27.68	−3.547	−3.399	−3.29	−1.715	−1.851	−1.963	−1.913
乡村振兴可感知组织动员能力	−11.4	−11.18**	−11.58***	−12.09***	−12.93***	−13.04***	−12.87***	−12.92***
	−7.054	−3.539	−1.52	−1.251	−1.484	−1.709	−1.323	−1.334
党务政务可感知组织动员能力	−20.63	−20.12	−21.49	−22.45	−31.58**	−32.30**	−33.91**	−35.40***
	−12.22	−35.1	−28.67	−28.74	−11.32	−8.318	−7.49	−3.129
社会事务可感知资源整合能力	−26.74***	−27.09*	−26.44**	−24.78*	−22.11***	−22.03***	−21.89**	−21.68***
	−5.412	−11.84	−9.109	−9.343	−3.832	−3.435	−3.302	−3.021
党务政务可感知资源整合能力	−10.78**	−10.77**	−10.95**	−11.44**	−10.98**	−10.72***	−9.771***	−9.322***
	−3.753	−3.321	−3.581	−3.696	−3.124	−1.984	−1.791	−1.732
乡村振兴可感知信息技术应用能力	5.32	6.204	6.627**	6.330**	6.607**	6.835*	6.624**	6.647**
	−44.46	−3.325	−2.115	−2.099	−2.312	−2.543	−1.963	−1.983
党务政务可感知信息技术应用能力	34.57**	34.26	35.61*	36.33*	41.75***	41.92***	41.80***	42.31***
	−9.473	−23.75	−16.13	−16.47	−6.87	−6.286	−6.3	−5.114
党务政务可感知科学决策能力	−5.939	−6.165	−5.885	−5.031	−1.324	−1.094	−0.493	
	−4.429	−11.49	−10.47	−10.41	−3.194	−2.241	−1.557	
综合服务可感知资源整合能力	−2.920**	−3.052	−2.676	−2.066	0.427	0.461		
	−0.803	−5.687	−4.149	−4.515	−1.634	−1.561		
综合服务可感知组织动员能力	−9.82	−10.22	−9.944	−7.84	0.532			
	−9.172	−15.9	−15	−15.02	−2.972			
综合服务可感知信息技术应用能力	16.55	17.2	16.45	13.39				
	−14.23	−30.42	−28.23	−28.18				
社会事务可感知信息技术应用能力	2.356	2.703	3.147					
	−23.61	−10.22	−7.583					
社会事务可感知组织动员能力	0.869	0.937						
	−5.83	−7.844						

续表

变量	科学决策满意度							
	模型11	模型12	模型13	模型14	模型15	模型16	模型17	模型18
乡村振兴可感知资源整合能力	0.5							
	-23.72							
性别	-0.0984	-0.0984	-0.0983	-0.0986	-0.104	-0.105	-0.105	-0.104
	-0.102	-0.102	-0.101	-0.1	-0.0964	-0.0955	-0.0952	-0.0903
年龄2	-0.212	-0.212	-0.213	-0.213	-0.18	-0.18	-0.178	-0.177
	-0.168	-0.168	-0.171	-0.171	-0.113	-0.112	-0.107	-0.107
年龄3	-0.536*	-0.536*	-0.539*	-0.540**	-0.510**	-0.508**	-0.508**	-0.507**
	-0.195	-0.195	-0.195	-0.193	-0.146	-0.135	-0.135	-0.134
年龄4	-0.490***	-0.490***	-0.490***	-0.492***	-0.478***	-0.479***	-0.480***	-0.479***
	-0.0919	-0.0919	-0.0925	-0.0918	-0.0993	-0.0922	-0.0914	-0.0894
职业2	-0.383*	-0.383*	-0.385*	-0.380*	-0.369*	-0.365*	-0.355**	-0.353**
	-0.173	-0.173	-0.174	-0.165	-0.159	-0.153	-0.125	-0.126
职业3	-0.36	-0.36	-0.361	-0.362	-0.364	-0.365	-0.366	-0.366
	-0.179	-0.179	-0.176	-0.177	-0.178	-0.176	-0.175	-0.172
职业4	-0.509	-0.509	-0.506	-0.509	-0.499	-0.499	-0.499	-0.499
	-0.283	-0.283	-0.266	-0.262	-0.244	-0.241	-0.237	-0.235
职业5	-0.447	-0.447	-0.448	-0.447	-0.438	-0.439	-0.438	-0.438
	-0.245	-0.245	-0.244	-0.242	-0.234	-0.231	-0.228	-0.227
职业6	-0.725**	-0.725**	-0.726**	-0.724**	-0.712**	-0.709**	-0.711**	-0.711**
	-0.226	-0.226	-0.224	-0.224	-0.206	-0.192	-0.194	-0.193
乡村4	0.288	0.35	0.321	-0.0556	-0.545*	-0.547*	-0.573**	-0.588**
	-2.418	-1.318	-1.291	-0.981	-0.217	-0.217	-0.193	-0.19
乡村5	-1.381	-1.376	-1.267*	-1.379***	-1.316***	-1.343***	-1.346***	-1.315***
	-1.528	-1.352	-0.514	-0.294	-0.173	-0.135	-0.143	-0.0892
乡村6	5.599**	5.678	5.634	5.358	4.277**	4.255***	4.213***	4.162***
	-1.485	-3.307	-3.136	-3.19	-0.975	-0.849	-0.797	-0.736
Observations	92	92	92	92	92	92	92	92
R-squared	0.444	0.444	0.444	0.444	0.442	0.442	0.442	0.442

注:*、**、***分别代表在10%、5%、1%水平上相关。

结果表明，村民对负责社会事务的乡村干部的科学决策能力的感知与村民的科学决策满意度存在1%水平显著的正相关关系；村民对负责乡村振兴的乡村干部的科学决策能力的感知与村民的科学决策满意度存在10%水平显著的正相关关系；村民对负责乡村振兴的乡村干部的信息技术应用能力的感知与村民的科学决策满意度存在5%水平显著的正相关关系；村民对负责党务政务的乡村干部的信息技术应用能力的感知与村民的科学决策满意度存在1%水平显著的正相关关系。这表明，在社会事务、乡村振兴、党务政务领域，提高科学决策与信息技术应用的透明度，让村民感知到相关工作人员的贡献和能力有助于提高村民对科学决策的整体满意度。

同时，村民对负责综合服务的乡村干部的科学决策能力的感知与村民的科学决策满意度存在5%水平显著的负相关关系；村民对负责乡村振兴的乡村干部的组织动员能力的感知与村民的科学决策满意度存在1%水平显著的负相关关系；村民对负责党务政务的乡村干部的组织动员能力的感知与村民的科学决策满意度存在1%水平显著的负相关关系；村民对负责社会事务的乡村干部的资源整合能力的感知与村民的科学决策满意度存在1%水平显著的负相关关系；村民对负责党务政务的乡村干部的资源整合能力的感知与村民的科学决策满意度存在1%水平显著的负相关关系。

这说明，虽然村民感知到了乡村干部在综合服务、乡村振兴、社会事务和党务政务方面的科学决策能力、组织动员能力、资源整合能力，但是这些感知反而降低了村民在科学决策方面的满意度。这意味着村民要么认为乡村干部有能力但决策并不科学，并未充分考虑村民的核心诉求，要么认为决策足够科学，但乡村干部没有足够的能力。而根据目前的调查，两种现象均普遍存在。前者往往与乡村干部执行上级下达的强制性任务有关，这意味着虽然乡村干部在执行任务的过程中充分体现了工作能力，但由于执行过程忽略了当地的民俗、村民意愿，甚至与当地村民产生了利益冲突，因此科学决策满意度不高；后者则与乡村干部工作意愿有关，部分乡村干部受任期影响，并没有长期、稳定、强大的工作主动性，虽然严格遵循科学决策的准则，但并没有把工作真正做到实处。

本研究引入了村民年龄作为控制变量。年龄选项设置为18—30岁、31—45岁、46—60岁、60岁以上。本研究数据输出结果为3个年龄组，即年龄2(31—45岁)、年龄

3(46—60岁)、年龄4(60岁以上)。统计结果显示,作为控制变量的年龄,31—45岁年龄段的村民与科学决策的整体满意度之间不存在显著的相关关系,而46—60岁年龄段的村民和60岁以上年龄段的村民与科学决策的整体满意度之间存在显著的负相关关系。同时,46—60岁年龄段的估计值均大于60岁以上年龄段的估计值。这表明,中老年人均是负面评价的主要来源,但中年人的负面评价普遍高于老年人。特别是46—60岁年龄段的村民,其负相关性更为显著,说明该年龄段村民可能对科学决策的要求更高,原因可能是工作和生活经验的积累使他们对决策的透明度、科学性和合理性有更高的要求。同时,该群体也是社会参与和实际受益的中坚力量,因而更容易感受到科学决策对生活的直接影响。老年群体在面对科学决策时,因阅历和耐心倾向于更宽容,或者该群体对政策效果的关注点不同,从而使其满意度与决策的科学性联系相对减弱。因此,在制定决策时,政策制定者应特别重视46—60岁年龄段村民群体的反馈与需求,乡村干部应考虑如何有效沟通、增强不同年龄段村民的参与感和认同感,以提高整体满意度。

本研究还引入了村民的职业和村落作为控制变量。职业选项设置为农民、企业职工、政府工作人员、乡村教师、建筑工及其他等。本研究数据输出结果为5个职业组,即职业2(企业职工)、职业3(政府工作人员)、职业4(乡村教师)、职业5(建筑工)、职业6(其他)。估计结果表明,建筑工职业群体对乡村干部科学决策满意度的认同度低。原因可能是这些群体面临较大外部压力容易产生不满情绪,加之这些群体通常受到经济或社会资源上的限制,这容易加深其对相关政策或特定决策的不满意。同时,根据村落这一控制变量的估计结果,来自H村(乡村6)的被调查者(村民)对科学决策满意度评价更高,即H村与科学决策满意度存在显著的正相关关系。这可能与该村落的文化、风俗、宗教信仰、政策支持、村民收入、村民凝聚力等因素有关。

2.组织动员满意度的估计结果

表5-3为组织动员满意度模型逐步回归结果。其中,模型21为组织动员满意度模型的基础模型。模型22至27陆续剔除了“社会事务可感知信息技术应用能力”“综合服务可感知科学决策能力”“综合服务可感知资源整合能力”“党务政务可感知组织动员能力”“社会事务可感知组织动员能力”“乡村振兴可感知组织动员能力”。

表5-3　组织动员满意度

变量	组织动员满意度						
	模型21	模型22	模型23	模型24	模型25	模型26	模型27
社会事务可感知科学决策能力	13.48	14.3	20.20**	22.84*	27.74***	28.47***	33.76***
	−14.16	−13.34	−5.845	−9.15	−3.739	−5.378	−5.138
乡村振兴可感知科学决策能力	−60.32	−53.06*	−37.08***	−39.45***	−34.87**	−26.65**	−24.32**
	−29.48	−23.73	−5.196	−7.071	−10.13	−6.562	−5.605
党务政务可感知科学决策能力	−19.57	−16.96	−15.26	−20.92***	−18.06***	−14.66**	−13.37**
	−13.1	−12.28	−11.1	−4.359	−2.852	−3.785	−2.993
综合服务可感知组织动员能力	−46.95	−42.32	−35.14	−39.05**	−22.64***	−15.38**	−13.02*
	−26.39	−24.3	−16.58	−13.24	−4.439	−4.108	−5.13
社会事务可感知资源整合能力	−46.95**	−42.99***	−44.21***	−47.90***	−39.78***	−35.06***	−31.20***
	−11.03	−9.306	−8.82	−5.522	−6.309	−3.958	−4.799
乡村振兴可感知资源整合能力	−43.92*	−38.15**	−25.99**	−28.36*	−27.59*	−19.84	−19.37*
	−19.41	−13.59	−7.19	−11.52	−12.53	−9.725	−8.43
党务政务可感知资源整合能力	−9.83	−9.98	−7.828	−12.94	−19.08***	−18.77***	−19.13***
	−5.317	−5.393	−4.312	−6.611	−2.115	−1.421	−1.485
综合服务可感知信息技术应用能力	59.71	52.19	45.87	52.57*	27.95***	12.35**	10.19*
	−39.44	−35.84	−29.86	−24.54	−5.427	−3.594	−4.366
乡村振兴可感知信息技术应用能力	98.83*	88.63*	60.25***	64.87**	61.43**	45.35**	42.65**
	−44.95	−35.93	−9.99	−18.12	−21.53	−14.3	−11.46
党务政务可感知信息技术应用能力	48.23***	51.79**	37.52*	31.52***	36.49***	32.29***	31.30***
	−10.22	−14.01	−15.3	−5.632	−5.018	−3.917	−2.973
社会事务可感知信息技术应用能力	48.74	44.74	25.94	27.29	15.32**	9.206	
	−39.3	−36.28	−13.09	−13.86	−4.931	−4.977	
综合服务可感知科学决策能力	−14.89	−12.73	−10.85	−13.8	−9.289		
	−13.44	−12.33	−11	−8.343	−4.776		
综合服务可感知资源整合能力	−5.19	−3.676	−6.17	−6.621			
	−3.256	−2.773	−5.58	−5.98			
党务政务可感知组织动员能力	−20.9	−26.7	−17.09				
	−17.56	−19.26	−28.42				
社会事务可感知组织动员能力	−13.76	−14.55					
	−15.59	−16.13					

续表

变量	组织动员满意度						
	模型21	模型22	模型23	模型24	模型25	模型26	模型27
乡村振兴可感知组织动员能力	2.452						
	-2.961						
性别	-0.0453	-0.0453	-0.0471	-0.052	-0.0661	-0.0987	-0.0964
	-0.123	-0.123	-0.117	-0.114	-0.103	-0.103	-0.102
年龄2	-0.421	-0.421	-0.386	-0.399	-0.378	-0.355	-0.372
	-0.304	-0.304	-0.286	-0.264	-0.259	-0.268	-0.269
年龄3	-0.661**	-0.661**	-0.614**	-0.624**	-0.604**	-0.582**	-0.605**
	-0.205	-0.205	-0.162	-0.144	-0.136	-0.144	-0.143
年龄4	-0.856**	-0.856**	-0.851**	-0.853**	-0.847**	-0.866**	-0.881**
	-0.251	-0.251	-0.251	-0.251	-0.247	-0.25	-0.252
职业2	-0.560***	-0.560***	-0.528***	-0.550***	-0.590***	-0.524**	-0.515**
	-0.0895	-0.0895	-0.0794	-0.079	-0.0983	-0.12	-0.123
职业3	-0.534***	-0.534***	-0.525***	-0.521***	-0.522***	-0.522**	-0.525***
	-0.0974	-0.0974	-0.106	-0.102	-0.105	-0.116	-0.113
职业4	-0.287	-0.287	-0.335	-0.338	-0.342	-0.33	-0.341
	-0.294	-0.294	-0.245	-0.245	-0.24	-0.226	-0.226
职业5	-0.393	-0.393	-0.388	-0.396	-0.389	-0.389*	-0.390*
	-0.195	-0.195	-0.194	-0.195	-0.187	-0.181	-0.18
职业6	-1.083**	-1.083**	-1.081**	-1.087**	-1.054**	-1.036**	-1.040**
	-0.333	-0.333	-0.331	-0.313	-0.296	-0.29	-0.287
乡村4	6.691	5.973	4.584	4.987*	3.326**	2.152*	1.298*
	-4.349	-3.913	-2.29	-2.05	-0.989	-0.903	-0.574
乡村5	0.955	0.896	-1.261	-1.467	-1.740**	-2.533***	-2.804***
	-2.919	-2.874	-0.606	-0.841	-0.532	-0.403	-0.417
乡村6	11.44*	10.54*	9.122**	10.22***	8.255***	6.700***	6.332***
	-4.39	-3.95	-2.301	-1.279	-1.369	-1	-1.106
Observations	92	92	92	92	92	92	92
R-squared	0.541	0.541	0.537	0.537	0.533	0.527	0.526

表5-3的数据分析结果显示，村民对负责社会事务的乡村干部的科学决策能力的感知与村民的组织动员满意度存在1%水平显著的正相关关系；村民对负责综合服务的乡村干部的信息技术应用能力的感知与村民的组织动员满意度存在10%水平显著的正相关关系；村民对负责乡村振兴的乡村干部的信息技术应用能力的感知与村民的组织动员满意度存在5%水平显著的正相关关系；村民对负责党务政务的乡村干部的信息技术应用能力的感知与村民的组织动员满意度存在1%水平显著的正相关关系。

同时，村民对负责乡村振兴的乡村干部的科学决策能力的感知与村民的组织动员满意度存在5%水平显著的负相关关系；村民对负责党务政务的乡村干部的科学决策能力的感知与村民的组织动员满意度存在5%水平显著的负相关关系；村民对负责综合服务的乡村干部的组织动员能力的感知与村民的组织动员满意度存在10%水平显著的负相关关系；村民对负责社会事务的乡村干部的资源整合能力的感知与村民的组织动员满意度存在1%水平显著的负相关关系；村民对负责乡村振兴的乡村干部的资源整合能力的感知与村民的组织动员满意度存在10%水平的负相关关系；村民对负责党务政务的乡村干部的资源整合能力的感知与村民的组织动员满意度存在1%水平显著的负相关关系。

这说明，村民对负责乡村振兴和党务政务的乡村干部的科学决策能力及资源整合能力的感知均与组织动员满意度呈现负相关，这可能暗示村民认为乡村干部在资源整合和科学决策方面表现不佳。乡村干部在综合服务的组织动员能力感知呈负相关，在社会事务的资源整合能力感知呈负相关，表明村民对这些乡村干部组织动员能力和资源整合能力感到不满。在实际调研中发现，当乡村干部未能有效地整合资源或作出合理的决策时，村民会感到组织动员的效果不佳，同时若村民在实际组织过程中获取的信息、参与感与支持度不够时，也影响村民对组织动员的总体满意度评价。

本研究引入了村民年龄作为控制变量。年龄选项设置为18—30岁、31—45岁、46—60岁、60岁以上，本研究数据输出结果为3个年龄组，即年龄2（31—45岁）、年龄3（46—60岁）、年龄4（60岁以上）。统计结果显示，作为控制变量的年龄，31—45岁年龄段的村民与组织动员的整体满意度之间不存在显著的相关关系。而46—60岁年龄段和60岁以上年龄段的村民与组织动员的整体满意度之间存在显著的负相关关系。

同时,60岁以上年龄段的估计值均大于46—60岁年龄段的估计值。这说明,中老年村民均是负面评价的主要来源。这可能是因为年轻村民对组织动员的参与频率较低或需求较少,因而对其满意度表现得不那么强烈,而年长村民在参与组织动员时感受到更多的负面体验或期待未能得到满足。调研发现,年长村民习惯于较为传统的组织形式,而现代的组织动员方式无法达到他们的期望。再有,年长村民可能在组织动员中缺乏足够的参与感,对组织方式的理解不足,导致对整体过程和结果失望。

本研究还引入了村民的职业作为控制变量。职业选项设置为农民、企业职工、政府工作人员、乡村教师、建筑工及其他职业。本研究数据输出结果为5个职业组,即职业2(企业职工)、职业3(政府工作人员)、职业4(乡村教师)、职业5(建筑工)、职业6(其他职业)。统计结果显示,所有职业的系数均为负值,尤其是企业职工、政府工作人员、建筑工和其他职业,对乡村干部组织动员满意度存在显著的负面影响。在这4个职业中,负面影响从大到小依次为其他职业、政府工作人员、企业职工、建筑工。而其他职业的结果显示出高显著水平,说明其他职业的村民对乡村干部组织动员满意度的敏感度较高。在上述4个职业中,建筑工职业的影响力较小,这可能意味着建筑工职业的村民更能接受或理解治理能力的局限。以上说明,这4个职业对组织动员的满意度更为敏感。如果以维持满意度为目的,应重点关注这些群体。

最后,本研究引入了村民所在的村落作为控制变量。被调查者(村民)来自YD村、BJ村、H村等村寨。根据表5-3第5列至第8列(模型24至模型27),YD村(乡村4)和H村(乡村6)均对组织动员满意度存在显著的正面影响。BJ村(乡村5)对组织动员满意度存在负面影响。实地调查显示,BJ村是发展中村寨,对党建工作特色、亮点总结提炼不够。其中BJ村的灵芝种植项目、养牛项目等产业推广还有待加强。

3.资源整合满意度的估计结果

表5-4为资源整合满意度模型逐步回归结果。其中,模型31为资源整合满意度模型的基础模型。模型32至35陆续剔除了“综合服务可感知资源整合能力”“党务政务可感知组织动员能力”“乡村振兴可感知组织动员能力”“社会事务可感知科学决策能力”。

表5–4　资源整合满意度

变量	资源整合满意度				
	模型31	模型32	模型33	模型34	模型35
综合服务可感知科学决策能力	−18.01	−6.664	−8.13	−10.48	−11.38
	−13.31	−10.05	−13.75	−10.35	−9.645
乡村振兴可感知科学决策能力	−87.12**	−48.83	−53.59**	−54.99**	−54.23**
	−18.97	−53.1	−17.76	−14.19	−13.14
党务政务可感知科学决策能力	−29.29*	−15.5	−17.32	−21.81**	−21.92**
	−12.35	−16.81	−13.42	−5.638	−5.342
社会事务可感知组织动员能力	−19.3	−23.45	−22.73	−22.17	−20.39
	−14.19	−21.49	−11.45	−12.08	−13.21
综合服务可感知组织动员能力	−68.73*	−44.3	−47.2	−51.17**	−54.69**
	−24.8	−25.51	−22.5	−15.75	−12.86
社会事务可感知资源整合能力	−46.25***	−25.34	−27.97**	−31.66***	−33.73***
	−8.9	−31.37	−8.982	−3.834	−1.692
乡村振兴可感知资源整合能力	−57.85***	−27.41	−31.34**	−32.19**	−30.99**
	−9.385	−47.26	−9.885	−9.022	−8.964
党务政务可感知资源整合能力	−16.98***	−17.77**	−17.88**	−20.98***	−18.62***
	−3.346	−4.39	−5.689	−2.246	−1.962
社会事务可感知信息技术应用能力	69.20*	48.09**	50.03*	53.31**	53.33**
	−29.94	−14.44	−20.08	−14.36	−13.96
综合服务可感知信息技术应用能力	80.05*	40.39	45.25	51.74	57.63**
	−37.5	−41.96	−35.73	−25.97	−20.56
乡村振兴可感知信息技术应用能力	129.3***	75.54	82.30**	84.36**	81.79**
	−27.24	−73	−26.26	−21.94	−21.29
党务政务可感知信息技术应用能力	30.45**	49.24	46.50***	41.47***	38.58***
	−6.631	−39.52	−5.43	−6.455	−7.778
综合服务可感知资源整合能力	−3.938	4.051	3.046	2.261	
	−2.847	−12.16	−2.9	−2.699	
党务政务可感知组织动员能力	13.35	−17.27	−12.74		
	−16.08	−50.28	−22.98		
乡村振兴可感知组织动员能力	11.27***	−1.673			
	−1.065	−24.3			

续表

变量	资源整合满意度				
	模型31	模型32	模型33	模型34	模型35
社会事务可感知科学决策能力	-4.359				
	-8.068				
性别	-0.0619	-0.0619	-0.0621	-0.0654	-0.0608
	-0.131	-0.131	-0.127	-0.128	-0.123
年龄2	-0.365	-0.365	-0.366	-0.369	-0.373
	-0.349	-0.349	-0.356	-0.343	-0.335
年龄3	-0.459	-0.459	-0.461	-0.459	-0.463
	-0.269	-0.269	-0.28	-0.278	-0.271
年龄4	-0.516**	-0.516**	-0.517**	-0.512**	-0.517***
	-0.121	-0.121	-0.114	-0.113	-0.112
职业2	-0.534***	-0.534***	-0.534***	-0.552***	-0.532***
	-0.103	-0.103	-0.101	-0.0929	-0.0806
职业3	-0.479***	-0.479***	-0.479***	-0.474***	-0.474***
	-0.101	-0.101	-0.0997	-0.102	-0.102
职业4	-0.129	-0.129	-0.131	-0.13	-0.137
	-0.194	-0.194	-0.172	-0.17	-0.174
职业5	-0.590*	-0.590*	-0.590*	-0.595*	-0.597*
	-0.268	-0.268	-0.264	-0.262	-0.264
职业6	-0.991*	-0.991*	-0.991*	-0.996**	-1.006**
	-0.362	-0.362	-0.362	-0.348	-0.333
乡村4	8.797*	5.014	5.438	5.975**	6.173**
	-3.588	-3.991	-2.904	-1.959	-1.741
乡村5	3.209	2.9	2.882	2.78	2.556
	-2.527	-1.987	-1.73	-1.821	-1.983
乡村6	12.95**	8.192	8.797*	9.650**	9.990**
	-3.963	-5.566	-4.031	-2.618	-2.256
Observations	92	92	92	92	92
R-squared	0.508	0.508	0.508	0.507	0.507

表5-4的数据分析结果表明，村民对负责社会事务的乡村干部的信息技术应用能力的感知与村民的资源整合满意度存在5%水平显著的正相关关系；村民对负责综合服务的乡村干部的信息技术应用能力的感知与村民的资源整合满意度存在5%水平显著的正相关关系；村民对负责乡村振兴的乡村干部的信息技术应用能力的感知与村民的资源整合满意度存在5%水平显著的正相关关系；村民对负责党务政务的乡村干部的信息技术应用能力的感知与村民的资源整合满意度存在1%水平显著的正相关关系。

同时，村民对负责乡村振兴的乡村干部的科学决策能力的感知与村民的资源整合满意度存在5%水平显著的负相关关系；村民对负责党务政务的乡村干部的科学决策能力的感知与村民的资源整合满意度存在5%水平显著的负相关关系；村民对负责综合服务的乡村干部的组织动员能力的感知与村民的资源整合满意度存在5%水平显著的负相关关系；村民对负责社会事务的乡村干部的资源整合能力的感知与村民的资源整合满意度存在1%水平显著的负相关关系；村民对负责乡村振兴的乡村干部的资源整合能力的感知与村民的资源整合满意度存在5%水平显著的负相关关系；村民对负责党务政务的乡村干部的资源整合能力的感知与村民的资源整合满意度存在1%水平显著的负相关关系。

这意味着，村民对负责乡村振兴、党务政务、综合服务和社会事务相关乡村干部的能力存在较高期望，而实际上干部在科学决策和资源整合方面的不足导致村民不满，可能是科学决策能力不足导致的资源分配不合理，从而无法有效利用和整合现有资源。对于负责综合服务的乡村干部，其组织动员能力的感知与资源整合满意度负相关，实际调研显示，村民对乡村干部在组织和协调资源方面的能力感到不足，一些村项目引进无法可持续发展，使村民对乡村干部在资源整合方面的能力认可度低，认为其未能有效整合和利用资源。还有乡村干部的决策过程不透明，导致村民对结果产生怀疑，从而认为资源整合不力。

本研究引入了村民年龄作为控制变量。年龄选项设置为18—30岁、31—45岁、46—60岁、60岁以上，本研究数据输出结果为3个年龄组，即年龄2(31—45岁)、年龄3(46—60岁)、年龄4(60岁以上)。统计结果显示，不同年龄组中，老年群体对于资源整合能力的要求和预期最高，而年轻人则相对较低，中年群体最为宽容。中老年人均是负面评价的主要来源，但老年人的负面评价普遍高于中年人。这可能是由于该年龄段的村民依据生活经历，有自我固有认知，价值观受到外来事物影响小，对比发现应该是优秀的做法，有一套自我认知觉得还不够好，从而在资源整合方面可能有更多的期待或需求，也有可能是年长者觉得自己在决策过程中参与有限，对乡村干部的认知和满意度有限,导致其对于资源整合的具体要求和预期高。因此,建议对乡村干部开展针对性培训,提升其资源整合能力,特别是应针对老年群体应强沟通和参与,同时要对各年龄层需求差异进行深入研究,从而制定更为细致的服务政策,以提升村民的满意度。

本研究还引入了村民的职业作为控制变量。本研究数据输出结果为5个职业组,即职业2(企业职工)、职业3(政府工作人员)、职业4(乡村教师)、职业5(建筑工)、职业6(其他职业)。职业选项设置为农民、企业职工、政府工作人员、乡村教师、建筑工及其他职业等。统计结果显示,大多数职业群体尤其是建筑工对乡村干部在资源整合方面的能力普遍持负面看法。政府工作人员的反馈则相对中立,因为他们在资源整合方面有更多的接触和理解,所以对乡村干部的评价相对宽容。

最后,本研究引入了村民所在的村落作为控制变量。被调查者(村民)来自YD村、BJ村、H村等村寨。根据表5-4第5列至第6列(模型34至模型35),YD村(乡村4)和H村(乡村6)均对资源整合满意度存在显著的正相关关系。由于这2个村拥有良好的资源整合能力,因此能够有效提升村民的满意度。例如H村有政府的政策支持发展村产业经济,村民收入提高。

4.信息技术应用满意度的估计结果

表5-5为信息技术应用满意度模型逐步回归结果。其中,模型41为信息技术应用满意度模型的基础模型。模型42至45陆续剔除了“社会事务可感知组织动员能力”“党务政务可感知资源整合能力”“乡村振兴可感知组织动员能力”“党务政务可感知组织动员能力”。

表5-5　信息技术应用满意度

变量	信息技术应用满意度				
	模型41	模型42	模型43	模型44	模型45
社会事务可感知科学决策能力	16.29	13.7	13.45	12.55	19.49***
	-10.93	-9.328	-12	-12.23	-2.236
综合服务可感知科学决策能力	-24.25	-31.00**	-31.17**	-31.52**	-26.53***
	-13.68	-9.048	-11.05	-11.17	-5.565
乡村振兴可感知科学决策能力	-49.32	-72.11***	-73.06**	-70.52**	-52.76***
	-24.91	-13.87	-20.77	-19.46	-3.974
党务政务可感知科学决策能力	-21.99	-30.20**	-30.32**	-30.22**	-24.24***
	-13.3	-6.578	-8.326	-8.514	-2.519

续表

变量	信息技术应用满意度				
	模型41	模型42	模型43	模型44	模型45
综合服务可感知组织动员能力	−82.26**	−96.79***	−97.28**	−99.54**	−84.23***
	−26.17	−14.86	−22.81	−22.26	−5.951
社会事务可感知资源整合能力	−48.93***	−61.37***	−61.74***	−63.35***	−59.75***
	−9.709	−4.168	−6.251	−5.939	−4.425
综合服务可感知资源整合能力	−9.747**	−14.50***	−14.67***	−16.42***	−16.49***
	−2.582	−2.124	−2.312	−2.051	−1.875
乡村振兴可感知资源整合能力	−30.76	−48.87**	−49.60**	−46.82***	−34.26**
	−16.36	−15.95	−11.06	−9.074	−8.172
社会事务可感知信息技术应用能力	51.8	64.37*	64.94	64.86	40.44***
	−34.72	−25.38	−33.08	−32.64	−3.32
综合服务可感知信息技术应用能力	103.6*	127.2***	127.9**	131.7**	113.2***
	−38.73	−21.38	−32.35	−32.28	−9.617
乡村振兴可感知信息技术应用能力	82.78*	114.8**	116.1**	110.3**	80.56***
	−37.74	−25.25	−30.22	−27.16	−10.38
党务政务可感知信息技术应用能力	40.60***	29.41*	29.26**	24.46*	18.34***
	−6.554	−11.97	−10.25	−8.984	−2.382
社会事务可感知组织动员能力	−19.46	−16.99	−16.96	−14.69	
	−15.71	−17.7	−17.1	−16.37	
党务政务可感知资源整合能力	−4.717	−4.247	−4.021		
	−3.993	−4.33	−4.337		
乡村振兴可感知组织动员能力	−8.026*	−0.327			
	−2.944	−7.3			
党务政务可感知组织动员能力	−18.22				
	−16.36				
性别	0.137	0.137	0.137	0.138	0.137
	−0.0885	−0.0885	−0.0868	−0.0881	−0.0831

续表

变量	信息技术应用满意度				
	模型41	模型42	模型43	模型44	模型45
年龄2	-0.65	-0.65	-0.649	-0.655	-0.594*
	-0.346	-0.346	-0.336	-0.329	-0.271
年龄3	-0.840**	-0.840**	-0.839**	-0.836**	-0.774**
	-0.252	-0.252	-0.247	-0.244	-0.177
年龄4	-0.976***	-0.976***	-0.976***	-0.980***	-0.966***
	-0.205	-0.205	-0.203	-0.2	-0.201
职业2	-0.524***	-0.524***	-0.524***	-0.511***	-0.474***
	-0.0924	-0.0924	-0.079	-0.0842	-0.0701
职业3	-0.475**	-0.475**	-0.475**	-0.475**	-0.467**
	-0.127	-0.127	-0.128	-0.129	-0.129
职业4	-0.234	-0.234	-0.234	-0.244	-0.286
	-0.258	-0.258	-0.26	-0.258	-0.22
职业5	-0.488	-0.488	-0.488	-0.483	-0.479
	-0.43	-0.43	-0.427	-0.427	-0.431
职业6	-1.352**	-1.352**	-1.352**	-1.355**	-1.343***
	-0.311	-0.311	-0.304	-0.298	-0.292
乡村4	7.554	9.806**	9.891**	10.04**	7.776***
	-3.966	-2.229	-3.534	-3.494	-0.753
乡村5	1.757	1.94	1.968	1.839	-0.522
	-2.921	-2.783	-3.147	-3.061	-0.486
乡村6	14.11**	16.94***	17.03***	17.15***	14.40***
	-4.287	-2.253	-3.336	-3.272	-1.052
Observations	92	92	92	92	92
R-squared	0.526	0.526	0.526	0.526	0.522

根据表5-5的数据分析，村民对负责社会事务的乡村干部的信息技术应用能力的感知与村民的信息技术应用满意度存在1%水平显著的正相关关系；村民对负责综合服务的乡村干部的信息技术应用能力的感知与村民的信息技术应用满意度存在1%

水平显著的正相关关系;村民对负责乡村振兴的乡村干部的信息技术应用能力的感知与村民的信息技术应用满意度存在1%水平显著的正相关关系;村民对负责党务政务的乡村干部的信息技术应用能力的感知与村民的信息技术应用满意度存在1%水平显著的正相关关系。这表明,提升乡村干部在社会事务、综合服务、乡村振兴、党务政务等领域的信息技术应用能力将有助于显著提高村民对信息技术应用的整体满意度。因为无论是事务的管理、服务的提供、发展战略的实施,还是政策的落实,信息技术的高效应用都是增强村民体验与满意度的重要因素。

同时,村民对负责综合服务的乡村干部的科学决策能力的感知与村民的信息技术应用满意度存在1%水平显著的负相关关系;村民对负责乡村振兴的乡村干部的科学决策能力的感知与村民的信息技术应用满意度存在1%水平显著的负相关关系;村民对负责党务政务的乡村干部的科学决策能力的感知与村民的信息技术应用满意度存在1%水平显著的负相关关系;村民对负责综合服务的乡村干部的组织动员能力的感知与村民的信息技术应用满意度存在1%水平显著的负相关关系;村民对负责社会事务的乡村干部的资源整合能力的感知与村民的信息技术应用满意度存在1%水平显著的负相关关系;村民对负责综合服务的乡村干部的资源整合能力的感知与村民的信息技术应用满意度存在1%水平显著的负相关关系;村民对负责乡村振兴的乡村干部的资源整合能力的感知与村民的信息技术应用满意度存在1%水平显著的负相关关系。

这说明,村民对干部的高能力感知并没有直接转化为对信息技术服务的满意度,反而造成了较高的期望与现实操作之间的落差,尽管乡村干部被感知为在科学决策、组织动员和资源整合方面能力较强,但如果这些能力没有实际有效地应用到信息技术服务中,村民的现实满意度可能会受到影响。调研发现,部分村寨的乡村干部在规划、协调方面表现出色,但其未能有效利用信息技术改善服务质量。这意味着在促进乡村干部能力提升中,尤其要关注乡村干部的信息技术应用能力,促进乡村干部与村民保持良好的沟通,了解村民在信息技术应用中的真实需求与期望,以调整其决策和服务方式,关注实际效果。

本研究引入了村民年龄作为控制变量。年龄选项设置为18—30岁、31— 45岁、46—60岁、60岁以上,本研究数据输出结果为3个年龄组,即年龄2(31— 45岁)、年龄3(46—60岁)、年龄4(60岁以上)。统计结果显示,年龄与信息技术应用满意度之间的负相关关系在46—60岁组及60岁以上组中表现得尤为显著,即年长的村民对信息技术应用的满意度通常较低,尤其是60岁以上的村民。因为年龄较大的村民可能对新技术的接受程度较低,习惯于传统的交流和信息获取方式。当乡村干部的信息技术应用未能满足这些村民的习惯或需求时,满意度会显著下降。同时,年长村民在学习和适应新技术方面可能面临更多的挑战,这也会导致满意度下降。

本研究还引入了村民的职业作为控制变量。职业选项设置为农民、企业职工、政府工作人员、乡村教师、建筑工及其他职业。本研究数据输出结果为5个职业组,即职业2(企业职工)、职业3(政府工作人员)、职业4(乡村教师)、职业5(建筑工)、职业6(其他职业)。统计结果显示,企业职工、政府工作人员以及其他职业的相关系数显著为负,尤其是其他职业的相关性绝对值最高,表明该群体对信息技术的满意度低。因为其他职业群体是除了企业职工、政府工作人员、乡村教师、建筑工这4种职业之外的职业群体,来源多元,包括村里的小店主、手艺人、跑运输的、打零工的、自己搞点小生意的等,他们在经济上不宽裕,买智能手机、电脑,安装家庭宽带网络等有点吃力,导致运用现代信息技术体验感不高。最关键的是,这些其他职业群体可能觉得这些信息技术对自己挣钱养家"没啥大用"。调研中了解到,其他职业群体中有的人想试着开网店、拍视频,由于竞争太激烈、规则太复杂、流量难搞,投入了时间金钱却看不到有效回报,导致他们觉得大平台抢了自己生意,从而对信息技术产生一定程度的抵触情绪。若乡村干部未能提供适合其他职业群体需求的信息技术应用,显然会降低该群体对信息技术的满意度。

最后,本研究引入了村民所在的村落作为控制变量。被调查者(村民)来自YD村、BJ村、H村等村寨。根据表5-5第3列至第6列(模型42至模型45),YD村(乡村4)和H村(乡村6)均对信息技术应用满意度存在显著的正面影响。表明这2个村的村民对信息技术应用能力满意度最高,尤其是H村。这表明乡村干部的信息技术能力在该村中得到了充分的认可。实地调研发现,该村拥有更好的网络条件和信息设备,从而提高了村民对信息技术的接受度和满意度。BJ村(乡村5)的结果则显示出相对较低的满意度,这表明乡村干部在该村的信息技术应用方面可能存在不足。调研显示,BJ村乡村干部缺少专业培训,在信息技术能力推广中发挥作用不足,且该村对基础设施的技术支持也不足。

5.调节效应的估计结果

组织动员满意度和信息技术应用满意度涉及的调节效应如表5-6所示。结果表明,调节效应1与组织动员满意度存在5%水平显著的负相关关系。这说明村民能感知到的负责与党务政务相关事务的乡村干部的组织动员能力(GBC)会通过村民能感知到的负责与乡村振兴相关事务的乡村干部的组织动员能力(GBA)对组织动员满意度产生负面影响。

调节效应2与组织动员满意度存在5%水平显著的正相关关系。这说明，虽然村民能感知到的负责与党务政务相关事务的乡村干部的组织动员能力对组织动员满意度存在显著的负相关关系，但村民能感知到的负责与综合服务相关事务的乡村干部的组织动员能力（GBD）会通过村民能感知到的负责与党务政务相关事务的乡村干部的组织动员能力（GBC）对组织动员满意度产生显著的正面作用。

调节效应3与组织动员满意度存在1%水平显著的正相关关系。这说明，虽然村民能感知到的负责与社会事务相关事务的乡村干部的资源整合能力（GCC）对组织动员满意度存在1%水平显著的负相关关系，但村民能感知到的负责与综合服务相关事务的乡村干部的资源整合能力（GCA）会通过村民能感知到的负责与社会事务相关事务的乡村干部的资源整合能力（GCC）对组织动员满意度产生显著的正面作用。

调节效应4与信息技术应用满意度存在10%水平显著的正相关关系。这说明村民能感知到的负责与综合服务相关事务的乡村干部的信息技术应用能力（GDA）会通过村民能感知到的负责与乡村振兴相关事务的乡村干部的信息技术应用能力（GDC）提高信息技术应用能力的满意度。因此，村民对相同的能力的感知和看法会在村干部所从事的不同的事务中产生连带影响。这意味着某一事务在某个层面的失误都会被村民主观性地放大。因此，村民满意度的提升不能止于单一指标的改进，而是对乡村干部治理能力和工作方法的系统改进。

表5–6　调节效应

变量	模型27 组织动员满意度			模型15 信息技术应用满意度
	调节效应1	调节效应2	调节效应3	调节效应4
乡村振兴可感知科学决策能力	-33.33^{***}	-38.78^{**}	-37.90^{***}	-37.00^{***}
	−7.109	−9.725	−7.81	−7.897
乡村振兴可感知资源整合能力	-29.70^{*}	-36.60^{**}	-35.01^{***}	-24.73^{*}
	−12.49	−8.479	−6.499	−10.42
乡村振兴可感知信息技术应用能力	61.31^{**}	72.16^{***}	69.29^{***}	54.98^{**}
	−18.29	−15.58	−11.25	−16.41
社会事务可感知科学决策能力	36.35^{***}	28.55^{**}	28.18^{**}	33.82^{**}
	−4.726	−7.424	−6.284	−8.414
社会事务可感知资源整合能力	-33.78^{***}	-26.29^{**}	-25.97^{**}	-49.87^{***}
	−4.306	−6.945	−5.862	−7.891

续表

变量	模型27组织动员满意度			模型15信息技术应用满意度
	调节效应1	调节效应2	调节效应3	调节效应4
党务政务可感知科学决策能力	−13.34***	−12.75***	−13.00***	−18.44**
	−2.548	−1.782	−2.038	−4.733
党务政务可感知资源整合能力	−19.42***	−22.02***	−19.82***	—
	−1.427	−3.039	−2.185	—
党务政务可感知信息技术应用能力	32.83***	31.91***	29.53***	11.26*
	−3.399	−2.98	−2.685	−4.409
综合服务可感知组织动员能力	−8.147	−8.395	−7.862	−57.36**
	−5.463	−6.062	−5.144	−16.28
综合服务可感知信息技术应用能力	6.847	6.277	5.798	80.33**
	−4.722	−5.148	−4.418	−20.42
社会事务可感知信息技术应用能力	—	—	—	12.45
	—	—	—	−12.47
综合服务可感知科学决策能力	—	—	—	−28.28***
	—	—	—	−4.881
综合服务可感知资源整合能力	—	—	—	−11.99**
	—	—	—	−3.944
调节效应1	−4.072**	—	—	—
	−1.396	—	—	—
调节效应2	—	5.573**	—	—
	—	−1.985	—	—
调节效应3	—	—	7.216***	—
	—	—	−1.531	—
调节效应4	—	—	—	6.859*
	—	—	—	−3.011
性别	−0.0633	−0.0618	−0.0574	0.167*
	−0.109	−0.111	−0.104	−0.0737

续表

变量	模型27 组织动员满意度			模型15 信息技术应用满意度
	调节效应1	调节效应2	调节效应3	调节效应4
年龄2	−0.365	−0.368	−0.359	−0.549
	−0.272	−0.278	−0.28	−0.26
年龄3	−0.596**	−0.621**	−0.605**	−0.734**
	−0.15	−0.148	−0.151	−0.179
年龄4	−0.871**	−0.862**	−0.858**	−0.956***
	−0.243	−0.256	−0.25	−0.183
职业2	−0.530***	−0.553***	−0.544***	−0.380***
	−0.0888	−0.062	−0.0671	−0.0238
职业3	−0.563***	−0.518**	−0.513**	−0.459**
	−0.101	−0.116	−0.116	−0.138
职业4	−0.336	−0.325	−0.333	−0.257
	−0.237	−0.244	−0.24	−0.237
职业5	−0.414*	−0.37	−0.366	−0.495
	−0.175	−0.212	−0.213	−0.424
职业6	−1.034**	−1.019**	−1.015**	−1.301**
	−0.304	−0.3	−0.303	−0.288
乡村4	1.302*	0.989	0.978	3.877*
	−0.606	−0.682	−0.618	−1.675
乡村5	−2.788***	−2.575***	−2.506***	−0.841
	−0.413	−0.538	−0.516	−0.476
乡村6	7.377***	5.856**	5.851**	13.03***
	−1.239	−1.383	−1.311	−1.772
乡村7	−0.0245	−0.637	−0.603	4.942***
	−0.345	−0.456	−0.361	−0.459
Observations	92	92	92	92
R-squared	0.534	0.534	0.535	0.529

三、研究结论

本研究采用多元线性回归方法对Q州乡村干部治理能力和乡村治理满意度的影响关系进行深入分析。通过收集Q州乡村干部及村民的社会调查问卷,初步分析了村民对Q州乡村干部治理能力的满意情况。得出以下研究结论。

(一)Q州村民对乡村干部治理能力的满意度比较高

Q州村民对乡村干部治理能力的满意度得分平均分为4.24分,总体满意度比较高。这得益于党建引领下,以元长者——乡村干部为核心的村民委员会对村寨各方面的管理,本章第二节通过实际案例呈现了村寨治理的具体策略,发现乡村干部注重与村民联络情感,建立了稳固的相互信任关系,促使村民更加愿意支持乡村干部的各项工作;而在资源有效配置方面,乡村干部通过走访、问卷调查和召开村民会议等方式,了解村民对各类资源(如水、电、土地、资金等)的需求,从而有针对性地进行资源配置,这种主动沟通不仅让乡村干部准确把握村民的期望,也提升了村民对乡村干部工作透明度的信任感;在引入基础设施建设项目(如道路、灌溉系统、公共卫生设施等)时,乡村干部特别注重村民的意见,综合考虑村寨的实际情况,从而确保项目能够真正满足村民需求;乡村干部积极推动村民之间的合作,鼓励建立农业合作社,通过集中资金和资源进行大规模种植或养殖,不仅提高了村民的收入水平,也增强了村民之间的凝聚力和信任。以上实践做法凸显了乡村干部在科学决策、资源整合及组织动员等治理能力上发力,促进了村民满意度提升,为乡村的可持续发展奠定了良好的基础。

(二)不同村寨的村民对科学决策的满意度存在显著差异

统计结果显示,不同村寨的社会经济发展水平、文化背景和居民素质等因素会影响村民对乡村干部决策的认知与满意度。这是由于经济相对发达的村寨,村民的受教育程度较高,信息获取渠道更为畅通,对科学决策的期望和理解程度相对较高,因此在满意度上表现得较为积极。而在经济基础较为薄弱或者资源匮乏的村寨,村民因为长期的经济困境和资源不足,对科学决策的敏感度降低,从而对乡村干部的决策产生较多的不满。这种差异化反馈要求政策制定者更具针对性,以适应不同村落的实际情况和需求。

（三）乡村干部的科学决策等能力与村民的组织动员满意度密切相关

研究结果显示，乡村干部的科学决策、资源整合及组织动员能力与村民的组织动员满意度存在显著差异，这是由于各村落的资源配置、乡村干部的管理水平及居民的参与积极性等因素差异所致。在经济相对发达的村寨，村民对于乡村干部的科学决策能力和资源整合能力的评价较高，因为村民的实际的利益和资源的分配获得公平对待与实现。在经济基础薄弱的村寨，即使乡村干部具备一定能力，但由于当地资源匮乏、信息不畅以及村民参与不积极，村民对组织动员的期望无法实现，从而影响了满意度。且不同的背景因素（如年龄、职业和村落等）对满意度有显著影响。为了提升村民的满意度，建议乡村干部在日常工作中更加关注村民的需求和反馈，加强沟通和信息分享，在决策中吸纳更多村民的意见，提升资源整合能力，确保村民在组织动员中的参与感，从而提高整体的满意度。同时，针对不同年龄段和职业背景的村民，制定有针对性的组织动员策略，以期达到更好的组织效果和村民满意度。

（四）乡村干部的科学决策等能力与资源整合满意度表现出负相关关系

乡村干部的科学决策能力与资源整合满意度表现出负相关关系，提示决策过程的透明度和合理性不足可能导致村民的质疑，进而影响对干部能力的整体评估；此外，乡村干部的组织动员能力同样与资源整合满意度呈负相关，尤其在综合服务和乡村振兴方面，反映出干部在资源引进与可持续发展中的不足。研究还发现，不同年龄层的村民在资源整合能力的期望与评价上存在显著差异，中年村民对此的要求最高，而老年村民则相对宽容，可能与其对新决策适应性的下降有关；在职业背景方面，农民和建筑工对乡村干部治理能力的负面看法普遍高于政府工作人员。

（五）乡村干部的信息技术应用能力与村民的满意度表现出正相关关系

村寨差异影响乡村干部的信息技术应用能力，这些差异可能表现为各村寨的基础设施建设、信息技术普及程度。例如，由于YD村和LS村在信息技术的培训、推广以及服务支持方面做得较好，使得村民的使用体验和满意度较高。而其他村落村寨的乡村干部在信息技术的应用上存在一定的短板，导致村民的满意度受到影响。同时，村民的年龄、职业及所在村寨等控制变量也显著影响着满意度。因此,在制定政策和服务策略时,应充分考虑不同年龄段、职业背景以及地区差异,针对性地改进信息技术应用服务,确保能够满足更广泛村民群体的需求。

总之,乡村干部在科学决策、资源整合和组织动员等方面的能力与村民满意度密切相关,特别是在资源配置与村民参与上表现突出。同时,乡村干部的决策透明度与合理性、信息技术应用能力对满意度具有重要影响,可见提升乡村干部治理能力、加强沟通以及制定针对性策略对于提高村民满意度和促进乡村协调发展至关重要。

第四节
提升乡村干部治理能力的路径优化

第二节和第三节详细梳理了Q州乡村干部在治理能力方面的实践做法,并通过问卷调查收集数据分析了村民对乡村干部在科学决策能力、组织动员能力、资源整合能力以及信息技术应用能力等方面的感知满意度。实证分析结果表明,Q州乡村干部的治理能力显著影响了村民对乡村治理的满意度,具体而言,科学决策能力、组织动员能力、资源整合能力和信息技术应用能力均对提升乡村治理满意度发挥了正向促进作用。在助力乡村振兴战略下,Q州乡村干部治理能力的提升主要有以下几条重要路径可供选择:资源整合能力的提升、信息技术应用能力的强化、科学决策能力的构建以及组织动员能力的增强。

一、党建引领:提升资源整合能力

通过党建引领,上级党政机关部门充分发挥贯彻指导实施作用,引导村"两委"协商治理,提升乡村治理水平。在此过程中,强化乡村干部对政策指标的预判分析,以提高资源整合效率和节省治理成本。

首先,提升党的思想政治工作。定期组织党课和理论研讨,提高干部的责任感、使命感和政治敏锐性,使其能够精准解读中央及各级部门的决策部署,合理配置资源,提升资源利用效率。

其次,建立党建工作联席会议制度,推动乡村干部、党员代表及社团负责人之间的信息共享与资源协调,从而整合多方资源,构建采购与服务联盟,实现集中采购与资源共享,降低成本、提高效率。同时,通过党员志愿服务活动,促进党群互动,增强村民的参与意识和对党组织的认同感。加大政策宣传力度,让村民全面了解相关支持政策,鼓励村民积极参与资源整合。通过实施示范项目和创造性实践,吸引更多资源投入,形成良好的示范效应,提升村民的参与积极性。

最后，建立反馈与评估机制，定期收集和响应村民意见，及时调整整合策略，使资源配置更符合实际需求，为乡村振兴战略的实施提供坚实的支持。

二、培训实践：强化信息技术应用能力

信息技术的应用使得乡村干部能够收集和分析大量数据，增强科学决策的依据，减少决策的随意性，提高政策的针对性和有效性。

首先，开展信息技术专题培训。为乡村干部提供基础信息技术培训，涵盖计算机基础、办公软件使用、数据分析工具、电子政务使用、社交媒体平台管理和数字工具的操作等内容，确保乡村干部能够熟练掌握基本的信息处理技能。同时，搭建在线学习平台，提供各种信息技术相关课程，内容涵盖智能手机应用、网络工具使用、社交媒体管理等，方便乡村干部随时随地进行学习。

其次，建立信息技术学习小组。与高等院校、技术培训机构建立合作关系，引入专业人才进行专题讲座和实训，加速乡村干部的信息技术能力提升。鼓励乡村干部组建学习小组，定期进行信息技术应用经验分享，互相学习有效的工具和应用场景，提升整体水平。同时设立问题解决平台，方便干部在应用过程中遇到技术难题时能够及时寻求帮助，减轻学习压力。

最后，推广信息技术在农村治理中的应用示范。例如选择在信息技术应用上表现突出的村寨进行示范，分享其成功经验，以激励其他乡村干部积极探索信息技术的应用途径。定期举办以信息技术为主题的创新竞赛，鼓励乡村干部利用新技术提升治理效果，增强参与感和归属感。

三、决策历练：构建科学决策能力

在决策的科学性方面，乡村干部要坚持政治原则。从长远积极的战略定位出发，克服任期限定的影响，平衡好个人私利以及关系亲疏等乡村熟人社会的影响，带头培育明法守法的法治氛围，促进村域环境的政治生态优化。同时积极向专家咨询，多考察学习其他村寨的优秀做法，取长补短，因地制宜促进乡村治理水平提升。

在决策的民主性方面，具体而言，一要建立常态化的民意收集机制。乡村干部应定期开展民意调查，通过问卷、座谈会、村民代表大会等形式，广泛听取村民的意见和建议。完成调查后及时反馈结果，告知村民哪些建议被采纳，哪些未被采纳以及原因，增强透明度。二要设立村民代表制度。鼓励村民选举产生真正代表自身利益的

代表,参与到决策过程中,村民代表可定期与乡村干部召开联席会,共同讨论重大决策,提高决策的民主程度,同时通过开设“村民议事厅”或“开放式论坛”等形式,让村民直接参与到政策的讨论和决策中。三要强化决策后的评价机制。在决策实施后,建立有效的反馈与评价机制,邀请村民参与对政策效果的评估。通过评价,乡村干部可以了解决策的实际效果及村民的满意度,从而为未来的决策提供依据,进一步增强决策的科学性和民主性。

四、实践创新:增强组织动员能力

乡村干部的组织动员能力直接关系到农村发展、政策落实及社会治理的有效性。通过理论与实践相结合,强化培训、激励、网络建设及信息化手段,多层次、多维度地提升乡村干部的组织动员能力,将有助于促进乡村的可持续发展和村民的积极参与,从而实现乡村治理的转型与创新。

一是政府部门、学术机构或社会组织提供组织动员能力的专项培训,实现乡村干部定期参加。乡村干部通过学习现代管理理论、组织行为学及团队建设知识等,提升自身专业素养。培训课程中注重加入分享成功的组织动员案例,通过探讨在不同情境下的治理策略以提升乡村干部的实践能力。

二是积极探索新的组织动员模式。如设立乡村议事会、开展村民代表大会等,增强村民尤其是中年村民人群参与的广泛性与深度。通过微信群、村务通等新媒体,及时传播乡村建设信息,增强村民参与感和互动性,通过设置目标与奖励,对表现优异的乡村干部和村民提供相应的荣誉和物质奖励,提高村民参与组织动员的积极性。

三是构建多元主体共同治理体系。乡村干部应鼓励和支持各类社会组织的建立,增强组织动员能力。同时,积极与高校、社会团体沟通,招募志愿者,充分发挥各群体的专业技能与社会关系,增强组织动员效果。通过社会组织的参与,形成多元主体共同治理的局面,提升乡村治理的有效性与灵活性。促进党员以身作则,积极发挥先锋模范作用,动员村民参加村庄的环境卫生、产业发展等乡村建设活动。

五、结语及展望

本研究围绕Q州乡村干部治理能力的建设成效展开,探讨了其对乡村治理满意度的影响。研究发现,村民对乡村干部治理能力的满意度评价普遍较高,表明乡村干部在治理实践中已取得一定成绩,得到了村民的认可。但同时,不同村寨的村民对科学决策的满意度存在显著差异,反映出区域之间在治理能力及实施效果方面的差异。此外,乡村干部的科学决策与组织动员满意度呈密切相关关系,而与资源整合满意度却表现出负相关。可见,科学决策虽能有效提升组织动员能力,却可能在资源整合过程中表现出不足,这意味着在提升科学决策能力的同时,需进一步改进资源整合的策略。最后,乡村干部在信息技术应用方面的能力与村民满意度呈正相关,表明信息化在乡村治理中的重要性。

基于研究发现,本研究提出的政策建议有:首先,政府应提供针对性的培训和支持,提升乡村干部的科学决策能力与资源整合能力,促进其在决策过程中重视资源的有效配置,以平衡不同年龄段村民的不同需求;其次,推动信息技术的应用,建设数字化治理平台,增强乡村干部与村民之间的互动与透明度,以提升村民信任度与满意度,促进村民积极参与村寨治理。

尽管本研究对Q州乡村干部治理能力进行了深入探讨,但仍存在一定局限性。在研究方法上,本研究主要依赖于问卷调查,可能带来样本代表性不足的问题;且调查数据的横向比较少,未能深入探讨不同村寨治理实践中的具体差异;同时,研究水平的限制可能影响到结论的深度与广度。因此,未来的研究方向可着重于开展纵向跟踪调查,结合定性分析方法,深入挖掘乡村干部治理能力提升的内在机制及其对村民满意度的长期影响。此外,可以考虑扩大样本范围,涵盖不同地域和文化背景的村寨治理案例,以寻求更具普适性的结论。

第六章

生态维度：乡村人居环境治理

本章系统探讨乡村人居环境治理的现状、问题、绩效影响机制及国内实践创新。在梳理乡村人居环境治理的现状、剖析存在的问题与挑战基础上,以贵州民族村寨为例探讨社会资本对乡村人居环境治理绩效的影响机制,通过文献回顾与实地调研,分析社会资本在治理中的作用,并提出提升策略;随后总结韩国乡村人居环境治理的成功经验,为我国治理实践提供借鉴。最后选取浙江省和江西省作为典型案例,剖析其在乡村人居环境治理中的创新举措,提炼可复制、可推广的经验。

第一节

乡村人居环境治理的现状与问题

乡村人居环境治理是乡村治理的重要内容,是农民群众实现对美好生活的向往的必然要求。本节梳理乡村人居环境治理发展的现状及存在的问题,对理解国家全面推进农业农村现代化发展内涵要义奠定基础。

一、乡村人居环境治理的现状

2024年中央一号文件明确指出要“深入实施农村人居环境整治提升行动”,可见在实现农民对美好生活追求的价值向度中,良好人居环境是关键环节之一。当前我国乡村人居环境治理在政策供给与实施、基础设施建设等方面有序发展。

(一)政策供给与实施

近几年,中央与地方政府围绕基础设施建设、环境卫生整治、生态修复等出台政策措施,促进农村人居环境的综合治理。

在政策供给上,《乡村振兴战略规划(2018—2022年)》指出,农村人居环境治理包括“厕所革命”、老房改造、环境治理、污水处理、道路建设等内容,以农村垃圾、污水治理和村容村貌提升为主攻方向,开展农村人居环境整治行动,全面提升农村人居环境质量。2021年《关于推动农村人居环境标准体系建设的指导意见》围绕农村地区人居环境治理工作的整体架构进行了科学解读,为相关工作开展提供了遵循依据。在2024年发布的《中共中央 国务院关于学习运用“千村示范、万村整治”工程经验有力有效推进乡村全面振兴的意见》中,指出要因地制宜推进生活污水垃圾治理和农村改厕,完善农民参与和长效管护机制。2021—2024年连续四年的中央一号文件都关注到农村人居环境整治,为该项工作提质增效做出了重要部署。《农村人居环境整治提升五年行动方案(2021—2025年)》明确指出,到2025年农村人居环境显著改善,生态宜居美丽乡村建设取得新进步。2024年党的二十届三中全会通过的《中共中央关于进一步全面深化改革、推进中国式现代化的决定》指出,“必须完善生态文明制度体系,协同推进降碳、减污、扩绿、增长”。

一系列政策协同发力,推动了农村人居环境整治成效显著。经过三年的人居环境整治行动,我国农村的生活垃圾处理体系基本建成,实现体系全覆盖。生活污水处理、农村厕所改造等基本完成,整体村容村貌焕然一新。[①]在各地积极总结推广“千万工程”经验基础上,未来农村人居环境改善还将取得更多成效,进一步促进和美乡村建设目标实现。

在政策实施上,形成了由农业农村局主导,各乡镇参与的政策落实模式,形成资金筹集、资金使用的全流程严格监督管理机制。

(二)基础设施建设

推进农村人居环境治理,需要配套建设必要的基础设施,主要包括水利设施、电力供应和网络通信设施、环保设施。

水利设施是保障农业生产、改善农村生活环境的重要基础设施,而农村小型水利设施是乡村农业发展、农民生产生活和农村基础设施建设的重要保障和基础。[②]近年来,国家加大了对农村水利设施的投资力度,重点解决了农田灌溉、人畜饮水安全等问题。通过新建和改造一批小型水库、引水渠等水利工程,有效提高了水资源利用效率,减少了干旱灾害的影响,保障了农民的基本生活需求。

电力供应和网络通信是现代化乡村不可或缺的基础条件。目前,绝大多数农村地区已经实现了电网覆盖,电力供应稳定性得到了明显提升,满足了农户日常生活和

① 我国农村人居环境整治提升取得新成效[EB/OL].(2024-02-29)[2025-02-29].http://www.moa.gov.cn/ztzl/ymksn/xhsbd/202402/t20240229_6449322.htm.

② 潘卫兵.从社会资本的“四个维度”分析农村小型水利设施运行供给——评《基于社会资本视角的农村社区小型水利设施合作供给研究》[J].人民长江,2024,55(4):268.

农业生产的用电需求。与此同时，随着国家“数字乡村”工程的推进，农村地区的互联网普及率逐年提高，《中国互联网络发展状况统计报告》数据显示，截至2021年，我国农村网民规模已达2.84亿人，农村地区互联网普及率为57.6%。①互联网的普及不仅丰富了农民的精神文化生活，也促进了农产品电商、远程教育等新兴业态的发展，为乡村振兴注入了新的活力。

环保设施建设是提升乡村人居环境质量的关键环节。近年来，各地政府积极推广农村生活垃圾集中处理和污水治理项目，逐步建立了较为完善的垃圾收集、转运、处理体系，有效解决了农村生活垃圾乱堆乱放的问题。同时，通过实施农村改厕工程，大幅提升了农村卫生厕所的普及率，改善了农村居民的生活卫生条件，减小了疾病传播的风险，提高了居民的生活质量。

二、乡村人居环境治理存在的问题

当前我国乡村人居环境治理面临规划设计、协作机制、资金技术投入及村民环保意识等方面的挑战，制约了治理效能和可持续发展，亟需采取有效措施加以解决。

（一）乡村人居环境系统设计和规划欠缺

在实施乡村振兴战略的过程中，精心规划是至关重要的基础环节。特别是针对乡村生活环境的规划，对于推动乡村振兴战略的深入实施和优化乡村居住环境的管理水平具有根本性的意义。近年来，得益于国家对农村发展的高度关注，各地政府纷纷响应国家号召，推出了一系列针对新农村建设、镇域规划、美丽乡村打造以及村庄建设的专项规划。这些规划的目的是通过优化乡村生活环境，提升农民的生活品质，推动农业现代化和农村经济的全面进步。具体实施措施涵盖了道路铺设、供水排水系统的升级、垃圾处理、厕所改革、绿化美化等多个方面，这些举措不仅提高了乡村基础设施的水平，也为乡村的长期发展打下了坚实的根基。但从全局视角来看，与城市环境规划相比，我国多数乡村的人居环境规划仍存在诸多不足。

一是规划标准与实际需求脱节。目前，许多乡村规划或人居环境规划在设计阶段，往往借鉴城市或城镇的规划标准，缺乏针对乡村特性的专门技术指南和标准。例

① 中国互联网络发展状况统计报告[EB/OL].(2023-08-01)[204-12-23].https://baike.so.com/doc/2735532-32322407.html.

如,城市的规划标准通常侧重于高密度和高效能,而乡村则需要更加注重生态平衡、自然景观的保护以及传统文化的传承。直接套用城市环境规划的方法和标准,会使乡村规划显得过于表面化,仅仅局限于居民住宅和环境的简单设计和整治,未能充分考虑乡村生产、生活与生态三者融合的整体设计需求,从而限制了乡村特色的展现和发展潜力的挖掘。

二是盲目追求短期效果。在推进乡村人居环境规划的过程中,一些地区过于急功近利,为了在短期内展示成果,不惜提出超出乡村实际条件的设计要求,甚至进行所谓的“面子工程”。这类项目虽然在短期内可能带来一定的视觉效应,但从长远来看,不仅浪费了大量宝贵的财政资金,还可能因忽视乡村的实际需求和发展规律,导致资源浪费,甚至破坏乡村原有的自然生态和社会结构,未能从根本上解决乡村发展所面临的问题。

三是村民参与度不足。在乡村人居环境发展规划的制订过程中,普遍存在村民参与度不高、意见表达渠道不畅的问题。许多地方在进行乡村环境规划时,往往采取自上而下的方式,由政府主导,规划设计师负责具体的方案设计。在这种模式下,规划设计师更多地关注于文案的撰写和技术指标的达标,而忽视了对乡村实际需求的深入调研和分析。这导致规划内容往往缺乏针对性,难以真实反映乡村的独特风貌和文化特色,也不利于调动村民参与到乡村建设中来的积极性。

四是后续管理和维护机制不健全。在完成规划并实施后,由于缺乏有效的后续管理和维护机制,一些乡村的公共设施和服务质量逐渐下降,影响了村民的生活质量和满意度。例如,新建的道路因为缺乏定期维护而破损严重;污水处理设施因运行成本高而被闲置;绿化带因无人管理而杂草丛生;等等。这不仅削弱了前期投资的效果,也在一定程度上打击了村民对美好生活的向往和信心。

(二)治理主体之间目标差异导致决策和执行偏差

乡村人居环境治理涉及广泛领域及多部门协作。作为一项系统工程,乡村人居环境治理内容不仅涵盖了生活污水的处理、垃圾的收集与运输,以及基础设施的完善,还关联到环保、农业农村、乡村振兴、住房和城乡建设、林业、国土资源等多个关键部门的职能履行。尽管上述部门的职责范围理论上覆盖了整个县级行政区域,但在实际执行层面,由于职责交叉与任务分工的模糊性,协调问题与工作效率的低下成为普遍现象。以某些县为例,尽管设立了由县委副书记领导的人居环境整治领导小组,但其办公室设于农业农村局，这使得农业农村局在缺乏领导小组直接协调的情况下，难以与住建局、环保局、卫健委等相关部门进行高效沟通与合作。进而导致非核心任务的推诿现象，责任归属模糊，从而阻碍了工作的顺利进行。进一步而言，当前我国乡村人居环境管理的层级体系不足。多数环境管理机构或涉及乡村人居环境管理的机构仅设至县级，而乡镇及村级的管理机构普遍缺失。尤其在经济欠发达地区，县级环境管理机构的建设相对薄弱，无论是人员素质还是管理能力，都难以满足乡村人居环境的有效管理和监督需求。

此外，乡村人居环境整治的复杂性体现在其涉及多个方面，包括环境规划、污水处理、垃圾处理、村容村貌的改善以及文化传承等。然而，现有法律体系并未对各治理主体的具体职责与权限做出明确规定，缺乏一个统一的协调机制。这种状况加剧了多部门职能的重叠、利益关系的复杂化以及执行力的不足，导致许多利好政策难以得到有效实施，无法充分满足乡村人居环境整治的实质性需求。

（三）资金及技术投入不足

在乡村振兴背景下，农村基础设施建设与人居环境改善已成为推动农业农村现代化的关键环节。然而，资金及技术投入不足的问题仍然制约着乡村的全面发展。尽管国家层面不断加大政策支持与财政投入，但农村地区在基础设施建设、公共服务供给等方面的短板依然突出。特别是在一些经济薄弱地区，财政紧张问题尤为明显。此外，农村基础设施建设回报周期长、收益低，难以吸引社会资本广泛参与。比如农村公路、水利设施等建设虽已取得一定进展，但等级偏低、维护不足的问题依然存在。城乡基础设施建设差距仍然很大，农村地区的公共服务设施如医疗、教育、养老等仍处于相对滞后状态。

技术投入不足也是制约农村发展的关键因素。农村地区在农业现代化、生态环境保护、数字化建设等方面的技术应用相对滞后。一方面，农村基础设施建设的技术适配性不足，特别是在偏远山区和高原地区，施工成本高、技术难度大；另一方面，农村缺乏专业人才和管理经验，导致项目建设质量和后期维护效率较低。一些农村地区的污水处理设施和垃圾处理体系因技术不完善而无法有效运行，影响了农村人居环境的改善。

为解决资金及技术投入不足的问题，国家已出台多项政策。2025年中央一号文件明确提出要加大财政支持力度，优先保障农业农村领域的资金投入，并通过专项债券、金融债券等方式吸引社会资本参与。尽管国家在乡村振兴战略中不断加大资金和技术支持,但农村基础设施建设与公共服务供给仍面临诸多挑战。需要进一步优化财政投入机制,吸引社会资本参与,推动城乡融合发展,并通过科技赋能提升农村建设的技术水平。同时,社会力量的广泛参与也是不可或缺的。只有多方协同,才能真正实现农村人居环境的改善和农业农村现代化的全面推进。

(四)村民环保意识薄弱

村民对于人居环境治理效果的感知能够影响其主观能动性和环保意识。例如,当村民看到村里的垃圾被有效清理,水质得到改善,空气变得清新时,他们的满意度会大幅提升,进而更加积极地参与到各种环保活动中来。然而,要实现这样的良性循环并不容易,尤其是在农村地区。

由于城乡教育资源分配的不均衡,农村地区的教育改革进展缓慢,导致村民的受教育水平普遍较低。这种教育差距不仅体现在基础教育方面,也包括环境保护等专业领域的知识获取。相对偏低的受教育水平在很大程度上限制了村民们对环境问题的理解和认识。很多村民因为缺乏必要的科学知识,难以认识到环境污染的严重性及其长远影响,如水土流失、土壤污染、空气污染等问题对农业生产的影响。加之传统的农业思维模式,许多村民未能充分意识到环境保护与个人健康之间的密切关系。在他们的观念中,只要生活能够自给自足,就没有必要过多关注环境变化。这导致他们在日常生活中对资源的利用效率低下,比如过度使用化肥和农药,不仅污染了土地和水源,还威胁到了自身的健康。可见,村民是农村人居环境改善的主要参与者和直接受益者,增强村民的环保意识至关重要。一方面有助于增强村民对环境保护的责任感,使他们从被动接受转变为主动参与。另一方面,增强环保意识还能促进村民之间的相互监督和支持,形成良好的社区环境治理氛围。为此,政府和社会各界需要共同努力,采取多种措施加强宣传教育,普及环保知识,提高村民的认识水平,激发他们参与家乡建设和环境保护的内在动力。

第二节

乡村人居环境治理绩效

乡村人居环境治理作为建设宜居宜业和美乡村的重要环节,为促进城乡融合发展奠定重要基础。不同民族村寨人居环境治理中,基于地理环境及民族风俗习惯的差异性,形成各具特色的民族村寨人居环境治理样板,值得深入研究。

本节通过实证分析探讨乡村人居环境治理绩效,结合贵州民族村寨的现实情境,依据社会资本理论,围绕社会网络、社会信任和社会规范,结合贵州民族村寨人居环境治理的典型案例,归纳形成社会网络、社会信任和社会规范不同侧重点的民族村寨人居环境治理模式。

在挖掘贵州民族村寨人居环境治理的直接影响因素和间接影响因素中,研究人员基于"社会资本—社会分歧—社会能力"的分析框架,围绕社会资本的社会信任、社会网络、社会规范、社会互惠四个维度,运用判断抽样方法抽取11个民族村寨样本村民,通过发放村民对贵州民族村寨人居环境治理绩效认知调查问卷,对收集的数据统计资料进行分析。

一、引言

建设宜居宜业和美乡村是乡村振兴战略的核心内容之一,而乡村人居环境治理作为实现宜居宜业和美乡村建设的重要方面,不容忽视。乡村人居环境治理是一项复杂的系统工程,有其演变的内在规律。随着乡村治理现代化的深入推进,各级政府越来越重视乡村人居环境治理问题,中央与地方政府都出台了各项治理政策制度。中共中央办公厅、国务院办公厅印发《农村人居环境整治提升五年行动方案(2021—2025年)》,明确提到行动目标是到2025年,农村人居环境显著改善,长效管护机制基本建立,生态宜居美丽乡村建设取得新进步。此外,在《"十三五"促进民族地区和人口较少民族发展规划的通知》中明确提出，要在民族地区加强人居环境综合整治。这些规划政策文件指明了国家对农村环境治理的政策导向，为乡村环境治理提供了重要的指导思想、制度安排及行动措施。但当前农村人居环境治理面临治理制度不完善、协同治理困难、主体意识欠缺、基础薄弱等诸多束缚。[①]贵州省不断探索形成融合财政资金、社会资本、金融资本、村委会以及社会组织等一中心多元化的共建共治促人居环境治理的投入机制，截至2020年，三年农村治理行动方案目标基本实现。可见这样的探索具有合理性，但也要看到，开展农村人居环境治理，其内容繁杂，包括生活污水、生活垃圾、农村户厕等治理与改造。农村人居环境治理既具有公共品属性，也属于农民的私人产品，农村人居环境治理目前遵循"命令控制式"和"市场化"的治理方式，取得了一定成绩，但不可回避的是政府失灵和市场失灵导致的效率损失时有发生，交易成本客观存在。已有文献显示，农村居民受传统生活习惯影响，对生活污水、生活垃圾对环境的影响缺乏认识，部分农民过于依赖政府，政府在干、农民在看的景象普遍存在，农民主体作用不明显。[②]根本原因在于农村空壳化、村民环保意识欠缺、村民自治不足。唐国建等指出，乡村人居环境整治应该从村民是生活者的前提出发，以满足村民的生活需要为目的，以村民的地方性生活常识为基础。[③]从社会资本视角分析，乡村是熟人社会，村民之间联系密切，导致以社会网络为核心的社会资本影响村民的心理倾向和行为选择的程度不断加深。因此，本研究通过构建社会资本与人居环境绩效评估维度，对贵州民族村寨人居环境治理绩效进行测量，剖析特有民族文化下村域社会资本对人居环境治理绩效的作用机理，提出发现、改善以及培养积极社会资本存量，从而提高农村人居环境治理效果的建议。

二、文献回顾及分析框架

社会资本作为一个重要的社会学理论，有必要详细阐述其概念及其在人居环境治理过程中的作用。此外，为了深入理解人居环境治理的内涵和外延，本研究还将对农村人居环境治理的相关文献进行回顾，重点分析社会资本如何在这一背景下发挥作用。这一部分的论述将为后续的实证分析提供理论基础。

---

① 韩瑞萍，王帅．农村人居环境治理：现实之需、束缚所在与破解之路[J]．农业经济，2024(8)：66-69.

② 吴春蕾．乡村振兴战略背景下农村人居环境存在的问题及对策建议[J]．农村实用技术，2024(5)：50-51.

③ 唐国建，王辰光．回归生活：农村环境整治中村民主体性参与的实现路径——以陕西Z镇5个村庄为例[J]．南京工业大学学报(社会科学版)，2019，18(2)：24-37.

(一)相关概念界定

1.社会资本

作为跨学科研究的核心概念,社会资本的内涵具有显著的复合性特征,其理论框架在政治学、经济学与社会学的交叉领域持续演进。从理论谱系考察,布尔迪厄率先将资本理论拓展至非物质领域,强调社会资本通过制度化关系网络实现资源累积的特性;科尔曼则基于理性选择范式,将其界定为蕴含在社会结构中的行动便利性资源,重点关注封闭性网络产生的义务与期望;而普特南的突破性贡献在于,他以社会组织功能的分析视角,将信任机制、互惠性规范以及公民参与网络确立为社会资本的三大核心构件,并论证了这些要素通过降低交易成本、强化合作预期来提升社会运行效率的内在机制——这种将微观人际互动与宏观治理效能相联结的研究路径,深刻影响了当代社会治理理论的范式转型。

科尔曼认为社会资本是一种功能性资源,它存在于社会结构中,并通过社会关系影响个体或组织的行为。社会资本的功能是帮助实现某些目标,而这些目标在缺乏社会资本的情况下是无法实现的。社会资本代表了与其他组织和个人的关系,是寓于人际关系之中的,反映了一个组织或个人的社会关系。

在社会资本的维度划分方面,学术界主要依据普特南的框架,将其分为社会网络、社会信任和社会规范三个核心要素。社会网络指的是组织成员之间相互关联所形成的人际网络,该网络能够有效促进信息在个体间的流通,同时对集体行为中的机会主义和“搭便车”现象形成约束。社会信任则是指个体在一定范围内对他人特定行为采取的概率评估,其结果会直接影响行动者本身的决策和行为。社会信任被视为集体行动的润滑剂,居民在不断自我强化的过程中,能够增强合作的自主性和意愿。社会规范则包括强制性的外部规范(如法律和制度)和非强制性的内部规范(如道德和承诺),强调特定群体成员共同遵循的行为准则。个体的行为受到社会规范约束,这会提升集体行动结果的可预测性。通过对这三个维度的深入理解,可以更全面地探讨社会资本在不同情境下的作用及其对治理绩效的影响。

可见,学者们往往将社会资本视为一种公共产品,强调个体行为在组织公共事务活动中的嵌入性,这种嵌入不仅有助于促进人与人之间的信任与规范的形成,也推动了社会网络的发展,从而构建出良好的社会关系。这种良好的关系对化解集体行动困境及增强社会团结具有重要作用。在贵州民族村寨的人居环境治理中,社会资本的充足程度直接决定了地方治理的效率与效果。因此,本研究所说的社会资本是指村民在社会网络中的嵌入程度,村民基于社会关系网络获取有利资源以满足自身需求的能力。在分析社会资本维度时，本研究主要参考社会网络、社会信任和社会规范，即由普特南提出的关于社会资本的三个关键特征，并结合研究主题的具体背景，对相关指标进行了适当调整，以便更好地探讨社会资本对贵州民族村寨人居环境治理绩效的影响及提升策略。

2. 乡村人居环境治理

清华大学的吴良镛教授最先提出人居环境科学理论，他将人居环境界定为"人类居住生活的自然、经济、社会和文化的环境的总称"。社会学视角下的乡村人居环境是以村民为主体的地域性生活共同体，要不断完善相关利益平衡机制，以协调和统筹人居环境治理中多元主体间的利益冲突，保证环境治理工作的有效开展。①乡村人居环境是承载乡村地区居民生产、生活等各项活动的空间场所，这是各学科较为统一的认识。②

在推进乡村振兴和新农村建设中，农村人居环境治理是基础性、关键性的工作，农村人居环境治理的目的是提高农民的健康生活水平和生活质量。随着环境治理日益受到重视，改善乡村人居环境已经成为这一领域的热点议题。学者们提出了多种治理模式，包括"生态环境治理合作共同体"、"协议机制"以及"网络协同"等。这些治理模式在实践中体现了对乡村人居环境改善的多样化探索，反映了学术界对有效治理机制的深入思考。据此，本研究将乡村人居环境治理定义为通过制度安排、政策措施和社会行动等手段，对乡村地区的自然和人造环境进行系统性管理与改进，旨在提升居民生活质量、优化环境资源配置和促进可持续发展。其核心目标是实现人与自然和谐、共生，建设宜居、和谐美好的乡村环境。

（二）理论基础及分析框架

1. 社会资本理论

社会资本理论最初由社会学家皮埃尔·布尔迪厄和罗伯特·帕特南等人在20世纪末提出，强调社会关系、信任和规范对个体和群体行为的影响。该理论指出，社会资本的积累有助于促进社会合作和资源共享，从而增强社区的凝聚力和提高公共服务的供给效率，为乡村人居环境治理提供了新的视角。依据社会资本理论，乡村人居环境治理应鼓励多方参与，乡村居民、地方组织和社会团体等是参与治理的重要主体，

① 庄林政，陈家碧，熊春文．疫情影响下的农业安全与乡村振兴——第四届中国农业社会学论坛观点综述[J]．中国农业大学学报（社会科学版），2021，38（1）：50-59.

② 张博．人居环境治理视域下地质文化村建设路径研究[J]．地质论评，2023，69（4）：1415-1422.

彼此之间的信任和合作关系构成了乡村社会资本的基础。具体而言,乡村居民建立互助网络和参与社区活动,能够增强对公共事务的关注,从而使治理过程更具透明度和参与性。同时,社会资本的积累为各类资源的动员和整合提供了重要支持,使得乡村居民、政府及市场主体能够形成更为紧密的协作关系。

2.治理绩效理论

治理绩效理论是由众多公共管理学者在20世纪末提出的,旨在评估和提升公共治理过程中的成果与效率。该理论强调政府、市场和社会组织在公共事务管理中的责任和作用,强调通过科学的政策设计和实施,达到资源的最优配置和利益的最公平分配,从而提高公共服务的整体质量与满足度。治理绩效理论关注的是治理活动的效果与反馈机制,通过持续的评估与调整,确保政策执行的有效性。

依据治理绩效理论,乡村人居环境治理应采取绩效导向的管理模式,制定明确的治理目标和量化指标,及时监测治理活动的成果。然而,乡村治理的绩效往往受限于资源配置的合理性、管理机制的完善性以及参与主体的协调沟通,因此治理效果的优劣在很大程度上取决于各方之间的合作与反馈机制。强化评估体系和鼓励多方参与,能够有效提升乡村人居环境治理绩效,实现更好的社会效益和生态效益。

3.分析框架

基于前文的理论分析,从中国情境适用性出发,结合实地调研的总结思考,本研究构建"社会资本—社会分歧—社会能力"的理论分析框架(见图6-1),系统地探讨村域社会资本对农村人居环境治理绩效的影响机理。

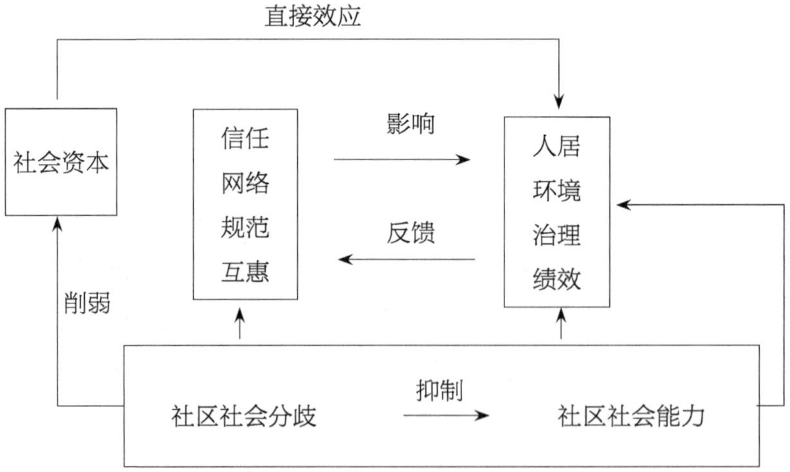

图6-1 社会资本对人居环境治理绩效的影响机理图

社会资本对人居环境治理绩效有着积极的影响,它通过增强社区成员间的信任与合作来实现。具体来说,社会网络是基于信任和共同利益建立的,是一种基于互惠规范与群体认同建立的互动体系,为环境治理的集体行动提供了组织化基础。通过社会网络,农村能够形成资源共享平台。借助这个平台,农民可以了解村寨人居环境治理的政策制度以及人居环境保护的重要性。这能激发村民参与村寨人居环境治理,推动他们在集体行动中的决策行为。

信任提升可以减少治理过程中的监管成本,让治理活动更加高效。在人际信任层面,村民个体在长期互动交往、共同经历的基础上,增加相互间合作与沟通的可能性。当村民之间相互信任时,其更可能共同参与到环境治理中,比如清理公共区域、参与村规民约的制定等。在制度信任层面,涉及个体对组织或制度的信赖,如农户对村干部的信任来源于对组织公正性、稳定性和权威性的认可。在村寨人居环境治理的决策中,村民观察他人参与人居环境治理与保护的行为,村民的社会信任度越高,则越倾向于接受其他村民的行为示范,趋同效应应运而生,村民整体参与度提高。

社会规范是指社区内普遍认同的行为标准和价值观,包括对环境治理的认知与期待。明确的社会规范可以引导村民采取符合社区利益的行为,例如共同维护公共设施和环境卫生。社会规范能够形成一种自我监督机制,当社区成员遵循共同规范时,违规者会感受到一定的社会压力,从而提升治理效果。共同的社会规范有助于增强村寨社区的凝聚力,使得人居环境治理活动更具一致性和效力。

此外,社会资本的互惠性特征也为村民参与人居环境治理提供了有力支持。互惠促进社会交往,进而实现村民间资源共享和互助合作,长期社会互惠反过来促进村民间的社会交往和情感交流,提升其参与自豪感和成就感。

村民关于人居环境治理绩效的感知与社会资本、社会分歧和社会能力变量之间存在密切关联。在人居环境治理的背景下,社会资本可以理解为社区成员之间的信任与合作程度,以及他们在治理过程中的参与度。社会分歧则指因经济状况、文化差异或利益冲突等因素所产生的社区内部矛盾。例如,在民族村寨中,社会分歧可能表现为不同民族和文化背景的居民之间的隔阂和摩擦。

社会能力被定义为社区在应对挑战时的适应和变革能力,包括组织能力、资源协调能力及解决问题的能力。在人居环境治理中,社会能力决定了社区能否有效利用社会资本推动治理进程。高水平的社会资本可以通过加强社区成员之间的信任和协作,改善人居环境治理的绩效。而社会分歧可能会削弱社会资本的积累和使用,使得社区内部的信任和参与度受到影响。在社区治理中,当存在明显的分歧时,资源的分配往往会出现不均衡现象,同时增加治理的成本和复杂度。另一方面,提升社会能力能有效促进社会资本的形成,进而提高治理绩效。当社区在协调人力资源和解决内部分歧方面表现突出时,其治理效果会相应得到提高。然而,社会能力与社会分歧之间存在一种抑制的关系,较高的社会分歧可能会显著降低社区的治理能力,并对绩效产生消极影响。

因此,加强社会资本的积累不仅有助于提高人居环境的治理效率,同时有效的社会能力亦能缓解社会分歧带来的负面影响。本研究将通过构建分析框架及进行实证分析,为改善贵州民族村寨的人居环境治理提供理论依据与实践指导,这对推进和美乡村建设有重要的现实意义。

(三)文献回顾

1.社会资本概念界定和测度研究

1986年法国社会学家Boumdieu首次提出社会资本的概念,认为社会资本是“实际或者潜在的资源集合,这些资源与大众熟识或承认的制度化关系组成的网络相联系”。此后,学者们从网络观、资源观和能力观三大视角出发对社会资本进行界定。关于社会资本的维度划分,Nahapiet和Ghoshal(1998)的三维度说(结构资本、关系资本、认知资本)基本上包含了其他学者提到的所有维度。

2.民族地区农村人居环境治理研究

高永久等提出当前西部边疆民族地区的农村人居环境整治面临着相对复杂的环境基础和后继乏力的资源条件。①张会吉等研究指出民族地区农户人居环境治理参与行为的影响因素是多方面且复杂的,治理需同农村文化习俗、经济水平和地理条件相协调,同农户实际需求相适应。②王伟荣等认为农村人居环境治理主要存在村寨整体环境规划欠缺、污水处理设施不完善、村民参与度较低及资金短缺等问题。

3.社会资本对农村环境治理绩效的影响研究

社会资本各维度对农民参与环境治理水平的影响结果是社会信任、社会网络和社会规范等维度显著影响农民参与环境治理的积极性和效果,但这种影响受到治理

---

① 高永久,刘孝贤.西部边疆民族地区农村人居环境整治提升的现实价值与优化路径[J].民族学刊,2022,13(1):58-65.

② 张会吉,薛桂霞.少数民族地区农户人居环境治理参与行为的影响因素研究——基于黔东南州533个农户调研数据[J].干旱区资源与环境,2023,37(3):33-41.

结构、信息不对称等因素的制约。郑泽宇认为农村环境治理需要有效调度和运用村民之间约定俗成的乡村传统,吸纳农村社会资本、道德规范、村规民约等非正式规则的积极成分。①张新文等研究指出通过协商沟通、塑造共识、内外激励,构建主体信任、合作认同与集体行动的农村环境治理机制,以提升社会环境合作治理能力。②崔红志等探究了河南省加强财政投资的主要做法,分析了利用财政资金引导和激励多元主体参与人居环境整治的实践和成效,剖析了构建多元主体投入格局的过程中面临的主要困难。③

综上所述,学界对人居环境治理的本质、特点、影响因素等进行了广泛研究。尽管已有研究表明社会资本对农村环境治理有影响,但剖析社会资本与人居环境治理绩效之间的关联性研究主要集中在城市和部分农村地区,而专门关注贵州民族地区人居环境治理这一议题,并与村域社会资本联系的研究尚缺乏。而采用实地观察的研究方法可以提供更加科学规范的研究保障。因此,本研究旨在关注贵州民族村寨人居环境治理绩效与社会资本之间的关系。在社会资本概念界定、社会资本维度梳理的基础上收集数据,分析社会资本、社会分歧和社会能力在人居环境治理绩效中的直接效应与间接效应及其互动机制,可以为开展社会资本与人居环境治理机制研究奠定一定的理论基础,为促进贵州民族村寨人居环境治理水平提升,促进乡村社会治理现代化,加快和美乡村建设提供决策参考。

三、贵州民族村寨人居环境治理现状

本研究采纳普特南关于社会资本的三个关键特征——社会规范、社会网络和社会信任,结合调研收集资料,归纳形成社会规范、社会网络和社会信任不同侧重点的民族村寨人居环境治理模式。

(一)社会规范:政府主导治理模式

由于人居环境治理具有公共产品属性,长远的可持续发展要求政府作为主导角色进行治理,体现为政府积极投入资金、建立长效管护激励机制等,凸显以传统习俗

① 郑泽宇.农村环境简约治理:内涵机理和实践路径[J].学习与实践,2024(1):64-75.

② 张新文,冯林林.政社合作、结构嵌入与农村环境治理——基于D县H镇环境治理的案例考察[J].农村经济,2023(4):65-72.

③ 崔红志,张鸣鸣.农村人居环境整治的多元主体投入机制研究——以河南省为例[J].农村经济,2022(3):1-11.

和道德观念为依据,以社会政策制度为支点的社会规范嵌入乡村人居环境治理的特点。

XP村位于贵州省Q州D市南部,下辖8个村民小组11个自然寨,丘陵地形,面积14.22平方千米;居民618户,2619人,主要民族是布依族,占全村总人口95%以上,其他民族有汉族、水族和苗族等;耕地面积1942亩,其中水田1499亩,主产水稻、玉米,建有花卉基地1个;有幼儿园1所,敬老院1所;有国道、铁路穿境而过,组组通村级公路。该村在2021年7月,荣获D市先进基层党组织荣誉称号;2022年10月,荣获Q州2020—2021年文明村荣誉称号。2024年以来,该村坚持以创建乡村振兴示范村为总揽,以打造美丽宜居和崇文尚礼的和美乡村为目标,按照"五园一塘"总体思路,以点带面,全面推进乡村振兴示范村创建工作向纵深开展。

在人居环境治理中,该村形成了"政策宣传+严格考核+积分制管理"的治理模式。通过开展积分制管理,完善积分登记、积分兑换等制度提高村民参与人居环境治理的积极性。同时,村"两委"注重加强环境卫生管理的政策宣传,在全村范围开展野广告、乱贴乱画等不文明行为整治工作,探索建立"组务公开栏",及时督促村民改正不良行为。再有,形成了目标导向管理机制。该村依托人居环境整治项目积极开展污水整治,建立了村内的生活垃圾的"村收集—乡运转—县处理"垃圾处理转运体系,认真推进全村"厕所革命",完成厕所改造建设42户。切实改善农村生活环境,依托财政衔接资金项目、"一事一议"项目等不断完善道路、文化活动广场、照明路灯等基础设施建设。

该村目前的项目安排主要集中在聚落中心,未能充分向周边地区扩展。在这一治理模式下,几乎所有整治项目都依赖于政府的主导,而村委会则充当科层制权力执行的主要机构。这种治理方式往往面临政策执行和落实受决策者个人认知及行为偏好影响的风险。在对XP村进行调研时,研究人员发现村民在回答涉及环境卫生整治问题时,其看法在空间分布上呈现出明显的差异。在集聚区内,村民普遍认为乡村人居环境整治极大改善了村寨的面貌,提升了生活质量。然而,当调研触及离集聚区较远的村民时,村民们表达出不同的观点。有些村民表示:"现在修的这些道路,全靠关系,关系好的人享受的服务就会更多。连很多政策我们这些真正的相对贫困人口都难以获得,反倒是那些善于言辞的人得到了资源。"因此,仅依赖外部政府力量开展乡村人居环境治理,不仅将显著增加财政压力,而且效率难以保障。在这种情况下,实现真正的可持续治理,挖掘和释放村民的内在动能显得尤为重要。

(二)社会网络:多元共治治理模式

多元共治是一种以多主体协同为特征的治理模式,强调在治理实践中,政府、社会团体、企业以及居民等不同主体通过相互协作与配合,共同参与治理活动。该模式突破了单一治理主体的局限,充分整合各方资源与优势,形成一种多元化的治理格局,旨在实现治理效能的最大化。研究人员在调研中发现HB村的人居环境治理模式是这一模式的典型代表。

HB村位于MJ县东部,是一个以瑶族为主的少数民族聚居村,距MJ县城25千米,面积19平方千米。全村有30个村民小组14个自然寨(网格),共830户3291人,瑶族群众占94%以上。2018入选住房城乡建设部“中国传统村落”名录。

在乡村人居环境治理实践中,该村通过州政府、村委会、村民和企业等多元行动者之间建立的关系网络,有效推动了各项工程的实施,特别是在饮水工程和基础设施建设方面取得了显著成效。首先,该村成功引入了饮水管网的改造工程,以确保所有村民都能享有安全可靠的饮水供应。在这一过程中,村“两委”积极发起并鼓励党员、村民代表及乡贤的参与,通过集资的方式,完成了村内产业路的建设与完善,新建了产业路9.5千米,改扩建1千米。其次,村内文化设施的规划也同步推进,计划新建14个标准文化广场,确保每个自然寨均有开展文化活动的场所,从而丰富村民的文化生活。此外,针对污水治理,该村加快了各自然寨污水处理厂和污水管网的建设,全面加强农村生活垃圾、畜禽粪污和农业废弃物的收集与处理,建立健全了“户分类、村转运”的垃圾管理模式。同时,制定了相关的管理制度,强化了保洁员、护路员和护河员等公益性岗位的管理,确保了治理活动的持续有效。值得一提的是,村民通过个人的社会关系网络,动员了更广泛的参与,形成了一个强有力的行动者网络。在此背景下,“厕所革命”得以深入推进,HB村成功实施了578户农村改厕项目,实现了农村旱厕的彻底清零。

调研结果显示,HB村在推进人居环境治理维护任务中,有效实现了社会网络的通畅。这种通畅主要体现在垂直网络与水平网络两个方面。在垂直网络层面,HB村的村委会与上级部门之间建立了良好的沟通机制,确保信息在各个治理行动者之间顺利流通。随着人居环境治理活动的深化,沟通渠道的畅通极有利于对环境宜居化发展与乡村振兴等方面的问题进行有效协调,进而形成明确的责任分工和高效的反馈机制,避免以往因节点阻塞或流程不畅而导致的信息滞后和管理失效。这种良好的网络关系促进了人居环境治理的持续推进,为后续的维护管理打下了坚实基础。在水平网络层面,村委会内部及村民之间的沟通也得到了显著改善。随着人居环境治理中利益分配问题的明晰,村委会成员之间逐渐克服了以前的矛盾与隔阂,形成了更为融洽的协作氛围。这使得村民能够交换意见,达成共识,增强彼此的信任与合作。在这一过程中,村民的环保意识和参与能力得到了提升,他们在环境治理行动中的期待程度明显增强,从而避免了以往上下沟通不畅的现象,形成了上下协调、内外联动的良好局面。

(三)社会信任:连带效应治理模式

连带效应治理模式指基于社会信任的连带效应,即个体的信任行为能够激发其他个体的信任行为,从而形成一种正向的信任循环。在民族村寨人居环境治理中,村民之间的信任关系成为推动治理活动的重要动力,对于推动人居环境治理活动的顺利进行具有重要作用。YG村通过多种措施建立了社会信任,进而推动了环境治理的深化。

YG村位于LMG乡中部,距县城18千米,面积29.7平方千米,农田1180亩、耕地900亩。主要居住民族为布依族和水族,全村辖10个村民小组7个自然寨312户1211人(不含搬迁至XW社区的9户,34人)。YG村2022年被评为贵州省第四批乡村旅游重点村,2023年被评为贵州省乡村旅游与传统村落和少数民族特色村寨深度融合发展示范点。

为进一步加速农、文、旅融合,全力打造宜居宜业和美乡村,让更多游客共享和美乡村环境,YG村正式启动“三清三治”(清理垃圾、清理违建、清理家河,治理旱厕、治理污水、治理农田风貌)农村人居环境整治提升行动。具体实践做法有:设置村级保洁员公益性岗位12个,通过保洁员专门负责,群众志愿者广泛参与,加强环境卫生管理,各村保持环境干净、整洁,美化农村居住环境;加强秸秆禁烧宣传,落实环境保护网格化管理,每年开展宣传教育10多场(次);农村厕所改造方面,在全面推进“厕所革命”工作的基础上,该村通过引入中国人民保险公司购买“厕所”保险的方式,从每座厕所的奖补资金中留出30元作为保险费,保险期内厕所的维修事宜以及设备缺陷造成的第三者责任由保险公司负责,确保了户厕后期管护,实现了无害化厕所的长效性;建立完善网格化监管体系,形成县—乡镇—村—组的层层包干制度,同时完善督导机制,形成“每周一督查、每周一通报”督查常态化工作机制;完善村规民约和门前“三包”制度,引导村民自发开展村寨环境整治。

YG村通过设立村级保洁员公益性岗位、推广秸秆禁烧宣传、实施“厕所革命”保险制度等措施,建立了村民对治理活动的信任。这些措施不仅提高了治理效率,也增强了村民对村委会和政府政策的信任。一方面,保洁员作为环境卫生管理的专门负责人,通过与村民的日常互动,建立了良好的信任关系,促进了村民的广泛参与。在调研访谈中,村民A提到:“自从村里的保洁员小陈上任以来,我家的周边环境有了显著改善。小陈不仅定期清理垃圾,还会主动询问村民的需求和意见。小陈的认真负责让我对村里的环境卫生管理产生了信任,我也因此开始主动参与村寨清洁活动,比如定期清理自家门前的落叶和垃圾。”另一方面,YG村每年开展的环境保护宣传教育活动,提升了村民的环境保护意识,形成了村民自觉参与环境治理的良好氛围。村民B在接受访谈时表示:“我之前对环境保护没有太多认识,但是自从参加了村里组织的环保教育活动后,开始意识到环境保护的重要性。在一次关于垃圾分类的讲座中,我学会了如何正确对垃圾进行分类,并开始在家中实践。”村民B的改变不仅影响了他自己,还影响了他的家人和邻居,他们也开始更加注重环境保护。再有,该村实施的“厕所革命”保险制度,通过确保厕所的持续维护和长效性,进一步巩固了村民对治理活动的信任。村民C在接受访谈时表示:“村里的厕所改革让我感到非常放心。以前厕所坏了,我们不知道找谁修,现在有保险公司负责,我们放心多了,现在我更愿意参与到村里的其他治理活动中,因为我相信村委会能够解决我们的问题。”这种保险制度的实施,让村民感受到了村委会对他们的关心和承诺,增强了村民对治理活动的信任。

可见,通过保洁员与村民的互动、宣传教育活动的开展以及保险制度的实施,YG村成功建立了村民对村寨人居环境治理活动的信任,信任的连带效应激发了村民的参与热情。但值得注意的是在多元文化背景下,建立广泛的社会信任具有一定难度,而维护社会信任需要持续的努力和有效的监管机制保障,若资源分配不均,将会导致部分村民的感受和参与度不如其他村民,削弱其对治理活动的信任。

综上所述,不同模式的人居环境治理都面临一些困境,以社会规范为侧重点的政府主导治理基于科层制行政特点,能够迅速汇聚资源,快速执行,治理成效显著,但许多治理项目由于资金匮乏,持续性难以保障;而以社会网络为侧重点的多元共治实现了各治理主体的优势发挥,但“权责利”的平衡遇到挑战,治理主体间的关系变得更为复杂;以社会信任为侧重点的连带效应治理,激发了村民参与环境治理的热情,前提条件在于村民间形成良好的信任,但在多元文化背景下,建立广泛的社会信任具有一定难度,而维护社会信任需要有效的监管机制配套。这意味着,无论何种人居环境治理模式都要关注村寨发展,在获得政府支持的同时,也要获得村民的支持与信任。

四、社会资本对人居环境治理绩效的影响机制分析

乡村人居环境治理绩效受到多重因素影响,挖掘其直接影响因素和间接影响因素,对深入理解村域社会资本的影响效应具有重要意义。下文将在归纳梳理样本村寨社会资本现状基础上,从社会信任、社会网络、社会规范、社会互惠四个社会资本维度分析人居环境治理绩效的影响机制。研究者运用判断抽样方法,从贵州民族村寨名单中按照地区抽取11个民族村寨,采用简单随机抽样方法,每个村寨随机抽取30位村民,发放村民对贵州民族村寨人居环境治理绩效认知调查问卷,共收集问卷310份,剔除无效问卷8份,有效问卷为302份,问卷有效率为97.4%。

(一)贵州民族村寨社会资本现状

1.样本村寨社会信任现状

基于调研实际,本研究设置样本村民对村干部、同村村民、邻居以及亲戚的信任程度题项,以测量村民的社会信任水平。

表6-1 样本村寨社会信任统计

单位:%

题项	很不信任	不信任	一般	信任	十分信任
对村干部信任程度	1.63	2.61	44.44	33.99	17.32
对同村村民信任程度	1.31	3.92	47.06	33.66	14.05
对邻居信任程度	1.31	3.92	39.87	41.50	13.40
对亲戚信任程度	1.63	2.29	37.25	44.44	14.38

由表6-1可知,村民对村干部、同村村民、邻居以及亲戚的信任程度在“信任”选项的排序依次为:亲戚>邻居>村干部>同村村民;在“十分信任”选项结果中,排序靠前的为村干部和亲戚。可见,大部分村民对于亲戚的信任程度是相当高的。其中在对亲戚的信任程度选项中,选择“十分信任”的受访者达到14.38%,选择“信任”的受访者高达44.44%,这符合费孝通先生在《乡土中国》一书中提到的“血缘是稳定的力量,地缘不过是血缘的投影,不分离的”。调查样本中,大部分村民对邻居的信任程度比较高,说明血缘的投影是地缘。由此得出,“稳定的力量”的基础由农村社会血缘和地缘共同构筑,通过农村社会血缘和地缘培育良好的社会资本成为可能,这将有助于进

一步促进农村人居环境治理效率的提升。

统计结果显示，对村干部，33.99%村民表示信任，17.32%表示十分信任。村寨建设可通过增强村干部的透明度与服务意识，提升信任感，从而促进社会资本的进一步积累。

2.样本村寨社会网络现状

普特南指出，公民参与网络能够推动互动，并促进个人品德信息的传播。在其他条件相同的情况下，组织内成员的合作潜力与其交往及联系的深度密切相关，成员之间的联系越紧密、交流越频繁，便越能增加彼此之间的信任，从而为合作奠定更为坚实的基础。本研究选择维护本村集体利益的处理办法、参与村干部选举的积极性、对本村凝聚力状况的自我评价等指标作为衡量村寨社会网络现状的标准，上述指标值越高，表明该村社会网络越好。

在村民参加村里的集体活动统计结果中，有53.59%村民选择参与，46.41%村民选择不参与；由图6-2可知，在村民参与村干部选举的积极性测量中，很积极的占11.76%，积极的占37.91%，一般的占43.46%，表明村民对集体活动有一定的认同感。在访谈到选择不参与村干部选举的村民时，村民A表示"我觉得参与村干部选举需要腾出时间，我还要忙农活，没有时间去参加"，而村民B则认为"村干部选举活动就是那样的流程，少我的一票也不影响大局，故未参与"。可见，一部分参与村干部选举不太积极的村民都有自我价值观导向，这也反映出村干部选举等集体活动的设计丰富性及透明度、村民集体思想意识等一定程度上影响村民的参与积极性。测量村民积极主动关心村内事务程度的结果显示，村民积极主动关心村内事务的占42.48%，村民一般程度主动关心村内事务的占43.46%。村民对村内事务普遍关注，说明村民之间信息沟通良好，但是重视程度不够高，需要更有效的动员策略，以提升参与感与责任感。本村凝聚力情况统计结果显示，虽然有38.56%的村民认为本村凝聚力较好，但36.27%的村民认为凝聚力一般，可见在凝聚力提升方面仍需要关注。

总之，样本村寨的社会网络现状总体表现为中等水平。虽然村民对集体活动的参与较为积极，对村内事务较为关注，但在村干部选举的参与度以及对村寨凝聚力的评价中，与预期还有差距。村"两委"应当进一步增强村民的参与感与责任感，如提高活动吸引力、加强信息传播等，从而构建更为紧密的社会网络，为村寨的可持续发展奠定基础。

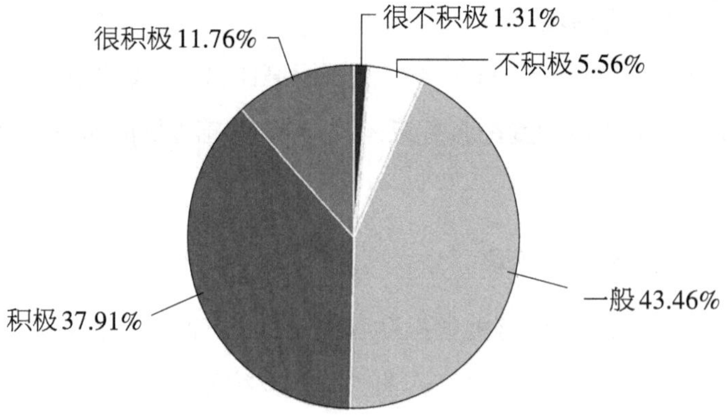

图 6-2 村民参与村干部选举的积极性情况统计

3. 样本村寨社会规范现状

在社区中,社会规范发挥着至关重要的作用,它不仅能够维持社区的秩序,还能有效促进成员之间的合作。社会网络内部所嵌入的"协议"(或规范)是信任得以建立的基础,同时也能有效抑制不当行为的发生。这些规范如同社区的"隐形契约",通过明确成员之间的行为准则,为社区的和谐发展提供了保障。它们在成员之间传递着一种默契,使得人们能够预期他人行为的合理性,从而建立起相互信任的关系。为深入探讨样本村寨的社会规范现状,研究者主要通过两个维度进行了分析:是否制定了"村规民约"以及遵守程度。指标值越高,表示村寨的社会规范状况越好。在本村有无制定"村规民约"的统计中,结果显示 90.09% 村寨有村规民约,而 9.91% 村寨无村规民约,可见绝大多数村民和村委会认识到了社会规范在调节邻里关系、维护公共利益方面的重要性。而村民遵守村规民约情况结果显示,有 48.37% 村民遵守村规民约的程度是一般,有 33.01% 村民遵守村规民约的程度是好,有 14.38% 村民遵守村规民约的程度是很好,数据结果表明村民对村规民约的认可程度良好,但是具体的践行还有待提高。

由此可见,样本村寨社会规范良好,但仍具提升空间。已有超过 90% 的村寨制定了"村规民约",这为村民提供了共同的行为准则,促进了社会信任的建立。然而,对于遵守程度评价为"很好"的占比不高,意味着未来在增强社会规范的有效性方面,村委会需要多考虑加强村规民约的宣传与教育,确保村民充分理解并积极践行相关规范,以构建更加和谐、信任的村寨社区环境。

4. 样本村寨社会互惠现状

在社会资本理论中,社会互惠指的是个体或社区通过相互协作与支持所建立的信任关系网络，并强调资源的共享，包括信息、知识、物资和情感上的帮助。在这一网络中，个体乐于分享自身的资源，并希望在未来获得类似的回报。本研究通过以下指标衡量样本村寨的社会互惠现状：村民在农忙季节和参与红白喜事时相互帮忙的频率，以及公共设施建设的参与程度。指标值越高，表明该村寨的社会互惠参与程度越高。

图6–3统计数据结果表明，样本村寨的村民在农忙时期的互助频率较高。具体来看，选择与同村村民或邻居间相互帮忙"有"和"经常有"的比例分别为41.18%和27.45%，相互帮忙频率高，这可能源于对集体利益的共同关注及相互依赖。在村里举行红白喜事时的相互帮忙上，统计数据显示，选择"积极"和"很积极"的村民比例分别为49.67%和28.76%。这反映了在重要社会活动中，村民愿意主动贡献自己的时间和资源，增强社区凝聚力与向心力。此外关于公共设施建设的参与情况，样本村寨在修路和水利设施建设等工程上的出工出力方面也表现出较高的参与积极性。其中选择"积极"和"很积极"的比例达到45.42%和18.95%，而选择"一般"的比例为32.03%。"积极"和"很积极"的比例合计达到64.37%，这表明村民在集体事务中具备高度责任感，并乐于为村寨发展付出努力。这些数据表明，村民在参与公共设施建设方面具有强烈的积极性。

综上所述，样本村寨在社会互惠方面展现出良好的现状。无论是在农忙季节、红白喜事，还是公共设施建设中，村民都表现出较强的互助意识和合作意愿。这种积极的社会互惠网络有助于增强村民间的信任关系，促进社区的稳定与发展。建议继续鼓励这种互助合作文化，并通过组织活动与培训，进一步增强村民的参与感和责任感，以推动更全面的村寨社区发展。

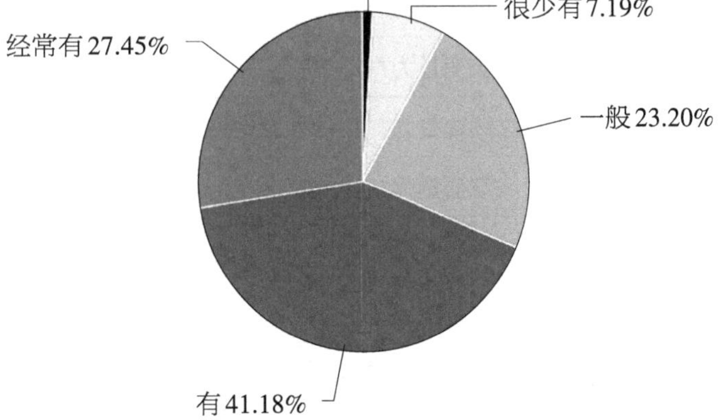

图6–3　样本村寨农忙时互惠参与状况统计

(二)人居环境治理绩效的影响机制分析

基于问卷调查收集到的调查数据,本研究建立基础回归模型分析数据得出估计结果,结合已有理论分析社会信任、社会互惠、社会网络及环境感知偏差对人居环境治理产生的影响。

1.变量测量及基础模型

(1)变量测量。

本研究的自变量为社会资本。基于前文关于社会资本的三个关键特征——社会网络、社会信任和社会规范,结合实际调研,将村域社会资本分解为社会信任、社会网络、社会规范、社会互惠4个维度变量,分别设计问卷题目进行测量。

本研究的因变量为贵州民族村寨人居环境治理绩效。通过村民感知到的政府部门的环境治理绩效的指标进行测量。结合已有相关文献,村寨人居环境治理绩效主要聚焦村民分别对河道、沟渠集中清理,生活污水集中处理,村寨公共厕所建设、改造、清理,村寨周边(道路、河道等)绿化带建设,生活垃圾集中收运等环境治理内容进行满意感知评价。

本研究的虚拟变量为村民性别、村民年龄、村民职业、村民受教育程度、村民家庭收入水平、村民所在地区。

对各变量的解释说明如表6-2所示。

表6-2 模型涉及变量解释表

变量名称	解释说明
环境治理绩效	从调查问卷获得。该变量为村民感知到的政府部门的环境治理绩效的指标,取值为:1~5。
社会信任avg	从调查问卷获得。该变量为村民的社会信任指标,取值为:1~5。
社会互惠avg	从调查问卷获得。该变量为村民的社会互惠指标,取值为:1~5。
社会网络avg	从调查问卷获得。该变量为村民的社会网络指标,取值为:1~5。
社会规范avg	从调查问卷获得。该变量为村民的社会规范指标,取值为:1~5。
是否有村规	0/1变量,0为没有村规,1为有村规。
社会规范交乘项	是否有村规与社会规范的交乘项。
治理必要性	从调查问卷获得。村民认为有治理的必要性,取值0为没有必要,1为有必要。
治理主动性	从调查问卷获得。村民自主承担治理责任的程度,取值为:1~4。

续表

变量名称	解释说明
治理必要性主动性	治理必要性与治理主动性的交乘项。
家庭人口数	从调查问卷获得。村民所在家庭的人口数量，取值为：1～5。
需治理方向感知偏差1	8项污染中，村民觉得应该治理的方向，每选一项为1分，取值为：0～8。
需治理方向感知偏差2	需治理方向感知偏差1除以8。
需治理方向感知偏差3	若需治理方向感知偏差2＞0，取值为1，若需治理方向感知偏差2＜0，取值为0。
农药危害感知偏差1	6项可能的危害中，村民觉得存在的危害，每选一项为1分，取值为：0～6。
农药危害感知偏差2	农药危害感知偏差1除以6。
农药危害感知偏差3	若农药危害感知偏差2＞0，取值为1，若农药危害感知偏差2＜0，取值为0。
生活垃圾危害感知偏差1	4项可能的危害中，村民觉得存在的危害，每选一项为1分，取值为：0～4。
生活垃圾危害感知偏差2	生活垃圾危害感知偏差1除以4。
生活垃圾危害感知偏差3	若生活垃圾危害感知偏差2＞0，取值为1，若生活垃圾危害感知偏差2＜0，取值为0。
调节效应1	农药危害感知偏差与社会信任的交乘项。
职业	虚拟变量，包括6种职业，其中职业4为商人，职业5为公职人员。
教育程度	虚拟变量，合计分成7个受教育程度。
家庭收入	虚拟变量，合计分成6个收入层次。
年龄	虚拟变量，合计分成5个年龄段。
性别	虚拟变量，男取值为1，女取值为0。
地区	虚拟变量，合计分成6个不同的地区。

（2）基础模型。

本研究采用逐步回归的方法逐步引入感知偏差和调节效应1。基础模型设置如下：

环境治理绩效＝α_{11}社会信任avg+α_{12}社会互惠avg+α_{13}社会网络avg+α_{14}社会规范交乘项+α_{15}治理必要性主动性+α_{16}控制变量+ε_{17}

引入感知偏差后,模型设置如下:

环境治理绩效=α_{21}社会信任avg+α_{22}社会互惠avg+α_{23}社会网络avg+α_{24}社会规范交乘项+α_{25}治理必要性主动性+α_{26}需治理方向感知偏差3+α_{27}农药危害感知偏差3+α_{28}生活垃圾危害感知偏差3+α_{29}控制变量+ε_{210}

引入调节效应1后,模型设置如下:

环境治理绩效=∂_{31}社会信任avg+∂_{32}社会互惠avg+∂_{33}社会网络avg+∂_{34}社会规范交乘项+∂_{35}治理必要性主动性+∂_{36}需治理方向感知偏差3+∂_{37}农药危害感知偏差3+∂_{38}生活垃圾危害感知偏差3+∂_{39}调节效应1+∂_{310}控制变量+ε_{311}

2.逐步回归估计结果

估计结果如表6-3所示。其中m1列为基础模型的估计结果,m2为在m1的基础上引入感知偏差后得到的估计结果,m3为在m2的基础上剔除地区1(贵阳)的样本后得到的估计结果,m4为在m3的基础上引入调节效应1后得到的估计结果。

表6-3　逐步回归估计结果

变量	m1	m2	m3	m4
社会信任avg	0.144**	0.141**	0.151**	0.0261
	−0.067	−0.0696	−0.0727	−0.0807
社会互惠avg	0.307***	0.307***	0.281***	0.296***
	−0.0896	−0.0904	−0.095	−0.0917
社会网络avg	0.327***	0.329***	0.312**	0.323***
	−0.12	−0.12	−0.123	−0.123
社会规范交乘项	0.0643**	0.0651**	0.0566*	0.0502*
	−0.028	−0.0281	−0.029	−0.0288
治理必要性主动性	−0.0557	−0.0561	−0.036	−0.036
	−0.0465	−0.0472	−0.0515	−0.0502
家庭人口数	−0.0311	−0.03	−0.03	−0.0278
	−0.0287	−0.0291	−0.0311	−0.0307
需治理方向感知偏差3	—	0.0384	0.0344	0.0407
	—	−0.075	−0.0795	−0.0778
农药危害感知偏差3	—	−0.134*	−0.182**	−1.121***
	—	−0.0811	−0.0779	−0.321

续表

变量	m1	m2	m3	m4
生活垃圾危害感知偏差3	—	0.0929	0.108	0.0988
	—	-0.0858	-0.0834	-0.0826
调节效应1	—	—	—	0.259***
	—	—	—	-0.0866
职业2	-0.0123	-0.0236	-0.0188	0.0158
	-0.223	-0.236	-0.24	-0.233
职业3	0.117	0.151	0.149	0.169*
	-0.0905	-0.0928	-0.0976	-0.0967
职业4	0.292*	0.333*	0.316*	0.338*
	-0.169	-0.172	-0.174	-0.173
职业5	0.472***	0.486***	0.405***	0.447***
	-0.142	-0.143	-0.151	-0.15
职业6	-0.122	-0.0859	-0.0909	-0.0566
	-0.139	-0.145	-0.149	-0.149
教育程度	YES	YES	YES	YES
家庭收入	YES	YES	YES	YES
年龄	YES	YES	YES	YES
性别	YES	YES	YES	YES
地区	YES	YES	YES	YES
Observations	302	302	283	283
R-squared	0.492	0.497	0.472	0.485

（1）社会信任方面。表6-3的估计结果显示，在所有模型中，社会信任均与村民感知到的人居环境治理绩效存在显著的正相关关系，即随着村民对村委会、村干部、村民、邻居和亲戚的信任程度越高，其感知到的人居环境治理绩效就越高。这是由于社会信任能促进村民在村干部或组织的监督下自愿参与人居环境治理，村民间相互信任能增强沟通合作，环保政策的传递也随之畅通，从而促进个人或组织根据政策采取集体环保行为。

（2）社会互惠方面。表6-3的估计结果显示，在所有模型中，社会互惠均与村民感知到的人居环境治理绩效存在显著的正相关关系。这表明在村寨内互惠关系良好或互惠的集体行动越多时，村民感知到的人居环境治理绩效就越高。由于作为良好社会关系的基础——社会互惠水平越高，则村民之间积极相互帮助或参加村寨集体活动决策越多，从而减少人居环境治理的“搭便车”行为出现。村民在高互助互惠环境下不参与互惠容易产生“负债感”，在这一心理驱使下，反而增强了村民参与人居环境治理的责任感，从而提升村寨人居环境治理绩效。

（3）社会网络方面。表6-3的估计结果显示，在所有模型中，社会网络均与村民感知到的人居环境治理绩效存在显著的正相关关系。多元共治是提升环境治理能力和水平的关键因素，而社会网络能够有效促进居民参与环境治理。这是因为强有力的社会网络可以推动信息的广泛传播，进而增强村民对人居环境治理效果的感知。

（4）社会规范方面。表6-3的估计结果显示，在所有模型中，社会规范均与村民感知到的人居环境治理绩效存在显著的正相关关系。这显示出社会规范对人居环境治理支持的重要性，也表明村寨建立内部认可的行为标准有利于增强村民的环保意识。

（5）感知偏差方面。表6-3的估计结果显示，在剔除地区1的样本后，m3和m4均表明，农药危害感知偏差与村民感知到的人居环境治理绩效存在5%水平显著的负相关关系。这说明农药危害感知偏差越大，村民感知到的人居环境治理绩效就越低。同时，根据m4的估计结果，社会信任作为调节变量又会削弱农药危害感知的负面效应。

（6）虚拟变量方面。虽然家庭收入、年龄和教育程度等人口统计变量在本研究中表现出相对不显著的影响，但地区不同的村民对人居环境治理绩效感知存在不同程度的偏差。尤其在民族村寨，由于不同民族的风俗习惯、价值观等有差异，感知程度会有偏差。

3.影响机制分析

2024年7月召开的党的二十届三中全会，明确指出要全面提高城乡规划、建设、治理融合水平，促进城乡共同繁荣发展。而乡村人居环境治理是促进城乡融合发展的基础，对推动中国式环境治理现代化建设意义重大。本研究基于贵州民族村寨的现实情境，结合典型案例从社会规范和社会网络两个维度分析贵州民族村寨人居环境治理的政府主导治理模式和多元共治模式的现状；通过建立回归分析模型，识别社会资本对人居环境治理绩效的影响机制。主要研究结论如下：

（1）社会资本总体上对民族村寨人居环境治理绩效产生了显著正向影响，即社会信任、社会互惠、社会网络、社会规范及环境感知偏差对绩效感知均有显著影响。这为理解民族村寨社区在环境治理效果上的差异提供了有力的基础。

(2)社会信任是影响村民对人居环境治理绩效感知的关键因素。高水平的信任度使村民更易参与政府开展的环保行动,这是由于河道治理、垃圾收集处理等的实施效果与样本村民的主观行动有很大关系,如果村民对于村委会、村干部的信任程度较高,那么村民对于政府开展的环境治理工作和推出的环境保护政策也会更加信任,进而促使村民自觉地配合相关环境治理工作。因此,为提升人居环境治理的效果,政府应采取措施增强透明度,定期与村民进行沟通,建立信任关系。

(3)良好的社会互惠关系显著提升了村民的人居环境治理绩效感知,是影响村民对人居环境治理绩效感知的促进因素。社会互惠关系的强化改善了村民之间的合作与支持,使村民更愿意主动参与公共环境维护活动。村民在公共事务参与过程中,提升了相互信任度,而共同参与村寨发展建设,促进了村寨社会凝聚力提升,最终促进人居环境治理工作持续推进。可见,政策制定者关注组织社区志愿活动和环保项目开展,将有助于促进这些互惠关系,以增强村民的共同体意识和参与感。

(4)强大的社会网络对村民的人居环境治理绩效感知具有重要影响。社会网络的健全为村民提供了获取环保信息和资源的渠道,增强了其对人居环境问题的关注。这表明,政策制定者应注重通过社区平台和社交媒体加强与村民的联系,促进信息共享与交流,以更好地提升人居环境治理的整体效能。

(5)感知偏差的影响需要重视。回归估计结果显示村民对农药等环境危害的感知偏差对他们人居环境治理绩效感知产生了显著的负面影响。这是由于村民对农药使用效益与潜在危害的认知偏差可能导致其对政府治理措施的不满,影响其对政府的信任。这一发现强调了环境教育的重要性,政府应加强对农药安全使用以及垃圾分类处理的宣传,提升村民的科学认知,纠正他们的感知偏差。

五、提升贵州民族村寨人居环境治理绩效策略

在贵州民族村寨人居环境治理实践中,研究人员发现多元共治有利于各治理主体的优势发挥,但“权责利”的平衡遇到挑战,而政府主导治理由于资金匮乏,持续性难以保障。最终村民对村寨人居环境治理绩效的感知偏差需要社会信任作为调节变量来削弱感知偏差带来的负面效应。因此,贵州民族村寨人居环境治理关键在于构建与村域社会资本相匹配的治理路径。

(一)加强社会组织网络建设

社会力量在乡村人居环境治理中扮演着重要角色,因此应形成包括政府、市场主体、村集体及村民在内的多方共建共管格局,以促进参与主体之间的协调。

首先,政府应发挥主导作用,引入成熟的企业主体参与村寨环境卫生治理。通过政府与社会资本的合作模式,调动社会力量参与市场化程度高、投资收益良好的环境整治项目,并为企业在技术、资金、人员及收益等方面提供政策支持。

其次,需要提升村民对社会组织的认同感。村民通过浏览信息化平台关于社会组织的信息,将会更好地理解社会组织。社会组织同时可吸引不同领域专业技术人才加入,增强自身的专业性。

再次,加强对农业合作社的建设,打造专业化的农业合作社管理团队,重构农业合作社的产业结构,拓展农业合作社自由发展、社员自治管理的空间。在民族节日时点,设计形式多样的民族村寨活动,例如三都水族自治县举办的“村马”将比赛与水族的端节连接起来,形成村民之间、村民与政府之间充分沟通的桥梁。这不仅增强了村民间的信任感,还提升了民族村寨的凝聚力,使村民更好地理解政策,从而更愿意参加环保行动。

(二)增强人居环境治理意识

增强村民人居环境治理意识可以从多个方面入手。

首先,需加大农村人居环境治理制度的宣传力度。将关于农村人居环境治理的政策文件编制成村民喜闻乐见的内容进行宣讲宣传,以增强村民对农村人居环境治理是建设和美乡村的重要环节。通过宣传,形成“村里事,就是我家事”的良好氛围,把农村人居环境治理提升到共同的社会责任和实现公共价值的高度。尤其是党员同志要躬身入局,担负起改变乡村面貌的职责,起到表率作用。

其次,多主体协同联动建立线上信息共享治理平台。建立责任制度,明确相关部门的职责权限,将日常环境整治工作常态化推进。建立线上信息共享治理平台,及时追踪人居环境治理成效及进展,形成反馈机制,促进人居环境治理规划决策的科学化、民主化。周期性收集村民关于人居环境治理的意见,畅通村“两委”与村民、社会组织的交流途径,吸引更多不同社会组织参与建言献策。此外,开展丰富多彩的村寨文化活动吸引村民参与,增进村民之间的了解与相互交流,从而提升村民间的信任度,增进村民对村集体的归属感,从而提高其参与人居环境治理等公共事务的积极性。

（三）建立人居环境治理规范秩序

一方面，应加强常态化监督的实施。针对村民的异议，需建立有效的治理监督考核工作保障制度，提升人居环境治理规章与程序的规范化、透明化，例如在村寨人居环境治理项目引进与实施过程中，在招录聘用保洁工作人员的各环节中，必须严格遵循“四议两公开”的原则。同时，应鼓励社会媒体和广大群众对人居环境治理中的问题进行曝光，并积极提出合理的建议与意见。另一方面，村级激励督促机制构建同样重要。通过“积分制+打分制”，组织各村村民开展环境卫生评比，现场进行打分评选，总结一个季度的村寨人居环境治理成效并进行考核奖罚。充分发挥村民自我管理服务网络，村“两委”通过多渠道多方式引导村民将村委会制定的规章及村规民约内化于心，践行于实际的日常环境卫生管理活动中，从而激活村寨内在的治理潜力。

此外，组建村民自我督促队伍，形成常态化的日常维护监管模式。通过定期召开村民代表大会，共同制定规范以增强村民自觉遵守规定的意识。为提升村民自我督促积极性，可以设置“红黑榜”“积分制”等奖惩机制，引导村民积极表现，使乡村人居环境治理深入民心。组建村民督促队伍，由村里道德品质佳、工作责任心强的村民组成，定期协助村“两委”对村寨人居环境治理进行监督管理。

（四）建立人居环境治理资源保障长效机制

研究发现，社会资本与人力资本之间存在显著的正相关关系。①这一正相关关系在民族村寨地区尤为明显，优秀的人力资本能够产生正向示范效应，有效促进社会资本的发展，提升村寨社会资本的存量和质量。但是乡村普遍缺乏高素质的各类人才。一些乡村虽然拥有素质良好的人力资源，但是人才资源数量不足。这难以促进乡村治理各项事务的可持续发展，也导致人居环境治理目标难以实现。

因此，提高村干部的素质水平是关键。地方政府有关部门可组织举办村干部能力培训班，组织涵盖新管理思想、新案例经验的培训课程，切实提高村寨管理队伍的专业水平。制定村干部考核标准，明确工作职责任务，树立为人民服务思想，把为村民排忧解难放在第一位。通过人才引进政策，吸引高素质优秀乡村人才回乡创业，参与村寨事务管理。培育党的基层后备干部，优化村寨管理队伍人员结构。

此外，农村人居环境治理是一项复杂工程，需要专业知识和各项治理工具，资金到位与否是影响治理工作开展进度的重要因素。村“两委”应积极与上级有关部门沟

① 张林，邹迎香，刘秋伶．数字普惠金融何以缓解农户相对贫困——来自中西部地区1062份农户的微观证据[J]．农村金融研究，2023(7)：49-64.

通协调,获得资金支持。首先,乡镇政府做好每年村寨人居环境治理的预算规划,加大对村寨专项环境治理资金投入力度。其次,以发展农业产业化为基础,完善村寨基础设施建设,通过农村产业结构调整,引入生态农业与农文旅产业项目,发展集体经济,为村寨人居环境治理奠定经济基础。再次,关注乡贤会建设,倡导杰出乡贤回乡,参与建设。

六、结语及展望

本研究为运用社会资本理论了解不同民族文化背景下贵州民族村寨人居环境治理的有效性提供了实证证据,所建立的模型可以扩展至其他村寨的人居环境治理实证研究中。

未来的研究应关注这些变量在多元化村寨中的影响,探索如何利用不同文化和社会结构来提升环境治理的有效性。需要注意的是,由于问卷调查的限制,本研究的小样本量可能对结果的普遍性产生影响。此外,抽样过程中的偏差以及未考虑社会资本随时间演变的延续性,可能对环境治理绩效产生影响。因此,在未来的研究中,结合面板数据,增加模型考虑的因素,可以增强模型的可解释性,并深入分析社会资本在不同时间和背景下对环境治理绩效的影响机制。在进一步的研究中,考虑采用更大样本量和多样的数据收集方法,以获得更坚实的理论基础和实证支持,为优化农村人居环境治理提供更充分的依据。

本研究表明,在贵州省不同民族村寨中,村民在社会信任、社会网络、社会规范、社会互惠感知方面仍存在差距。在贵州民族村寨人居环境治理绩效感知上,社会信任是影响村民对人居环境治理绩效感知的关键因素,这表明我们需要提高村民对政府的信任度来提高人居环境治理绩效感知度。良好的社会互惠关系是影响村民对人居环境治理绩效感知的促进因素,这表明在村域社会资本中的社会互惠关系和人居环境治理绩效关系方面还有待进一步研究,政策制定者如何通过组织社区志愿活动和环保项目,来促进这些互惠关系,以增强村民的共同体意识和参与感,是值得进一步思考的问题。

第三节

国外乡村人居环境治理的经验借鉴

本节以韩国为例阐述国外乡村人居环境治理的经验。韩国乡村人居环境治理以生态理念为核心，构建了绿色治理范式，注重多元主体协同合作、文化传承与融合、科技创新赋能以及长效激励机制的建立，提升了乡村的生态环境质量和居住条件。韩国的经验为中国乡村人居环境治理提供了多维度的参考，包括生态保护、共同治理与共享成果、文化遗产保护与传承、科技应用以及持续激励等方面。

一、生态理念引领：构建绿色治理范式

在韩国的乡村治理政策中，政府始终将生态保护视为至关重要的任务。一系列生态治理措施的实施，使韩国乡村的生态环境质量得到了显著提升。根据联合国粮食及农业组织的数据，2020年，韩国的森林覆盖率已达到64.5%，在全球排名第20位，许多乡村的森林覆盖率甚至超过了70%。在乡村道路建设方面，韩国优先选择生态友好的材料和工艺，例如透水性混凝土和生态砖，以减少对自然环境的破坏。同时，通过扩大绿化面积，种植本土植物和花卉，提升了乡村景观的生态价值。例如，在一些乡村的主干道两侧，种植了整齐的樱花树，不仅美化了道路，还为村民和游客提供了休闲散步的理想场所。

韩国乡村还大力推广生态污水处理技术，如人工湿地处理系统。通过建设人工湿地，利用水生植物和微生物等自然元素对污水进行净化，有效解决了乡村生活污水的处理难题。据统计，采用人工湿地处理系统的乡村，污水净化率可达到90%以上。例如，在韩国庆尚南道的某个乡村，建设了一座占地约1000平方米的人工湿地，每天可处理约50吨生活污水，处理后的水质达到国家排放标准，可用于周边农田灌溉，实现了水资源的循环利用。

韩国还积极鼓励乡村发展可再生能源,如太阳能和风能。在一些乡村,太阳能光伏板的安装满足了村民的日常用电需求。同时,推广使用沼气能源,将农村废弃物转化为清洁能源,既解决了废弃物处理问题,又为村民提供了清洁能源。韩国全罗南道的某个乡村,建立了一座沼气发电站,每天可处理约10吨农村废弃物,产生约200立方米沼气,用于发电和村民的炊事用气,每年可减少二氧化碳排放约100吨。

韩国乡村人居环境治理的绿色模式,在生态理念的指导下,在基础设施建设、污水处理、能源利用等方面取得了一定成效,实现了乡村生态与居住环境的和谐共生。这启发我国在吸收韩国经验的同时,结合自身实际情况,重视生态保护,持续改善乡村人居环境,推动乡村的可持续发展。

二、多元主体协同:形成共治格局

韩国乡村人居环境治理成就的背后是众多利益相关者的共同协作。政府、企业、社会组织和村民等各方力量的有效整合,形成了强大的治理合力,为乡村人居环境的不断优化提供了坚实保障。

首先,韩国政府通过颁布系列措施,明确划分了各方的职责和义务,并构建了中央与地方、官方与非官方组织之间的沟通与合作平台,从而为农村振兴提供了坚实的法律与制度保障,确保了合作的一致性和效能。在推动新农村建设的进程中,政府作为推动者和协调者,设立了如农村振兴厅等专业机构,负责统筹规划和发展农村振兴项目。政府还将新农村建设的成效纳入地方政府的工作绩效评估,通过考核机制激励地方政府积极参与和支持。同时,政府显著提升了农业和农村的财政投入,通过体制改革和机制创新,确保了资金的高效运用。为了直接扶持农民,政府采取了一系列实际举措,稳定了农民的收入。

其次,企业在乡村基础设施和产业发展的过程中扮演着重要的角色,为环境治理提供了必需的资金和技术支持。韩国政府积极倡导企业采用公私合作模式(PPP)参与到乡村振兴项目中来。例如,政府在推行治愈农业、回归乡村与本土美食等政策时,得到了社会各界的积极响应和参与。治愈农业旨在通过农业活动促进身心健康,吸引了众多城市居民重返乡村;回归乡村政策则鼓励城市人口向农村迁移,助力农村人口的增长;而本土美食政策则通过推广地方特色食品,提升了农村经济的活力。政府还将一些项目的运营管理权交给企业,通过承包经营协议,项目收益直接惠及村民,这不仅提高了治理效率,也增强了村民的参与感和责任感,同时为企业带来了经济收益。

再次,社会组织在动员村民参与、监督治理进程等方面发挥了至关重要的作用。如新村研修院定期举办培训,提升村庄领导者的领导力和管理技巧。农村振兴厅和农协等机构致力于推广农业科技,对村民进行生产技术和技能的培训,帮助他们掌握现代化的农业技术和管理模式。各村庄普遍设立由村主任和当地杰出农民组成的村庄发展委员会,负责组织村民共同商讨和规划村庄发展方向。这些委员会通过民主决策和集体行动,确保了村民的广泛参与和意见的充分表达。社会组织在监督治理过程中的作用同样不可小觑。

三、文化传承融合:形成独特的文化内核

韩国在乡村人居环境治理中,高度重视传统文化的传承与融合,将文化元素融入人居环境建设,形成了独特的文化内核。

韩国采纳了一系列战略举措,以维护与复兴乡村地域的古老建筑与民俗文化等无形文化遗产。在相关指导性文件中,政府明确提出古建筑的保护与修缮是乡村管理的关键环节,为激发村民踊跃投入这一进程,政府提供了经济补贴,激励村民对古建筑进行修缮与改造。政府设立了“古村保护专项基金”,向村民提供优惠贷款及技术援助,助力他们修复老宅与古建筑,从而使众多濒临崩塌的古建筑得到了有效保护与合理利用。

与此同时,政府高度关注无形文化遗产的传承,积极主动策划传统民俗文化的传承活动,如定期举办传统节日庆典与民俗表演,以此强化村民对传统文化的认同与归属感。在农历新年、中秋节等传统节日,乡村举行各类庆祝活动,包括传统的农乐舞、射箭竞技、美食烹饪等。这些活动在吸引众多游客参观的的同时,推动了乡村旅游的繁荣。

在保护与修缮古建筑的过程中,韩国特别强调保留古建筑的风格与特色,并适度融合现代设计元素,以适应现代生活的需求。数据显示,韩国超过50%的乡村已完成古建筑的修缮与现代化改造,一些旧式茅草屋被改造成配备现代设施的民宿,既保留了古建筑的外观风貌,又满足了现代生活的舒适需求,为乡村经济的振兴注入了生机。

为深化村民对传统文化的认知与情感纽带,韩国通过全面的教育培训体系,提升村民的文化修养。新村学院负责组织全国范围的村落辅导员进行专业培训,培训内

容涉及传统文化的保护与传承技巧。这些辅导员完成培训后,返回各自村落,引导村民开展各类文化活动,如传统手工艺制作、民间故事讲述等,确保传统文化得以广泛传播。农村振兴厅、农协等机构也积极参与相关培训活动,旨在普及传统文化知识,提高村民的文化水平。这些机构不仅提供培训资源,还通过多渠道宣传传统文化的重要性与价值。

四、科技赋能创新:形成智慧治理路径

韩国通过深度融合现代科技,对乡村人居环境进行革新式治理,显著提升了治理的科学化与精确度,为中国乡村人居环境治理提供了智能化转型的借鉴。

韩国政府采纳前沿科技于环境监控、废物管理、能源优化等领域,在乡村广泛部署智能监测设备,对空气、水质、土壤等关键环境参数进行实时监控。如在乡村主要道路两侧安装的空气质量传感器,能即时检测$PM_{2.5}$、PM_{10}等污染物浓度,并通过移动应用向村民及相关部门提供预警,依托大数据分析,迅速识别并处理环境问题,某些乡村通过数据分析识别出特定区域的水质污染,并迅速采取措施予以整治。同时,推广智能垃圾分类系统,借助大数据和人工智能技术,大幅提升了分类的精确度和效率。韩国乡村的垃圾分类准确率已超过80%,通过技术手段促进废物资源化利用,如某些乡村设立回收站,对可回收垃圾进行分类处理,转化为宝贵资源。

韩国倡导乡村发展可持续能源,如太阳能和风能,部分乡村安装了太阳能光伏板,满足村民日常生活用电需求,推广沼气能源,将农村废弃物转化为清洁能源。

总结韩国乡村人居环境治理的智慧模式可发现,其主要是依赖现代科技手段,确保了治理的科学性与精确性。

五、长效激励机制:注入持续动力

韩国在推动乡村人居环境治理方面,构建了一套全面且长效的激励机制,有效地激发了广大村民积极参与其中的热情。这套机制不仅包括财政补贴和税收优惠等经济激励措施,还涵盖了精神层面的荣誉激励,形成了良好的社会治理氛围,为中国乡村治理提供了宝贵的经验借鉴。

在财政补贴方面,韩国政府根据各村的实际需求,提供了不同形式的资金支持。例如,对于那些需要改善饮用水安全、污水处理设施以及道路状况的村庄,政府会给

予一定比例的建设资金补助。同时,为了促进农村经济的发展,政府还特别设立了农业发展基金,用以支持农民开展高效种植养殖项目,提高农产品的质量和产量,从而间接促进了农村环境的改善。在税收优惠上,韩国政府采取了多种措施减轻农民负担,激发他们的积极性。比如,采用环境友好型农业生产方式(如有机耕作)的农户,可以享受更低的企业所得税率;而投资绿色能源项目的农村企业,则有机会获得长达数年的免税期。

除了直接的经济激励外,韩国还非常重视精神层面的激励作用。为此,韩国建立了一整套完善的荣誉制度,定期评选出在乡村人居环境治理工作中做出突出贡献的个人和团体,并通过媒体广泛报道他们的事迹,以此来增强获奖者的社会地位和影响力。同时,韩国每年还会举办全国性的"美丽乡村"评选活动,评选结果不仅能够带来经济上的收益,更重要的是为当地带来了极高的知名度和美誉度,进一步激发了其他地区效仿学习的热情。

可见激励措施不仅为韩国乡村创造了更加优美和谐的生活环境,也极大地提升了村民对于家乡的归属感和自豪感,形成了良好的社会治理氛围。

第四节
我国乡村人居环境治理的实践与创新

本节通过介绍浙江省和江西省在乡村人居环境治理中的实践做法,结合中国的实际情况,分析乡村人居环境治理实践与创新呈现出的特点。

一、浙江省乡村人居环境治理实践与创新

2019年中共中央办公厅、国务院办公厅转发《中央农办、农业农村部、国家发展改革委关于深入学习浙江“千村示范、万村整治”工程经验扎实推进农村人居环境整治工作的报告》,要求各地认真学习并有效借鉴浙江经验。

2003年,浙江省启动了以改善乡村环境为重点的“千村示范、万村整治”工程。多年来,浙江省始终遵循既定战略,从道路硬化、路灯亮化、卫生洁化、村庄绿化和河道净化等方面入手,逐步扩展到面源污染治理、农房改造、历史文化村落保护、农村公共服务设施建设、乡村产业发展以及乡风文明与乡村治理等多个领域,推动全省乡村面貌发生了全面且历史性的变革。

浙江省通过持续改善农村人居环境,建立健全跨行政区域协管机制,实现了农村生活污水治理行政村覆盖率和处理设施出水水质达标率分别达到95%和92%。同时,推进了10万栋农房宜居改造、1000个行政村电力通信等管线序化、2000个行政村村内道路提升,实施村庄有机更新,加强历史文化村落保护利用,深化老屋复兴计划,修缮改造和活化利用传统民居1000栋,建设“一村万树”村200个,乡村生活品质得到了显著提高。①

浙江省在垃圾处理方面,通过垃圾分类、资源化利用等措施,使农村生活垃圾得

① 浙江省委省政府印发《关于坚持和深化新时代“千万工程”打造乡村全面振兴浙江样板2024年工作要点》的通知[EB/OL].(2024-04-17)[2025-03-01].https://nynct.zj.gov.cn/art/2024/4/17/art_1229557686_2517940.html.

到了有效处理，村庄更加整洁美观。在污水治理方面，建设了更多的污水处理设施，提高了污水处理能力，有效减少了水体污染。在厕所革命方面，大力推广无害化卫生厕所，农村卫生条件和居民生活质量得到了显著改善。此外，浙江省还通过加强村庄风貌管控、迭代升级美丽田园等措施，提升了乡村的整体面貌和生态环境质量。这些成效不仅改善了农村居民的生活条件，也为乡村振兴和城乡融合发展奠定了坚实基础。

浙江省乡村人居环境治理的成效显著，主要得益于以下几点：

一是坚持“一把手”亲力亲为，做好顶层设计。浙江省始终坚持人民至上的发展理念，由党政主要领导亲自负责，确保农村人居环境整治工作高效实施。习近平总书记主政浙江期间，亲自调研、部署并推动“千万工程”，并每年出席全省“千万工程”现场会，强调地方党政主要领导要亲自关注“千万工程”中的关键问题。

二是构建协同治理体系。在党委和政府的领导下，浙江省形成了由职能部门负责、镇村具体实施、多方共同参与的工作推进模式。围绕目标实施，浙江省先后创新了河长制、路长制、林长制、田长制等，并建立了自上而下的行政问责机制。浙江省注重规划与实际建设的平衡，结合专业人员和农民意见，编制城乡一体和因村制宜的村庄布局及建设规划，建立了完善的工作协商协作机制，强调条块结合、各司其职、密切配合，突出规划层面的衔接，引导业务部门协调联动。

三是广泛动员群众积极参与。浙江省坚持从民需出发，强调农民的主体地位，确保乡村建设符合农民利益，尊重村民意愿，激发村民内生动力，保障村民的知情权、参与权、表达权和监督权，通过广泛的宣传教育，使“绿水青山就是金山银山”的理念深入人心，成为推进“千万工程”的自觉行动。在实际工作中，浙江省形成了以村规民约、百姓议事会、乡贤参事会、百姓参政团、道德评判团、百事服务团为载体的村民自治体系，发挥村规民约的引导和约束作用，实现村民的自我管理、自我监督和自我服务。

四是主动引入市场激励机制。浙江省积极引入市场机制，激发社会力量参与农村人居环境整治，通过政府与社会资本合作等模式，鼓励社会力量参与投资收益好、市场化程度高的农村人居环境基础设施建设和运行管护项目，建立技术帮扶机制，深入开展技术下乡活动，推动农村易腐垃圾等资源化利用工艺的研究，促进资源化技术集成和科研项目成果的转化。

二、江西省乡村人居环境治理实践与创新

江西省以乡村振兴战略为指引,将农村人居环境整治视为乡村振兴的开篇之战及打造美丽中国"江西版图"的基石工程,省委书记、省长亲自领衔、部署推进,致力于强化短板、提升管理、促进振兴。数据统计显示,江西省99.56%的行政村已融入城乡生活垃圾收运处置一体化体系,82个县(市、区)采用全域第三方治理模式,市场化治理垃圾比例高达87%;农村卫生厕所普及率升至94.09%;累计建成农村污水处理设施5778座,污水治理率稳步上升;连续三年获得国务院督查激励。以下是江西省的主要实践经验:

一是分步分类有序推进。针对农村垃圾处理、厕所粪污、污水处理及村容村貌提升,江西省试点先行,全面推进,加速填补农村人居环境短板,实行省、市、县三级共同推进的整治模式。重视省级示范村点的建设,每村点投入财政专项补助资金30万,省、市、县分别承担15万元、6万元、9万元。注重配套公共服务,根据实际情况为中心村提供"8+4"公共服务项目,便利农民生活。

二是完善制度规章与标准体系。江西省健全了村庄清洁、农村生活污水垃圾处理、农村卫生厕所管理等制度,持续完善农村人居环境相关地方标准和技术规范,加快构建农村人居环境相关领域设施设备、建设验收、运行管护、监测评估、管理服务等标准体系,加强标准宣传和培训,提升干部群众、市场主体等依标准行事的能力,引导各地建立"五定包干"村庄环境常态化长效管护机制。2019年,江西省发布《关于加快建立"五定包干"村庄环境常态化长效管护机制并监督实施的指导意见》,按照"五定"(定管护范围、定管护标准、定管护责任、定管护经费、定奖惩考核)的要求,压实各级责任。

三是强化工作考核。江西省把改善农村人居环境作为实施乡村振兴战略实绩考核的重要内容,将农村人居环境整治提升列入乡村振兴的重点督查检查计划。制定完善考核验收标准和办法,到2025年底以县为单位进行检查验收,检查结果与相关支持政策直接挂钩。建立完善群众广泛参与监督农村人居环境的长效机制,对农村人居环境改善成效明显的地方进行通报表扬。

四是将环境整治与产业发展紧密结合起来。通过全面协调和推动生活垃圾处理、污水处置以及厕所改革等多个专项措施,实现了乡村产业发展和文明乡风建设的有机融合。以江西省鹰潭市余江区平定乡蓝田宋家村为例,该村在2015年实施了宅改政策,清理了猪圈、牛栏和露天厕所,并利用村民的闲置房屋建设了39家民宿。这

不仅改善了环境,还提高了村民的收入,进一步激发了他们参与爱国卫生运动的热情。位于江西省萍乡市安源区的乌石村,被视为乡村旅游业中的新锐力量。在环境卫生得到改善之后,该村开始引进葡萄、火龙果和无花果等种植项目,以此推动乡村旅游业的发展。自2019年开业以来,该村月均接待超过2万人次的消费群众。江西省永丰县始终坚守实用、乡土和富民的三重核心原则,致力于推进全县的美丽乡村建设和农村居住环境的改善与升级,追求每个村庄都有其独特的风景和韵味。

限于篇幅,这里仅就2个省份的人居环境治理做法加以介绍。总体而言,中国在乡村人居环境治理方面,呈现出以下特点:

一是生态化与现代化相结合。我国乡村人居环境治理在实践中致力于生态化与现代化的有机融合,秉持绿色发展理念,加大绿色低碳技术研究的投入,推广节能减排及新能源技术的应用,促进产学研一体化,将科技创新成果转化为绿色生产力。在实践中,构建了以污水、垃圾、厕所为核心的农村人居环境整治技术新体系,为农村综合整治提供个性化解决方案。中国式现代化生态观强调人与自然和谐共生的现代化,坚持工业、信息、生态三位一体的新型工业化道路,推动了乡村人居环境治理的现代化进程。

二是村庄规划与公共设施建设相结合。在村庄规划层面,各地根据实际情况制定了科学合理的规划方案。例如安徽省霍邱县白莲乡牛集村的规划,以“稻梦空间,牛集小市”为愿景,将市集元素融入村庄风貌,塑造独特的景观风貌主题,注重生态保护与修复,实施干渠疏浚与生态修复工程,提升村庄生态景观。在公共设施建设方面,遵循城乡公共服务均等化原则和乡村生活圈理念,合理配置公共服务设施,如村委会、文化礼堂、文化活动场所、健身场地、村卫生所等,加强入户道路建设,构建通村入户的基础网络,解决道路泥泞、村民出行不便等问题。在建设过程中,注重因地制宜,如在村庄道路设计上,根据不同类型采用不同的铺装材料和宽度设计,以满足多样化需求。

三是社会参与与共建共治模式的创新。社会参与是乡村人居环境治理的核心,能充分调动农民的主体作用,增强农民参与的积极性。一些地区将相关规定纳入村规民约,从思想层面引导村民转变观念,提升其对和美乡村建设及乡村振兴工作的认同感,激发改善乡村人居环境的内在动力。一些地区创新了多元参与机制,例如实施“门前三包”责任制、推广“积分制”等,有效激发了村民参与环境整治的积极性与主动性,形成了全民共建共治共享的良好局面。

四是建立健全长效监管与管护机制,巩固治理成果。一些地区通过设立公益性岗位、组建专门管理队伍，构建村民参与环境整治和长效管护的机制；组织农村参与村庄清洁行动，定期清扫道路、清理垃圾、整治河道，引导村民参与绿化美化工程；鼓励村民发展生态农业和循环经济，减少农业污染，提高资源利用效率。

五是抓住数字乡村建设契机，加快乡村数字基础设施的布局与普及。一些地区通过政府购买服务、财政转移支付、政企合作、公私合作伙伴关系以及城乡结对帮扶等形式，建立共建机制。同时，鼓励村民广泛使用各类数字技术工具参与农村人居环境治理，如通过微信群、APP、公众号等实现政府与村民的实时互动，通过数字治理助力农村人居环境问题的及时发现与有效解决，提升治理效率与效果，推动农村环境治理的现代化转型。

第七章

人才维度：乡村人才队伍建设

2025年1月，中共中央、国务院印发的《乡村全面振兴规划（2024—2027年）》明确强调，实施高素质农民培育计划和乡村产业振兴带头人培育“头雁”项目，加强对青年农民和新型农业经营主体培训指导，实施农村实用人才带头人培训计划，加强农村数字人才、电商人才培育。[①]可见未来几年，大力吸引各类人才投身于乡村全面振兴将是乡村人才队伍建设的重点，这凸显了乡村振兴的关键在于人力资本开发。

本章主要探讨乡村人才队伍建设的重要性、现状、问题及对策，具体内容包括：乡村振兴对乡土人才的迫切需求，DY市“村社合一”模式的实施情况，农村实用人才数据的采集与分析，不同类型村庄对乡土人才的需求及建议，农村基层党组织书记综合素质能力的现状与提升对策。

第一节 乡村人才队伍建设的重要性与挑战

到2027年，我国东部发达地区、中西部具备条件的大中城市郊区乡村要率先基本实现农业农村现代化。乡村人才的素质、结构要跟得上农业农村现代化对乡村人才资源的需求。

一、乡村人才队伍建设的重要性

（一）乡村人才队伍建设是实现全面小康和乡村全面振兴的重要保障

乡村振兴战略与两个百年奋斗目标在时间交汇点和目标衔接上高度契合。一方面，全面建成小康社会是第一个百年奋斗目标的标志性成就，为乡村振兴奠定了坚实基础。乡村振兴作为实现全面小康的重要抓手，推动了农村经济、社会、生态等多领域的全面发展。另一方面，乡村振兴是实现第二个百年奋斗目标的关键举措。到2035年，乡村振兴取得决定性进展，农业农村现代化基本实现；到2050年，乡村全面振

① 中共中央 国务院印发《乡村全面振兴规划（2024—2027年）》[EB/OL].（2025-01-22）[2025-01-23].https://www.gov.cn/zhengce/202501/content_7000499.htm.

兴,农业强、农村美、农民富全面实现。而乡村人才是推动乡村产业升级、农业科技推广和治理现代化的关键力量,能够通过引入新技术、优化管理和提升公共服务,促进乡村经济、文化、教育等多领域的均衡发展,缩小城乡差距。同时,乡村人才队伍建设能够激发乡村内生动力,培养“土专家”“田秀才”等带头人,推动乡村可持续发展。

(二)乡村人才助力产业发展,为乡村经济注入新动力

乡村人才能够引入先进的技术和管理理念,提升农业现代化水平。例如,将无人机、智慧农业等新技术引入乡村,推动农业生产向精细化、智能化方向发展。同时,乡村人才还能助力农产品深加工和品牌化建设,延长产业链,增加产品附加值。还要看到,乡村人才的回流和培养为乡村产业注入了新的活力。近年来,各地通过“头雁”项目、高素质农民培育计划等措施,吸引了大量返乡创业人员、退役军人、高校毕业生等投身乡村产业。这些人才不仅带来了资金和项目,还通过发展乡村旅游、农村电商等新业态,拓宽了乡村经济的发展路径。此外,乡村人才还通过创新产业模式,推动农村一、二、三产业融合发展,例如将农业与休闲旅游、文化创意等相结合,形成“互联网+农业”“农文旅融合”等新模式,为乡村经济注入新动力。

(三)乡村人才成为乡村治理内核要素,助力构建现代治理新体系

乡村人才成为乡村治理的内核要素,是构建现代治理新体系的关键。近年来,“头雁工程”等项目,吸引了返乡创业人员、退役军人、高校毕业生等投身乡村治理,充实了基层治理力量。这些人才凭借专业知识和现代治理理念,推动治理能力现代化。同时,各级政府应通过社会调解、民主协商、法律咨询等技能培训,提升基层干部治理水平,并培育“土专家”“田秀才”等本土人才,夯实乡村治理基础。此外,乡村治理中各级政府还应创新治理模式,通过搭建乡贤理事会、协商会等平台,发挥新乡贤作用,优化治理结构,提升治理透明度和公正性,在政策支持下,完善人才激励机制、优化人居环境、提供职业机会,为乡村人才提供施展才华的舞台,助力乡村治理可持续发展。乡村人才在专业化、多元化和创新化参与中,推动了现代乡村治理新体系的构建,为乡村振兴提供了坚实保障。

二、乡村人才队伍建设面临的挑战

（一）乡村人才总量不足，结构失衡

当前乡村人才总量不足且结构失衡，已成为制约乡村振兴的瓶颈。一方面，乡村人才总量基础薄弱，大量农村劳动力尤其是青壮年流向城市，导致乡村内生人才动力不足，返乡与下乡从事农业生产经营的人才较少。第七次全国人口普查结果显示，居住在乡村的人口仅占总人口的36.11%，且乡村人才队伍中年龄结构偏老龄化，受教育程度偏低。另一方面，乡村人才结构不合理。从年龄结构来看，乡村“空心化”“老龄化”严重，青年人才匮乏。从第七次全国人口普查数据来看，2020年农村60岁及以上人口占农村总人口的23.81%，65岁及以上人口占17.72%。从区域分布来看，受“虹吸效应”影响，经济发达地区与欠发达地区乡村人才资源失衡，存在“孔雀东南飞”现象。从人才类型来看，乡村现有人才多为传统种植养殖领域的生产型人才，缺乏复合型、创新型人才，以及懂技术、善管理、会经营的农业农村科技人才。

（二）乡村人才政策机制尚不健全

当前乡村人才管理中，思想认识与推进落实存在脱节。一是人才引进机制不完善。乡村基层发展空间有限，工资待遇与工作强度不成正比，导致人才引进难度较大。部分地区尚未形成自上而下的乡村人才引进机制，县镇层面缺乏科学的协作机制，难以联合开展乡村人才项目开发和引进规划制定。二是人才使用机制不健全。部分地区对乡村人才的使用机制尚不完善，各行业部门难以形成合力，存在人才岗位错配现象。同时，乡村人才的培训和职业发展机会有限，难以满足其成长需求。三是人才激励机制不足。乡村人才扶持机制在资金保障方面存在审批时间过长、程序复杂等问题，未能充分发挥激励效用。部分地区尚未建立符合乡村人才特点的评价体系，导致人才的实际贡献难以得到充分认可。四是人才发展环境有待优化。乡村的基础设施、公共服务和生活条件虽有改善，但与城市相比仍有较大差距，难以吸引和留住人才。农村籍大学生毕业后大多选择留在城市，进一步加剧了乡村人才断层。五是政策落实不到位。尽管国家出台了一系列政策文件，但在基层落实过程中，部分地区仍存在执行不到位、配套措施不完善的问题。这些问题表明，乡村人才政策机制的完善仍需加强顶层设计与基层落实的协同推进，进一步优化乡村人才发展的政策环境，提升乡村对人才的吸引力和承载力。

(三)乡村人才的专业能力不足,服务水平不高

主要体现在以下几个方面:第一,乡村人才队伍中专业人才匮乏,尤其是懂现代农业、电子商务、乡村旅游、农村金融等的复合型人才严重不足。大部分乡村人才为本土成长的乡土人才,缺乏系统的专业训练,导致专业素质和技能水平较低。第二,乡村人才的学历层次普遍偏低,以中专、大专为主,且多为传统学科背景,对新技术、新发展理念的掌握不足,难以满足乡村振兴对高素质人才的需求。第三,乡村人才的服务水平也亟待提升。由于乡村基础设施和公共服务条件相对落后,人才管理机制不科学,缺乏有效的激励机制和职业发展规划,导致乡村人才的积极性和创造力难以充分发挥。同时,乡村人才的管理和服务体系尚不完善,缺乏统一的管理模式和评价标准,难以形成有效的人才带动机制。

第二节

乡村人才队伍建设的现状分析

本节内容是在对贵州省DY市的乡村人才调研基础上,形成的关于乡村人才队伍建设的系统认识。

一、乡村振兴迫切需要乡土人才

为全面实施乡村振兴战略,推进DY市产业振兴、人才振兴、文化振兴、生态振兴和组织振兴,中共DY市委、市政府于2019年11月印发《DY市推行“村社合一”发展壮大集体经济组织的实施方案》的通知。该通知以习近平新时代中国特色社会主义思想为指导,深入贯彻落实省州有关会议精神,切实加强农村基层组织建设,结合贵州农村“三变改革”经验和“2+8”主导产业发展模式,规范组建党组织领导下的集体经济组织,推行“村社合一”纵深推进农村产业革命,激活农村经济发展主体、释放农村经济发展功能,实现农业增收、村社共赢、农民增收和农村繁荣。该通知提出的主要任务是以提升基层组织力为重点,规范党组织领导下的农村集体经济组织,通过规范形式、赋码赋权、明晰职能、完善组织等方式,实现集体经济稳步增长,集体经济增收带动明显,进一步夯实党在农村执政基础,助推乡村振兴。

上述目标任务的完成,亟需乡土人才资源予以支撑。就DY市目前拥有的109个行政村而言,哪里需要乡土人才、需要多少、规格如何、作用如何发挥等,都是调查研究中值得关注的问题。

习近平总书记特别强调人才在乡村振兴中的作用。提出人才振兴是乡村振兴的基础,要加大人力资本投入,培养更多优秀企业家、创新人才、高技能人才和新型职业农民,提高劳动者素质。要推动乡村人才振兴,把人力资本开发放在首要位置,强化乡村振兴人才支撑,加快培育新型农业经营主体,让愿意留在乡村、建设家乡的人留得安心,让愿意上山下乡、回报乡村的人更有信心,激励各类人才在农村广阔天地大施所能、大展才华、大显身手,打造一支强大的乡村振兴人才队伍,在乡村形成人才、土地、资金、产业汇聚的良性循环。因此本研究以DY市推行“村社合一”发展壮大农村集体经济组织为研究对象,并以DY市乡土(村)人才需求为导向,目的在于详细梳理DY市推行“村社合一”发展壮大农村集体经济组织与乡土(村)人才需求之间的辩证关系,科学建构切合DY市乡土人才需求的理论和实践模式,为中共DY市委和市政府实施乡村振兴战略以及强化乡土人才储备提供咨鉴,也为了解我国乡村人才队伍建设现状提供地方视角。

《中华人民共和国国民经济和社会发展第十四个五年规划和2035年远景目标纲要》,为探索DY市乡村振兴与乡土人才需求之间的关系指明了方向。在坚持创新驱动发展方面,提出深入实施人才强国战略,加强创新型、应用型、技能型人才培养,实施知识更新工程、技能提升行动;在优先发展农业农村、全面推进乡村振兴方面,提出提高农民科技文化素质,推动乡村人才振兴,深化农村改革,发展多种形式适度规模经营,加快培育农民合作社、家庭农场等新型农业经营主体,健全农业专业化社会化服务体系,实现小农户和现代农业有机衔接;在建设高质量教育体系方面,提出加大人力资本投入,增强职业技术教育适应性,大力培养技术技能人才。这对于开展DY市推行“村社合一”与乡土人才需求调查研究,具有非常重要的理论意义和实践价值。

二、DY市推行“村社合一”总体情况

(一)“村社合一”系统工程稳步推进

按照中共Q州委、Q州人民政府关于印发《Q州推行“村社合一”发展壮大集体农村经济组织的指导意见》的通知和中共DY市委、DY市人民政府关于印发《DY市推行“村社合一”发展壮大农村集体经济组织的实施方案》的通知,DY市推行“村社合一”发展壮大农村集体经济组织系统工程,从制度推行至今,DY市以X街道MW村为试点,形成了村级集体经济发展新模式,通过积极构建“村社合一”组织、全面推行“抱团发展”模式、创新发展“村企融合”路子,推动村级集体经济换挡升级,促进村集体经济发展壮大取得一定成效。数据显示,2024年上半年,全市109个行政村村集体经济收入达3641.67万元。这些发展变化值得认真总结和梳理。

DY市推行“村社合一”的目的,在于提升党的基层组织引导发展产业能力,加快农业供给侧结构性改革和农村产业结构调整,以村级联合合作社等经济组织推动农

业产业结构转型升级、农业增效和农民增收。在指导思想上以习近平新时代中国特色社会主义思想为指导,深入贯彻落实省委和省政府有关文件精神,结合贵州“三变改革”和“2+8”主导产业发展模式,规范推进“村社合一”发展壮大农村集体经济组织,激活农村经济发展主体和活力,释放经济发展动能,实现农业增效、村社共赢、农民增收和农村繁荣。在主要任务上以提升党组织组织力为重点,规范组建党组织领导下的集体经济组织,通过各种措施使全市所有村集体经济组织实现集体经济稳步增长,集体经济增收带动明显,进一步夯实党在农村基层执政基础,助推乡村振兴。在工作措施上采取规范组织形式、明晰职能职责、明确社员资格、推动“三资”折股量化、完善“村社合一”组织形式、健全科学合理的收入分配机制、规范赋税赋权、放活经营权、强化政策支持和规范监督管理等举措。这些工作任务都要落实到每一个具体的行政村肩上。

为稳步推进工作,建立健全组织领导机构,以中共DY市委、市政府主要领导为组长、其他领导为副组长、各乡镇(街道办事处)书记和各有关局局长为成员,领导小组下设办公室,办公室设在农业农村局,负责日常工作。在保障机制上采取强化工作指导、强化阵地建设、强化督导问效和强化示范引领等措施。为将DY市推行“村社合一”工作落到实处,DY市委、市政府按照每个村1名县级领导“包保”的方式,将全市109个行政村推进“村社合一”发展壮大集体经济组织任务分配给全市县级领导。

为有序推进DY市“村社合一”工作,DY市又将各种条件较好的村单独列出,建设DY市推行“村社合一”重点示范村20个,这些重点示范村包括DY市“十县百乡千村标准示范村”10个、非贫困村5个和已出列贫困村5个。

(二)DY市推行“村社合一”主要成绩

1.完成村级股份制经济合作社注册登记工作

DY市推行“村社合一”工作,按照清产核资、集体成员身份界定、集体资产股份制改革三个工作阶段开展,共清查农村集体土地总面积287.37万亩、农用地总面积280.86万亩、量化资产总额45182.62万元、经营性资产总额20012.32万元。共界定88245户325222人为农村集体经济组织成员并转化为合作社股东,完成109个村级股份制经济合作社注册登记。

2.分“三型”建设管理

DY市推行“村社合一”,是按照“分型管理、分类指导”原则进行打造的。“分型管理”是根据DY市农村发展现状,综合考虑各村管理水平、资源优势、发展思路、增长潜力等因素,坚持“因村制宜、分类推进、促进发展”,将全市村集体经济组织(合作社)分为示范型、提升型和培育型三个类型,不同类型的村采用不同的管理方式,即“三型”管理,具体包括6个示范型、54个提升型和49个培育型。

3.分“五类”进行指导

“分类指导”是根据各村集体经济组织(合作社)产业起步、发展的方式不同,综合地域、组织、资源、人才、交通、产业等因素,将发展模式划分为五个类别,即农业产业类、劳动服务类、工程项目类、资源开发类和综合发展类。

一是农业产业类:发展优势特色农业产业,大力发展产业经济。

二是劳动服务类:向外输出劳动力或对外提供家政、保洁、物业等城市服务功能获取收益,或在本地组织劳务。

三是工程项目类:通过承接政府主导的工程类项目发展壮大经济,有条件的可参与其他非政府主导的工程项目建设。

四是资源开发类:依托本村具有的优势资源(如土地资源、旅游资源、产业资源等)发展经济。

五是综合发展类:同时发展多种经济类型模式,可通过多个地域相近村共同发展同一产业,或共同参与同一个项目的实施,推动该区域的经济发展。

(三)经验做法和特色

在经验做法和特色创建上,DY市按照“五个一”模式推进“村社合一”多元化发展,强化党建引领,壮大农村集体经济组织,助推乡村振兴。

1.打造一支专业的工作队伍

第一,制定工作实施方案。成立DY市“村社合一”发展壮大农村集体经济组织工作领导小组(以下简称领导小组),由市委、市政府主要领导担任双组长,各部门主要领导为小组成员,加强统筹调度,高位谋划,整合资源、要素,聚集全市力量齐抓共管,推动全市“村社合一”工作开展。

第二,鼓励人才向基层流动。选派20名干部到基层任职,其中到城市社区2人,到村18人,选派干部中有副科级干部(事业)2名、机关事业单位工作人员16名(其中教师1名)、国企员工2名,帮助创办领办村企、村社,不断提升村企、村社人员业务能力水平。

第三,加强学习培训。为加强各级干部对“村社合一”工作的认识,打造一支专业的工作队伍,DY市多次组织县、乡镇、村组干部学习活动,课程内容包括“村社合一”政策解读、理论知识,以及组织人员到贵定、遵义等有成功经验的县市进行实地考察,通过各种学习活动让干部深刻认识“村社合一”工作的重要性,同时提升村组干部在工作中的实践能力。

第四,进行技能培训。摸清各试点村培训需求,开展相关培训。制定技能培训方案,开展技能培训,培训工种涉及物业管理员、挖掘机驾驶员、育婴师、电工、园林绿化工等。

2.制定一套扶持政策

中共DY市委办公室、DY市人民政府办公室印发《DY市深入推进“村社合一”发展壮大农村集体经济工作方案》,进一步提高农村集体经济组织的规范化、实体化、企业化水平,创新农村集体经济运行机制,有效有序发展壮大集体经济组织。对合作社进行“分类管理、分型指导”,各部门建立行业支持项目库,制定项目跟踪帮扶台账,形成完整项目帮扶体系,确保“扶上马、送一程”。DY市交通运输局、财务局、税务局等15个部门根据各部门职能职责制定推进“村社合一”工作措施,为合作社提供政策扶持。

3.搭建一个交流平台

为了给股份制经济合作社创造一个良好的发展环境,加强合作社与各部门、单位的沟通交流,及时将项目准确送达有承接能力的合作社,完成信息的高效流通,DY市成立“市直相关业务部门—市产业发展促进服务中心—各村集体经济组织(合作社)”联动机制。

第一是合作社梳理自身资源资产。根据资源禀赋因地制宜制定发展意愿交至市产业发展促进服务中心。

第二是每个月各部门梳理行业内可释放至村社实施的项目给到市产业发展促进服务中心。

第三是市产业发展促进服务中心将可释放的项目发放至各村社,组织有意愿、有能力承接项目的村社与项目主管单位进行项目配对。

4.打造一批试点村

DY市采用试点先行、全面推开的方式开展“村社合一”工作,优先选择资源优势明显、产业基础好、发展潜力大、示范带动强、村干部工作得力、群众发展意愿高的村作为试点村,探寻“村社合一”多种发展模式,形成可复制可推广的经验,组织其他村社进行学习交流,充分发挥试点村在整个全局工作中的示范、突破、带动作用。

5.完善一套督查机制

第一是制定《DY市支持“村社合一”集体经济组织目标考核（评）实施细则》。将考核（评）对象分为村集体经济组织（合作社）、市直相关部门和各镇（乡、街道），针对不同对象制定相应的考核（评）规则。

第二是加强督促检查。市督查考评服务中心针对重点工作任务落实情况，开展专项督查，每季度至少开展一次督查，将发展壮大村集体经济组织（合作社）工作纳入镇（乡、街道）、市直部门（单位）年度综合目标考核，对发现问题的限期整改，并及时进行通报。市纪委市监委充分运用巡察机制，对行动不力、效果不佳的村及相关责任单位和个人进行约谈，违规违纪的严肃追责问责，涉嫌违法的交由相关部门处理，加压倒逼工作推进。市委组织部将发展壮大村集体经济组织（合作社）工作纳入领导干部年终考核以及镇、村两级党组织书记抓党建工作述职的重要内容，对发展村集体经济成效明显的集体和个人，优先评先评优、提拔使用、职级晋升。

（四）存在问题和困难分析

DY市在推行“村社合一”发展壮大集体经济组织过程中，的确面临许多问题和困难，主要包括：一是推进缓慢；二是股份经济合作社运行不够顺畅；三是农村乡土经济人才严重缺乏。

三、农业农村局采集农村实用人才数据信息

（一）由政府部门承担的农村实用人才调查情况

为全面准确掌握各级各部门各领域各行业人才队伍状况及全市人才发展的现状，DY市农业农村局制定了《DY市2019年度农村实用人才资源统计工作方案》，并于2020年7月5日至7月18日，组织干部职工对全市109个行政村开展了农村实用人才资源统计调查工作。调查采用入村座谈与入户访问的方式进行，包括农村实用人才的规模、年龄、结构、受教育程度、技术类型、技术（职能）资格和培养渠道等情况，具体如下。

1.农村实用人才规模

DY市全市10个乡镇（街道）109个行政村共有农业人口318700人，经调查统计，有农村实用人才12517人，占总农业人口的3.93%，同比上年农村实用人才11618人增

长899人，增长7.7%；农村实用人才中，女性2248人，占总实用人才的18%；中共党员1441人，占总实用人才的11.5%；少数民族10712人，占总实用人才的85.6%。

2.农村实用人才年龄分布

在12517名农村实用人才中，35岁及以下的2522人，36—40岁的1447人，41—45岁的1890人，46—50岁的2449人，51—54岁的1602人，55岁及以上的2607人，分别占实用人才总量的20.1%、11.6%、15.1%、19.6%、12.8%、20.8%。

3.农村实用人才结构

在12517名农村实用人才中，农村生产型人才3565人，占28.5%；农村经营型人才1890人，占15.1%；技能服务型人才3738人，占29.8%；农村技能带动型人才2465人，占19.7%；农村社会服务型人才859人，占6.9%。

（1）在农村生产型人才3565人中，种植能手2067人、养殖能手834人、农产品加工能手245人、农机操作能手419人，分别占58.0%、23.4%、6.8%、11.8%。

（2）在农村经营型人才1890人中，农业龙头企业经营者8人、农民合作社经营管理者108人、农村经纪人140人、个体规模工商业主1634人，分别占0.4%、5.7%、7.4%、86.5%。

（3）在农村社会服务型人才859人中，乡村教师41人、乡村医生63人、民间艺人179人、村“两委”成员（含大学生“村官”）576人，分别占4.8%、7.3%、20.8%、67.1%。

4.农村实用人才培养情况

在12517名农村实用人才中，小学及以下文化程度的有1079人，初中文化程度的有9680人，高中（含中专）文化程度的有1424人，大专文化程度的有226人，大学本科及以上文化程度的有108人，分别占8.6%、77.3%、11.4%、1.8%、0.9%。农村实用人才中，通过学历教育培训的113人，专业技术培训的462人，职业技能培训的1361人，共计1936人；农村实用人才中，高级技师4人，技师23人，高级工2人，中级工33人，初级工223人。

（二）农村实用人才队伍建设存在的主要问题

1.总量不足整体素质不高

农村实用人才占农业人口的比重仅为3.93%，远远不能满足新农村建设需要，在一定程度上影响了农村经济的快速发展。初中文化程度占多数，小学及以下和初中文化程度两项之和占总人才数的比例高达85.9%,这种状况不利于农村实用人才的素质提升,一定程度上限制了他们对新知识、新技术的吸收,对现代科技知识的运用能力明显欠缺。

2.人才分布不均匀、结构不合理

无职称技术人才、未取证技能人才8031人,中高级人才极度偏少;技术比较单一,专业深度不够,技能带动型人才和农村经营型人才多,农村社会服务型人才少,新技能新知识接受不快、信息渠道不畅、信息意识不强等现象并存。

3.行业分布不均衡

从行业分布来看,农村实用人才主要集中于农村技能带动型和技能服务型,社会服务型人才很少,仅占农村实用人才总数的6.9%。种植养殖人才多,农村经纪人和农产品加工能手少,人才相对短缺。

4.人才外流严重

有的村由于产业发展原因,一些返乡大中专毕业生、退伍军人等农村实用人才学非所用,专业技能无用武之地。同时,农村产业效益比较低,导致农村实用人才的收入不高,外出谋生比较普遍,流动性较大。目前,大多数涉农专业的大中专学生毕业后也不愿意回到农村从事农业生产,都到外地谋求发展。

四、实地调研数据信息

(一)采用问卷方式采集乡土人才需求信息

为便于开展调查研究,研究人员将乡土人才分为种植养殖能手、农技协会骨干、农村经纪人、能工巧匠、农民企业家、带头致富的村组干部、回乡创业大中专毕业生知识分子和退伍军人、民间医生教师艺人等共计8个大类。

问卷对象包括各乡镇(街道)专职组织员、负责“村社合一”的领导干部、各行政村党组织书记。研究人员按照乡土人才第一需求顺位调查,即对种植养殖能手、农技协会骨干、农村经纪人、能工巧匠、农民企业家、带头致富的村组干部、回乡创业大中专毕业生知识分子和退伍军人、民间医生教师艺人等各项指标排名在第一位的进行调查。

(二)调查数据

这项调查发放问卷446份,收回446份,共计有446人参与问卷调查。

数据显示DY市乡土人才需求排在前三位的是:

农民企业家104次,占23.3%;

种植养殖能手85次,占19%;

带头致富的村组干部80次,占17.9%。

数据显示DY市乡土人才需求排名后三位的是:

能工巧匠34次占7.6%。

民间医生教师艺人27次,占6%;

回乡创业大中专毕业生知识分子和退伍军人19次,占4.2%。

(三)各乡镇乡土人才需求调查分析

研究人员对DY市10个乡镇(街道)进行走访,共计36个行政村。各行政村对乡土人才需求大同小异,详见表7-1。

表7-1 DY市推行"村社合一"发展壮大集体经济组织与乡土人才需求调查统计表

序号	村名	村型	第一位	第二位	第三位
1	XY村	示范型	农民企业家	带头致富的村组干部	农村经纪人
2	QYG村	培育型	带头致富的村组干部	农村经纪人	农技协会骨干
3	BS村	提升型	农民企业家	种植养殖能手	带头致富的村组干部
4	GJ村	提升型	农民企业家	种植养殖能手	农村经纪人
5	DPS村	示范型	农民企业家	种植养殖能手	带头致富的村组干部
6	HG村	提升型	农民企业家	种植养殖能手	农村经纪人
7	WD村	培育型	种植养殖能手	带头致富的村组干部	农民企业家
8	DH村	提升型	回乡创业大中专毕业生知识分子和退伍军人	农民企业家	带头致富的村组干部
9	HY村	提升型	农民企业家	民间医生教师艺人	回乡创业大中专毕业生知识分子和退伍军人
10	MW村	示范型	农村经纪人	农技协会骨干	农民企业家
11	SJJ村	提升型	农民企业家	农村经纪人	农技协会骨干
12	KS村	培育型	农村经纪人	农民企业家	带头致富的村组干部

续表

序号	村名	村型	第一位	第二位	第三位
13	GL村	培育型	能工巧匠	农民企业家	带头致富的村组干部
14	RB村	培育型	农民企业家	农村经纪人	能工巧匠
15	BM村	提升型	农村经纪人	种植养殖能手	回乡创业大中专毕业生知识分子和退伍军人
16	BS村	培育型	农村经纪人	种植养殖能手	回乡创业大中专毕业生知识分子和退伍军人
17	JZ村	提升型	带头致富的村组干部	种植养殖能手	回乡创业大中专毕业生知识分子和退伍军人
18	PY村	提升型	农村经纪人	种植养殖能手	回乡创业大中专毕业生知识分子和退伍军人
19	LM村	提升型	农民企业家	农村经纪人	带头致富的村组干部
20	WJ村	提升型	农民企业家	带头致富的村组干部	回乡创业大中专毕业生知识分子和退伍军人
21	XP村	提升型	农村经纪人	带头致富的村组干部	农民企业家
22	FX村	培育型	农村经纪人	种植养殖能手	农民企业家
23	QH村	培育型	农村经纪人	农民企业家	回乡创业大中专毕业生知识分子和退伍军人
24	LM村	提升型	农村经纪人	农民企业家	农技协会骨干
25	KK村	提升型	农民企业家	种植养殖能手	带头致富的村组干部
26	KQ村	提升型	农民企业家	种植养殖能手	带头致富的村组干部
27	PL村	提升型	农民企业家	种植养殖能手	带头致富的村组干部
28	MZ村	示范型	种植养殖能手	农村经纪人	能工巧匠
29	FC村	示范型	种植养殖能手	农村经纪人	带头致富的村组干部
30	BG村	培育型	种植养殖能手	农民企业家	带头致富的村组干部
31	HD村	培育型	种植养殖能手	农技协会骨干	能工巧匠
32	RH村	培育型	种植养殖能手	农村经纪人	能工巧匠
33	BC村	提升型	农民企业家	能工巧匠	农村经纪人
34	DD村	培育型	带头致富的村组干部	农民企业家	能工巧匠
35	HX村	培育型	农技协会骨干	农村经纪人	农民企业家
36	FH村	培育型	带头致富的村组干部	回乡创业大中专毕业生知识分子和退伍军人	种植养殖能手

表7-1中,农民企业家出现26次,农村经纪人出现21次,种植养殖能手出现19次,带头致富的村组干部出现19次。

可见,DY市推行“村社合一”对乡土人才需求最紧迫的是:农民企业家、农村经纪人、种植养殖能手和带头致富的村组干部。

五、示范型村对乡土人才需求个案分析和对策建议

DY市推行“村社合一”发展壮大农村集体经济组织“示范型”村共计6个,分别是XY村、MW村、DPS村、JS村、MZ村和FC村。这些示范型村因其推行“村社合一”形成共识,能聚集全村合力,有一定的人、财、物基础,具备一定市场竞争力,可以独立自主发展。上述6个村中,XY村和JS村属于城区辐射范围内的“城中村”,农民身份已经市民化,传统的农业产业基础基本上已经消失,带有服务性质的第三产业发展是这两个村发展的主要方向;MZ村、MW村和FC村区位优势明显,人力资源集聚,发展基础较好,可以向一、二、三产业融合发展方向迈进;DPS村虽然地处偏远,但拥有良好的自然生态资源和景区旅游资源以及农业产业资源,开展“村社合一”比较成熟,可以走“农文旅”融合发展之路。这些示范型村对乡土人才有不同需求。

(一)XY村

XY村距市区近,交通便利。该村总面积6.6平方千米,全村共有11个村民小组划分6个网格,常住人口4000余人,是典型的“城中村”。

XY村“两委”班子共设职数7个,包括村党总支书记1名、村委会主任1名(村委会主任兼支委委员)、组织员1名、村委委员4名,平均年龄45岁;有本科学历1人、大专学历1人、中专学历1人和初中学历4人。全村共有党员79名,下设2个党支部和5个党小组,有女性党员28名、男性党员51名。60岁以上党员37名占全村党员总数的47%,35岁以下党员有39名占全村党员总数的49%,有高中以上文化程度的党员有20人,占全村党员总数的25%。

1.乡土人才需求

XY村作为DY市推行“村社合一”6个示范村之一,拥有较好的从事第三产业所需的各种条件。从某种意义上而言,XY村所需要的乡土人才,已经不是具有“乡土”气息的人才,已经突破“乡土”局限,是面向城镇化发展的新型人才,这些人才应当是素

质更高的人才，是立足于城市建设发展需求的实用人才。

2.对策建议

一是积极向政府有关部门汇报申请，请求进一步“放活经营权”；二是对XY村集体经济资源资产进一步摸底调研，充分发挥这些资源资产在城镇化过程中应有的作用；三是尽快整合XY村“乡土人才资源”和“乡贤资源”，为XY村推行“村社合一”发展壮大集体经济组织拓展空间；四是进一步加强同地方学校联系，在人才培养、政策咨询和产业服务等方面推行“村社合一”，探讨合作的必要性和可行性；五是主动外出学习与交流，尤其是指派年轻有为后备干部，外出到村集体经济组织比较发达的地区，采取挂职锻炼或学习深造等方式，培育壮大骨干人才队伍。

（二）DPS村

DPS村地处国家重点风景名胜区的核心区域，更是DY市城市饮用水源地保护区。该村总面积61.3平方千米，下辖9个村民小组838户3247人，DPS村“两委”班子共设职数7个，党总支下设党支部3个，共有党员86名和预备党员3名。为进一步加强基层治理，在上级党组织的指导下，DPS村2019年底正式启动“社管委”建设。截至2020年8月，DPS村共计有841户3251人入社，有量化资产总额197.65万元，其中成员股本金额37.65万元。

1.乡土人才需求

在DY市推行“村社合一”具体实践中，“因地制宜、因村而异”是基本准则。DPS村是DY市城区居民用水的“水缸”，是国家重点风景名胜区核心区之一，其“绿水青山就是金山银山”的生态价值不可低估。就DPS村个案而言，DY市人民政府和L街道办事处对DPS村推行“村社合一”应有比较特殊的规划、建设目标和实施任务。在乡土人才需求等方面，“生态优先”与“农文旅融合发展”紧密结合，也许才是该村建设发展优先考虑的“乡土人才需求”。正如该村党组织书记所言，DPS村需要的是“从事生态种植产业”而不是“养殖业”的人才，因为“养殖带来的生态污染不可估量”。即使是发展种植产业，也应当在可控范围内。

2.对策建议

第一，继续开展党建示范点、自治村庄建设工作，将村级管理重心下移，坚持“共商共建共治共享”机制，按照“村里事、村民定、村民管”的做法，支持和鼓励村庄探索村民自治工作,提高社会管理水平。

第二,加快带头人的培养。一是全面落实“双百计划”,将一批讲政治、能干事、会工作的农村致富带头人选进基层组织,加强堡垒建设。二是培养村寨带头人,大力挖掘一批在村寨中能致富、有威望、愿意带领老百姓干事创业的群众代表,为乡村振兴提供群众基础。三是培养创业带头人,通过项目扶持,培养和造就一批扎根乡村的创业致富带头人,破解“空心”难题。

第三,进一步加强对水源保护地及景区保护。按照“整体规划、资源统筹、分步实施”的办法,建立健全乡村环境整治长效机制,为乡村振兴提供环境基础。

第四,进一步规范“村社合一”运行机制。加快村社合一的建设进度,利用一切可以利用的资源和政策,壮大合作社本身实力,吸引能人加入,规范运营方式,营造良好的发展环境。

(三)MW村

1.基本判断

MW村能够作为DY市推行“村社合一”发展壮大集体经济组织6个示范村的“排头兵”,主要原因在于:一是该村基层党组织干部队伍,对习近平新时代中国特色社会主义思想有较好的学习领悟和执行能力,对党的乡村振兴战略和中共DY市委、DY市人民政府推行“村社合一”有比较透彻的理解和把握,有较好的政治思想理论武装。二是该村在推行“村社合一”工作方面有较好的工作基础。目前该村集体经济组织架构和人员配置齐备,工作目标任务统一明确,在运行“村社合一”过程中思想统一、步调一致。三是该村具有较好的区位优势,地处DY市南大门,交通便利。四是该村位于DY市城郊,DY市推进城镇化过程中使得该村各种资源不断增值。五是该村党组织书记政治站位高,工作思路清晰,带头致富能力强,群众基础好。

2.基本情况

MW村位于DY市南郊,距DY市中心8千米,辖区面积共12.8平方千米,有多条高速公路或主干道贯穿而过,交通区位优势明显。全村共有14个村民小组685户2342人。MW村“两委”共设职数5个,其中设支部书记1名、组织员1名、村委委员2名,尚缺支委1名;“两委”班子成员平均年龄44岁,班子成员中本科学历1人、大专学历1人、高中(中专)学历3人。MW村大力吸引各行各业致富能手和优秀人才充实党员队伍,建强基层战斗堡垒,有党员64人(其中预备党员6人)。

3. 乡土人才需求

第一,急需项目工程经理人才,尤其是建筑项目经理人才,因为MW村“村社合一”主要支撑产业包括建筑业。第二,急需法律法务方面人才,因为同其他企业签订合作合同需要。第三,需要项目评估和经营人才。第四,需要公司经营管理人才。

4. 乡土人才需求的基本结论

MW村推行“村社合一”发展壮大集体经济组织成效明显,是DY市推行“村社合一”发展壮大集体经济组织可示范可推广的典范,其对于乡土人才需求已经不再局限于“乡土”层面,而更多的是面向城镇化、现代化、信息化以及一、二、三产业融合发展的人才需求。

MW村地处DY市南大门,境内有多条交通要道经过,拥有较好的交通和区位优势。概而言之,MW村既拥有接近XY村和JJ村那样的“城中村”资源,又拥有农村行政村应当拥有的各种自然资源,尤其是已经增值的土地资源和区位开发资源,或者说MW村正在由农村向城镇转变。目前该村已经具有良好的“村社合一”发展壮大农村集体经济组织基础,并且运行良好,这是DY市其他所有行政村所不具备的。MW村目前已经承接多个项目,年产值以百万元计,这也是其他行政村所不具备的。

由此可见,MW村需要的乡土人才已经不再局限于“乡土”,而是拥有现代经营管理理念、现代科学技术含量较高、现代信息技术支撑较强的经营管理人才。这些人才需求,如该村党组织书记所言,“我们需要项目经营人才、项目实施法务人才、开拓项目资源人才”,这些人才都跟传统意义上的“乡土人才”有本质区别。

(四)MZ村

1. 基本判断

MZ村被DY市列入6个推行“村社合一”示范村之一,主要原因在于:一是该村具有推行“村社合一”的各种要素和基础,包括组织基础、资源基础、人才基础、自然环境基础和区位优势等。二是该村地处该市经济开发区中心地带,两条高速建成通车所带来的经济社会发展正能量辐射和带动,以及中共Q州委党校等单位入驻该村,为MZ村经济社会发展创造了条件。三是该村班子团结和睦,工作思路开阔清晰,具有创新能力。四是该村周边有保存较好的民族特色村寨。五是该村地处交通要道,过往人员密集,是进出两广重要中转站。就该村乡土人才需求而言,围绕一、二、三产业融合发展培育培养所需乡土人才，是推进该村“村社合一”发展壮大集体经济组织的必由之路。

2. 基本情况

MZ村距市中心22千米，距镇政府驻地4千米，全村共有11个村民小组22个自然村寨1273户5047人。辖区面积约为30平方千米，辖区内有煤矿、重晶石矿、褐铁矿等，矿产资源丰富。多条要道穿村而过，清水江途经MZ村五个小组，沿岸水土保持良好，植被丰富，全村绿色植被覆盖率达到70%以上，空气质量优良。MZ村地理位置优越，交通非常便利。

3. 乡土人才需求

第一，MZ村需求人才排前三位的是种植养殖能手、农村经纪人、能工巧匠。第二，MZ村乡土人才储备较为充裕，MZ村通过《农村实用人才信息登记表》对本村实用人才信息进行采集，数据显示目前MZ村实用人才有478人，这些人才包括农村技能服务人才、农产品加工能手、村“两委”成员、农民合作社经营管理者等。第三，MZ村参加职业技术培训人员共计377人，其中男性243人，女性134人。

4. 推行“村社合一”的优劣势判断

MZ村在村“两委”带领下，经济社会发展已经走在DY市各行政村第一方阵前列。主要优势包括：党委班子团结凝聚坚强有力，大多数百姓家庭条件殷实，人力资源充裕，行政村自然条件好，道路交通便利，多家单位入驻带来更多的经济社会发展资源。MZ村的各种资源提质升级，周边独特的民族村寨和良好的自然山水可供挖掘和利用，以发展传统农业和现代农业相结合，以拓展乡村旅游、山地旅游、健康养生旅游为内涵的“农文旅”结合发展模式，是较为理想的产业选择。充分做好MZ村发展规划，既要科学论证又要循序渐进，值得MZ村村“两委”进一步谋划。

MZ村通过“村社合一”平台发展壮大集体经济组织，主要瓶颈和困难包括：第一，“村社合一”是新生事物，对于村“两委”和百姓都比较陌生；第二，近十年的征地拆迁工作所涉及到的各种利益关系和矛盾，没有彻底理顺，政府、村委会和村民没有形成应有合力；第三，村民经济条件优越，部分村民安于现状，按照新模式创新创业的动力不足；第四，村“两委”推行“村社合一”所需要的高素质经营管理人才和专业技术人才总量不足、质量不高；第五，上级政府给予村“两委”的自主权、经营权、决策权有限；第六，大量的村级党建和行政管理工作，耗费村“两委”不少精力，影响“村社合一”推进；第七，因地制宜和依托本村资源，制定“村社合一”规划，还需要学习和借鉴；第八，对有资质、有实力、有诚意的龙头企业的考察和招引，还需要进一步加强。

5.调研结论和建议

MZ村既有大部分农村行政村拥有的各种资源，也有因地处DY经济开发区核心区域，拥有DY高铁站、高速公路出入口、州委党校等单位入驻而带有城镇化的“城中村”发展趋向。在深度访谈该村党组织书记过程中，调研人员得知该村正在面向粤港澳大湾区发展生态旅游、健康养生产业，发展农家乐。如何利用剑江河流经该村以及高速高铁便利条件，附近民族特色村寨和传统村落等民族文化资源，需要进一步谋划。MZ村对农业产业类、工程项目类、劳动服务类、资源开发类和综合发展类人才都有需求。可见，MZ村推行“村社合一”发展壮大集体经济组织系统工程，可以坚定地走一、二、三产业融合发展之路，需要的人才是多元化、复合型人才。

六、提升型村乡土人才需求个案分析

（一）提升型村

按照DY市推行“村社合一”发展壮大集体经济组织发展程度相关标准，“提升型”村属于“集体经济组织还在逐步健全完善，具备某一方面资源优势，具有一定增长潜力，理顺发展思路之后，通过规范运营，可实现高质量发展的村集体经济组织”。这类村共计有54个，略占全部行政村的50%。此处选取有代表性而又实地开展了调研的行政村进行个案分析。

（二）M镇LM村和WJ村

选择M镇LM村和WJ村作为调研和个案研究对象，一是因为这两个村作为农村行政村拥有的自然资源条件、人力资源条件、交通区位条件、生产技术条件等均排在前列；二是这两个村都是DY市开展农业产业结构调整的典型坝区之一。其中LM村坝区是DY市省级重点坝区，主要面向粤港澳大湾区种植蔬菜；而WJ村坝区则主要生产优质水稻。

1.LM村

（1）基本情况。

LM村位于DY市南部，北距镇政府所在地5千米，距DY市区34千米。全村辖19

个村民小组,2019年总人口1056户3770人,有党员90人,入党积极分子5人。全村耕地2393亩。

该村所在坝区平均海拔820米,年均气温15.9 ℃,年均降雨量1458毫米,年均日照时数1175.5小时。坝区内有效灌溉总面积1299.23亩,机耕道总长5千米,大棚面积123亩,有冷库1座(3200立方米),农业信息中心1座,电网覆盖率100%,农机拥有量782台,综合机械化率达到60%。坝区有多家企业入驻,主导产业有蔬菜种植1184亩,花卉苗木15亩。蔬菜产品主要销往广州、长沙、贵阳及DY市;花卉销往上海、广州等地;山桐子苗木销往周边乡镇。

(2)对LM村的主要思考。

LM村是DY市较早推行土地流转提高产业发展成效的村寨,该村将所在坝区定位为粤港澳大湾区"菜篮子"后,可以辐射带动非坝区开展种植经营。在开展"村社合一"发展壮大集体经济组织中,需要充实集体经济组织人力资源。该村发展农业产业所需要的各种自然资源和社会资源整体上较好,比如当地的土地资源、水文资源、气候资源、人力资源等都比附近其他行政村充裕。另外,LM村也是M镇片区经济文化发展较好的村寨,尤其是外出读书和工作人员较多。如何依托该村较好的乡贤资源,进一步打造和带动LM村推进"村社合一"发展壮大农村集体经济组织,在已经取得省级"样板坝区"成效基础上,向"村社合一"示范型村寨迈进,需要综合思考和谋划。

2.WJ村

(1)基本情况。

WJ村位于M镇西部,面积13平方千米,距镇政府所在地约5.5千米。该村各组自然寨都有水泥硬化道路相通,电力、通信、网络宽带全覆盖,交通便利。全村辖5个村民小组12个自然寨,常住人口2500余人。耕地面积5500余亩,有可采摘茶叶种植面积1500余亩,是DY市自然条件较好的500亩以上坝区之一,主要产业以传统种植的水稻和油菜为主。现已流转600余亩给某公司种植"长寿果"。

(2)WJ村坝区各种自然资源较好。

WJ村所在坝区平均海拔850米,平均年气温14.7～15.7 ℃,年均降雨量1340毫米,年均日照时数1100小时,年均无霜期290天。WJ村所在坝区存在的主要问题是涉及产业较多、规模较小,产业化配套设施不完善,机耕道通达度覆盖面积小,引进的龙头企业实力较弱,当地人力资源支撑不够,政府支持和规划力度不足等。

(3)WJ村需要的乡土人才。

第一,WJ村需要专业财务人员,主要用于帮助理财;第二,需要专业管理人才,在

“村社合一”发展壮大集体经济组织中使用;第三,需要专业技术人才,比如种植“日本黄金桃”需要专业的技术人才。

(三)P镇KX村和KK村

1.P镇是DY市重要坝区和产粮区

P镇是DY市优质大米主要产区,所产大米口碑在DY市各乡镇排名靠前。就P镇推进“村社合一”发展壮大集体经济组织而言,P镇下属13个村都在2020年4月前完成建制任务,一些村已经开展实质性运营;就P镇开展坝区产业结构调整而言,DY市自然条件较好面积最宽的坝区基本上都集中在P镇。应当说,P镇是推进“村社合一”发展壮大农村集体经济组织和坝区产业结构调整任务最为繁重的乡镇。此处选取KX村和KK村进行个案分析,一是这两个村距离DY市城区较远,区位优势不明显;二是这两个村都位于坝区,都产优质大米,在“稳粮”战略中具有非常重要的意义;三是可以将两个村进行比较分析,KK村经济社会发展较好、人力资源充裕,外出工作读书人多,而KX村则相对闭塞,外出读书人和工作人员不多,更值得关注。更为重要的是,调研人员对KX村进行了实地调研,有关信息和数据值得重视。

2.KX村

(1)KX村KX大坝。

KX大坝位于DY市西南部,距离DY市中心城区58千米,距离P镇30千米。坝区面积1560.30亩,全部属于KX村,共有339户1362人。坝区平均海拔910米,年均气温15.8 ℃,年均日照时数1158.9小时,年均降雨量1300毫米,年均无霜期290天。坝区内有效灌溉面积1550亩,机耕道总长2.22千米,电网覆盖率100%,农机拥有量285台,综合机械化率达到85%。坝区入驻企业有3家。坝区种植有优质稻米面积1430亩、中药材170亩。优质稻米由JH公司销售,中药材由YF公司销售。

(2)KX村目前存在的困境。

第一,已经流转出去给龙头企业的水田种植白芨(124亩),由于疏于经营管理,田内杂草丛生。村支书说,龙头企业已经拖欠该村农户误工费20余万元;土地流转资金也没有全部到位。第二,由于KX村区位偏僻,龙头企业不看重KX村产业结构调整带来的收益。第三,流经KX村坝区的白水河(小河沟)是伏流河,每年都存在水灾的可能,对坝区产业发展有影响。第四,KX村需要有实力、有意愿、有诚意的龙头企业来带动，也需要更多的乡土能人来支持。

（3）对KX村的思考。

KX村发展需要的乡土人才是全方位的，首先是该村劳动力外出务工比例高，留在家中的不多。按照驻村工作队的建议，KX村需要解决的问题包括：第一，只有设法解决KX村交通问题，KX村才有出路；第二，在产业发展规划上，需要强大的龙头企业牵动，重新定位产业发展规划，在品牌上下足功夫；第三，坝区配套设施存在不足，尤其是坝区蓄水工程，可以考虑修建山塘水库蓄水；第四，设法提高抗灾能力；第五，该村外出务工有六七百人，可考虑充分利用；第六，当地刺梨种植约有2300亩，亩产约700斤，可强化经营管理，设法向外销售刺梨。

3.KK村

（1）基本情况。

KK村坐落于DY市西南面，距镇政府驻地21千米，距DY市区48千米。KK村总面积75平方千米，水田11550.12亩，旱地6911.96亩。KK村全村人口1441户6328人，该村坡地多、平地少，人均耕地面积少，在产业发展上难以形成规模化经营。一是自然资源禀赋不足。二是村组偏僻，交通不便，经济社会发展相对滞后。

（2）KK坝区。

KK村拥有KK大坝，是DY市著名的优质水稻产区之一。KK坝区距离市中心43千米，坝区总面积5397.90亩，涉及农户1070户4578人。KK坝区平均海拔956米，年均气温14.7～15.7℃，年均日照时数为1100小时，年均降雨量1340毫米，年均无霜期290天。坝区内有效灌溉面积4803.3亩，机耕道总长7.135千米，电网覆盖率100%，农机拥有量750台，综合机械化率达到95%。坝区入驻企业有4家。主要产业有蔬菜种植500亩、“优质水稻+鱼+鸭+蔬菜”4303亩。

（3）乡土人才需求思考。

KK村和KX村迫切需要种植养殖能手、农村经纪人和有实力的龙头企业带动。KX村和KK村都是DY市比较偏远的布依族村寨，拥有充足的水源、热量、农耕技术、生产经营管理经验，有配置良好的坝区水稻种植生产。KX村虽然不算富足但粮食完全可以自给，需要提升的是农产品增值能力，这既需要政府和各界的大力扶持和帮助，也需要种植养殖大户、农业经纪人、农民企业家乃至回乡创业人士齐心协力共谋发展。村级班子有实干精神但开拓创新和谋划能力有局限，需要政府给予更多关注。KK村是著名的“KK大米”生产核心区，当地百姓富裕程度超过其他村寨，KK村最大的问题是村“两委”工作能力偏弱，难以调动KK村民众参与“村社合一”发展壮大集体经济组织，以及进行坝区农业产业结构调整。龙头企业的引进也没有达到“龙头”效应和预期，一些经济效益的博弈使土地难以流转，老百姓也不愿意流转，有的老百姓说“流转出去的土地种植的作物及其收成，不如我们自己种植的”，说明他们对龙头企业和村集体不信任，如何让“乡土人才”来驾驭和主导KK村经济社会发展，还需要进行更多的思考。

七、培育型村人才需求及建议

（一）概况

DY市培育型村共计49个。

（二）X街道GL村

1.基本情况

GL村全村含7个小组9个自然村寨，有425户1599人。党员有46人，女性党员14人，30岁以下党员7人。全村劳动力800多人，90%外出务工，主要在DY市从事建筑、家政等工种。村“两委”班子4人，有村集体资产价值131万元。

该村于2020年4月份实施“村社合一”，由组织委员任理事长，由村党支部书记任监事会会长。建立“村社合一”章程，采取资产自然资源折股量化赋权赋码，放活经营权。有社员1334人，以土地资源、人力资源入股。主要发展田域经济项目，包括鸡养殖，优质水稻种植、海花草种植，土鸡蛋产销，稻家鱼、稻家鸭养殖。

GL村的优势在于自然生态环境佳，有天然林、荒山草场，有蕨菜资源。该村劣势在于缺乏水资源，是空壳村，老人小孩在村子住，年轻人外出务工。该村海拔高，白天热量足，晚上凉爽，水稻生长期长，存在干旱风险。

2.对策建议

DY市将GL村开展“村社合一”定位为“培育型”符合实际。该村除了拥有较好的土地、气候和山水等自然资源外，人力资源和经济资源较为紧缺。另外，该村地处偏远，交通不便，种植养殖业生产出来的产品难以实现应有价值。如果从农村实用人才需求进行分析，GL村需要的乡土人才是：第一，愿意留在家乡带领村民发展致富的村组干部；第二，需要种植养殖能手去开发当地的地力资源；第三，需要善于经营管理的农业经济人才；第四，需要回乡创业的大中专毕业生；第五，需要懂得设计规划的专门人才。

（三）Y镇BG村

1.基本情况

Y镇BG村是DY市人口最多的行政村，该村人口数量接近10000人。BG村曾经是BG镇建制所在地，村寨较多，人力资源丰富。

BG村位于DY市东部，距市区30千米，距镇政府驻地10千米。全村总面积48.34平方千米，居住有汉、苗、布依、水等多个民族，是一个以苗族风情为主的行政村。BG村有国道、高速过境，清水江横穿而过。

BG村有农村户籍人口2327户9213人。有党员225人（包括驻村干部），下设7个党支部14个党小组。村“两委”班子成员11人，平均年龄48.5岁，最大59岁、最小34岁，高中以上学历6人、初中学历5人。

2.产粮坝区

BG村也是DY市著名的产粮坝区，该村有两个坝区，即YY坝区和BG坝区。YY坝区面积1582亩，种植农作物1215亩，其中种植蔬菜100亩、稻桩蚕豆50亩、大棚西瓜45亩、小麦20亩、油菜1000亩。均为散户种植，无企业入驻。

BG坝区面积1687亩，种植农作物面积1145亩，涉及BG村6个村民小组，其中种植蔬菜300亩、中药材50亩、食用菌5亩、油菜450亩、葡萄340亩。除葡萄340亩由DY市某种植合作社流转种植外，其他均为散户种植，无企业入驻。BG坝区平均海拔746米，年均气温17.5 ℃，年均降雨量1431毫米，年均日照时数1181小时，年均无霜期290天。坝区有效灌溉面积795亩，机耕道3.8千米，电网覆盖率达100%，农机拥有量1650台，综合机械化率达到90%。BG坝区存在的主要困难和问题：一是基础设施落后；二是缺乏新型农业经营主体或龙头企业入驻带动；三是产业发展缺乏项目资金支持；四是缺乏市场信息和乡土人才。

3.现实需求、当地优势和主要困难

现实需求：第一，BG需要农产品销售人才；第二，需要善于经营管理的人才；第三，需要龙头企业带动；第四，需要发挥基层党组织作用；第五，村集体经济实力较弱，希望得到外部支持。

当地优势：第一，BG村是DY市东部重要交通枢纽之一，具有区位优势；第二，BG

村有丰富的物产资源;第三,BG村拥有集镇和集市,人口较多;第四,BG村党建引领树立了榜样;第五,BG村拥有保存完好的苗族文化(民族文化);第六,BG村民风淳朴;第七,BG村生态环境良好。

主要困难:第一,村集体经济较弱;第二,老百姓观念比较落后,闯劲不足;第三,缺乏支撑当地经济社会发展尤其是产业发展的乡土人才;第四,上级帮扶成效有限。

4.调研建议

BG村在推进农业产业结构调整和推进"村社合一"发展壮大集体经济组织过程中,具有其他村所不具有的独特优势。第一,该村自然资源尤其是土地资源丰富,土质肥沃适合农作物生长,具有进行农业产业结构调整和推进"村社合一"所需要的各种条件;第二,BG村人力资源较为丰富,民风淳朴,民族文化有特色,可以打造"农文旅"结合的发展模式;第三,BG村是两州三县交会处,可以加强与其他乡镇乃至村寨的交往交流,拓展发展空间;第四,BG村有多个相对集中、人口较多的自然寨,可以大胆尝试推行农村"社区化"管理和服务。

鉴于此,BG村所需人才主要还是农村实用人才,诸如种植养殖能手、农业经营管理人才、农民企业家、带头致富的村组干部,以及返乡创业大中专毕业生等。当然,这也需要乡贤给予支持,更需要政府大力扶持。

(四)GN乡DD村和HX村

GN乡是DY市水族聚居区,调研人员在GN乡进行多次调研,走访的村寨也较多。此处主要介绍GN乡推进"村社合一"发展壮大集体经济组织的情况,同时选取DD村和HX村作为个案进行分析。

1.DD村基本情况

DD村位于GN乡东南部,距DY市中心45.6千米,距GN乡政府驻地14.6千米。全村总面积22.6平方千米,下设5个组12个自然寨,有306户1317人,有水田1636.87亩、旱地503.42亩,有茶园3000亩(其中可采茶园2000余亩),海花草种植面积800亩。

2.HX村基本情况

HX村位于GN乡正南面,距乡政府驻地3千米。全村总面积10平方千米,其中:耕地2464亩,林地9889亩。全村共7个村民小组,387户1481人,主要民族为水族、苗族、汉族等。

3.调研建议

DD村的主要优势在于:一是该村有较好的传统优势产业,即毛尖茶产业,也有近几年发展起来的海花草种植业;二是该村自然生态环境良好,是践行"绿水青山就是金山银山"的好地方;三是该村山沟峡谷等自然生态跟邻县景区一脉相连,可以整合开发;四是该村"两委"班子年轻有为,有发展思路,有闯劲,有凝聚力。HX村的主要优势与DD村相似,同样可以发展茶叶种植和海花草种植;也可以将绿水青山变成"金山银山"。另外,HX村"两委"班子团结,有凝聚力,尤其是村党组织书记是复员退伍军人,具有较为开阔的发展视野。

DD村在推行"村社合一"发展壮大集体经济组织和进行农业产业结构调整过程中,遇到的主要难题有:一是地处偏远交通不便,尤其基础设施落后难以同外界相通相连;二是群众观念比较陈旧,创新创业比较保守和艰难;三是支柱产业茶产业和海花草产业所能吸纳的劳动力有限,该村因绝大多数精壮劳动力外出务工,已经是名副其实的"空壳村";四是该村没有多少乡土人才或乡贤储备。HX村产业发展比DD村看好,但DD村存在的问题和困难在HX村同样呈现。因此,DD村和HX村对于乡土人才和乡贤的需求,比其他乡镇的村寨更为迫切。

(五)P镇BS村

P镇下设9个村。该镇是某品牌优质茶叶生产的重点区域,但BS村不是主要产茶村。该村是DY市推行"村社合一"发展壮大集体经济组织"培育型"村中,最需要培育的行政村。

1.基本情况

BS村距离DY市城区60千米,距镇政府所在地15千米,该村在2004年由3个村合并成立,村委会驻地在BS村。全村总面积39平方千米,有耕地425.82公顷、林地2083.52公顷、草地(牧草)285.57公顷。BS村山多地少,地形较为复杂,土地为山地黄棕壤,以矿砾质为主,质地疏松,适宜农林牧业发展;村森林覆盖率约56%。BS村海拔在980~1720米之间,平均海拔1480米,有丰富的煤矿资源和中药材资源,自然生态环境适合种植药材、茶叶、生姜、海花草等农作物,也适合发展养殖业,诸如林下养鸡、养猪、养黑山羊及特种养殖等。

BS村有11个村民小组562户2137人,主要民族为布依族,约占全村总人口的98%,居民内部交往一般用布依话。该村劳动力就业主要集中在传统的种植业和外出务工,增收渠道狭窄。全村有水塘6口、水沟8条,灌溉面积百亩以上的大堰6道。

2.主要困难和对策建议

主要困难:第一,BS村偏远落后,群众思想观念陈旧,群众创新创业欲望和办法有限。第二,BS村所有资源资产、田地山林等,全部归各组村民所有,全部划分到户,故BS村没有集体资产资源,这在一定程度上制约了BS村开展“村社合一”发展壮大集体经济组织。第三,BS村拥有的各种自然资源,因其区位条件受限,难以体现出价值,比如该村村民愿意将土地进行流转,每年价格仅需要300元左右,但是这样的价格也吸引不了龙头企业入驻BS村。第四,根据DY市农业农村局对BS村进行的“农村实用人才信息统计”,该村的农村实用人才仅有2人。第五,BS村绝大多数精壮劳动力都外出务工,外出务工人员占全村劳动力90%以上,BS村“空壳”严重。

对策建议:第一,加强BS村基层党组织建设,配齐配强村“两委”和“村社合一”工作班子;加强村“两委”班子思想政治素质和工作业务能力提升工作。第二,采取切实措施培育培养BS村新型农业经营主体,尤其是种植养殖大户、农民企业家等。第三,政府加大对BS村经济社会发展的关注和投入。第四,BS村可以定位为农业产业村、自然生态村和民族文化传承村,走“农文旅”发展之路。第五,BS村有一些乡贤在外工作,可以设法发挥其作用。

八、问题综述和对策建议

DY市推行“村社合一”是中共DY市委、DY市人民政府根据党的乡村振兴战略,结合DY市农村具体实际制定出台的一套行动方案。这套方案旨在将党的“三农”工作理论与DY市产业振兴、人才振兴、文化振兴、生态振兴和组织振兴有效衔接,助推DY市农村乡村振兴。就DY市推行“村社合一”与DY市现有的乡土人才储备而言,通过调研,研究者认为DY市现有的乡土人才储备不足以支撑DY市推行“村社合一”这一系统工程。同时,DY市推行“村社合一”是中共DY市委和DY市人民政府在新时代加强党的基层组织建设,努力实现DY市农村基层社会治理体系和治理能力现代化的重要举措,原有的“乡土人才”概念和模式已经不能适应新时代发展需求。DY市乡土人才在总体上储备不足,是制约DY市推行“村社合一”的主要瓶颈。

如何实现乡土人才对DY市推行“村社合一”的支撑,是急需解决的问题。DY市乡土人才队伍建设工程,还有很长的路要走,任务艰巨。DY市乡土人才多年来处于

"散养"状态,现在推行"村社合一"以及农村产业结构调整尤其是切区农业产业结构调整,遇到的乡土人才需求瓶颈,在短时期内难以解决。DY市虽然将109个行政村按照"村社合一"推进程度,划分为"示范型""提升型"和"培育型",同时综合各种发展要素将109个行政村划分为"农业产业类""工程项目类""劳动服务类""资源开发类"和"综合发展类",但这样的划分仍显粗略,不能体现"因地制宜和具体问题具体分析"原则,更不能揭示目前DY市推行"村社合一"正在遇到的困难和呈现出来的突出问题。如何让这些乡土人才在DY市109个的村产业发展中"对号入座",是亟待解决的问题。

从客观上分析,DY市推行"村社合一"不仅仅是乡土人才储备和需求问题,乡土人才需求和储备也仅仅是政府亟待解决的诸多问题之一;在更宽泛的层面上,只有实现乡村人才振兴,才有可能实现乡村的产业振兴、文化振兴、生态振兴和组织振兴。

(一)问题分析

1.DY市乡土人才储备总量不足

(1)大量精壮劳动力外流。

改革开放和城镇化建设背景下,适龄劳动力对农村及土地的依赖性减弱,大量农村人口尤其是精壮劳动力涌入城镇。而城镇拥有比农村好的教育、医疗、生活等资源,加速农村人口向城镇流动。在义务教育阶段,为整合和聚集教育资源,教育行政部门将大量村级甚至乡级学校撤并,使得适龄儿童进入城镇学校读书,父母为了"陪读"也相应进城谋生。上述几个方面的惯性驱动,使得DY市农村人口少于城镇人口(DY市农村人口和城镇人口分别占40%和60%),进入城镇的人口主要包括精壮劳动力、适龄儿童,而精壮劳动力恰恰是乡土人才的重要组成部分。

从客观上讲,DY市农村人口流向城市,并非全部流向DY市。有很多精壮劳动力流向DY市以外的省内和省外地区,这种流向是客观必然的,是市场经济驱动的结果,也是难以逆转的。实地调查结果显示,比较偏远的农村18岁至60岁的劳动力外出务工或因为其他原因外出,一般占80%以上的比例,而经济社会发展条件较好的村寨,外出务工人口一般占50%~70%。只有紧靠DY市城区的这些"城中村"不存在劳动力外出务工问题。

(2)农村发展不充分难以吸引外出务工精壮劳动力回流。

正如党的十九大报告指出的那样,我国社会的主要矛盾是人民日益增长的美好生活需要和不平衡不充分的发展之间的矛盾。DY市农村各村寨就是不平衡和不充分发展的地区。不平衡不充分意味着投入和产出之间效益悬殊，即在生产经营过程中，投入的劳动力可能很多但是得到的收益很少。

这种状况无论在种植业还是在养殖业上都有体现，DY市茶叶种植状况就是明显的例子，“种茶叶的不如采摘茶叶的、采摘茶叶的不如贩卖茶叶的”。调研人员在调查期间，实地走访当地的茶叶种植农户，得到的结论是许多农户不愿意种植茶叶，而宁愿去采摘茶叶。原因是农户们觉得同等劳动力采摘茶叶，比种植茶叶有更好的经济效益。从事农业面对的自然灾害风险很高，比如2024年从9月上旬至10月国庆长假期间，包括DY市在内的许多地区一直阴雨连绵，影响稻谷采收。在调研时许多老百姓都说，直接从事农业生产风险太高。

（3）具备乡土人才资格的劳动力人口占比偏低。

根据DY市农业农村局统计，DY市10个乡（镇、街道）109个行政村共有农业人口318700人，经调查统计有农村实用人才12517人，占总人口的3.93%；农村实用人才中，女性2248人，占总实用人才的18%；中共党员1441人，占总实用人才的11.5%；少数民族10712人，占总实用人才的85.6%。

通过对GN乡DD村和HX村、M镇WJ村、MJ镇BS村、JZ村和BM村、YD镇MZ村等农村实用人才进行个案调查，发现上述村寨农村实用人才比例也不高。其中最低是BS村，统计人数仅为2人，其中1人为“民间艺人”，1人为“农产品加工能手”；BM村统计农村实用人才有5人，其中1人为“民间艺人”，另外4人为“农民合作社经营管理者”；在GN乡HX村，统计农村实用人才共计120人，其中生产型63人、经营型4人、农村技能服务型21人、农村技能带动型13人、社会服务型19人；在M镇WJ村（该村是DY市著名的产粮坝区），统计农村实用人才总量为130人，其中生产型21人、经营型30人、农村技能服务型52人、农村技能带动型16人、社会服务型11人；YD镇MZ村统计农村实用人才有476人，其中生产型85人、经营型7人、农村技能服务型377人、社会服务型7人。

（4）“读了初中就去打工”驱动。

“读了初中就去打工”和“读了初中就去读职中”是当地村寨鼓励年轻人外出谋生的响亮口号。言下之意是“读了初中就要离开家乡外出谋生”，只有外出谋生才能显示自己的价值。

（5）农村“适婚男青年失婚”导致村寨人口锐减。

外出务工带来的是，农村女孩子选择外嫁出乡村、出乡镇、出DY市的比比皆是，而农村男孩子不一定能够取回同等数量的外乡女孩子，许多男青年到了婚龄一直未婚,这一结果导致的是民族村寨人口增长锐减,或者这些男青年选择不再回家使村寨人口越来越少。

(6)民族村寨消失吸引外界关注的魅力减弱。

DY市109个农村行政村中,有部分村寨在衣食住行等方面具有民族特色,有的还有民族语言,比如MJ镇BM村、BS村和FX村等,PL镇KY村、GX村、JR村和KL村等,这里的老百姓在平时交流都是用布依族语言;又如GN乡几乎所有的水族村寨都还在使用水族语言;还有YD镇的XC村、WZ村、TH村、GB村、YL村则是讲苗语的村寨。上述村寨是DY市少数民族文化保存较为完整的村寨。改革开放40多年来,这些村寨的民族语言加速消失,同民族语言一起消失的是服饰、民居、生产生活习俗。随着民族特色的不断消失,这些曾经吸引外界的要素及其所能发挥的效益魅力也不复存在。

2.现有的乡土人才储备与"村社合一"对人才的需求不对称

(1)乡土人才与现代企业经营管理不匹配。

乡土人才是指传统意义上的农村种植养殖能手、农技协会骨干、农村经纪人、能工巧匠、农民企业家、带头致富的村组干部、回乡创业的大中专毕业生、知识分子、退伍军人、民间医生、教师和艺人等。种植养殖能手的任务是从事种植养殖业生产,农技协会骨干擅长农业技术,农村经纪人擅长在生产和销售之间牵线搭桥,农民企业家擅长利用当地资源开办乡镇企业,带头致富的村组干部擅长落实政策和组织协调调动,回乡创业大中专毕业生和知识分子有知识有文化擅长理论和文书,民间艺人擅长民间文化。上述各类乡土人才中,还应包括乡贤,即出生于本乡本土、德高望重、热心家乡事业、在外工作的乡里能人,他们大多见多识广有一定思路。

DY市推行"村社合一"发展壮大集体经济组织,在性质上同省州内其他县市一样,推行的是一种"股份制合作社",是"公司制"实体,它需要严格按照现代企业制度运行才能产生效益。现代企业制度强调的是以规范和完善的法人制度为主体,以有限责任制度为核心,以股份有限公司为重点的产权清晰、权责明确、政企分开、管理科学的一种新型的企业制度。现代企业需要懂得现代经营管理理念和规则的人才,乡土人才可以是现代企业管理人才储备的基础,但不是唯一的基础。或者说,乡土人才属于第一产业类人才,而"村社合一"股份合作社运行需要的是第一产业、第二产业和第三产业人才。因此,现有的乡土人才储备跟"村社合一"运行所需人才不够匹配、不够对称。尤其是村"两委"交叉进入承担"村社合一"发展壮大集体经济组织的村干部,需要从传统的乡土人才转换成现代企业管理型人才,以更好地推动股份制合作社运行和发展。

(2)推行“村社合一”需要的是现代经营管理人才。

DY市推行“村社合一”的主要任务是:以提升党组织组织力为重点,规范组建党组织领导下的农村集体经济组织,通过规范形式、规范赋税赋权、明晰职能职责、完善组织方式等措施,坚持规范化、实体化、企业化,激活农村经济发展主体,释放农村经济发展功能。上述任务中,“提升党组织组织力”需要村干部具备党性原则、道德情操、廉洁自律、政策水平、民主作风、奉献精神、心理素质和创新精神等综合素质,更需要把握方向、谋划全局、团结协作、带头执行、学习提高、带动致富、依法办事和群众工作能力,这些素质和能力并不是“乡土人才”或者乡贤所具备的。调研人员在MW村调研时,该村党组织书记说他们急需“项目开拓人才”“法律法规人才”“企业会计人才”和“项目经营管理人才”;在MZ村调研时,该村党组织书记说他们需要具有开办“农文旅结合”的农家乐性质的经营管理人才,需要利用当地区位和自然资源从事项目开发的人才;在DPS村,该村党组织书记说,他们需要“既懂得保护自然生态又会利用自然生态赚钱的人才”;在MJ镇BS村,该村党组织书记说“现在村里留下的人不多,什么样的人才都需要”。就是说,现在推行“村社合一”发展壮大集体经济组织,需要的是具备现代气息的经济类、管理类人才,原有的“乡土人才”有局限。

3.DY市各村对“乡土人才”需求情况不一

依据区位、产业、人才、资源等要素构成,DY市将109个行政村分为农业产业型、劳动服务类、资源开发类、工程项目类和综合发展类共计5个类型。这个分类也只是大概,并不能完全真实反映各村具体情况。一般而言,没有土地资源的“城中村”的发展方向是第三产业,可以归属“工程项目类”和“综合发展类”。而偏远的村寨情况不一,有的村寨因自然资源丰厚适合农业产业发展,尤其是拥有坝区资源的村。截至2024年,DY市共计有35个坝区,面积达到5.53万亩,这些坝区是DY市的“粮仓”,发展农业是主要任务。有的村寨地处高山峡谷,土地资源少而贫瘠,如何发展定位需要科学论证;有的村寨地处生态资源核心区和水源区,保护生态是主要任务;有的村寨保存有较好的民族文化的重任,在推进产业发展的同时,是否还肩负保护传承地方民族文化的重任,也值得思考。

4.乡土人才需求应当面向五大振兴

乡村振兴的总任务是“产业兴旺、生态宜居、乡风文明、治理有效、生活富裕”,乡村振兴包括“产业振兴、人才振兴、文化振兴、生态振兴、组织振兴”。产业振兴是基础,需要人才、资源、资金、技术、劳力等要素,说到底需要人才。人才振兴需要乡土人才、劳动力、干部、乡贤等。文化振兴包括中华民族优秀传统文化、民族地区自身特色文化,需要的人才素养更高。生态振兴需要协调人与自然的关系,也需要高素质人才。组织振兴需要合格的村干部,这也是对高素质人才的需求。正如习近平总书记所说,“乡村振兴,人才是关键。要积极培养本土人才,鼓励外出能人返乡创业,鼓励大学生村官扎根基层,为乡村振兴提供人才保障”。就是说乡村振兴人才是基石,农村经济社会发展,说到底关键在人;农民是乡村振兴的主力军,要就地培养更多爱农业、懂技术、善经营的新型职业农民。要通过富裕农民、提高农民、扶持农民,让农业经营有效益,让农业成为有奔头的产业,让农民成为体面的职业。乡土人才需求不仅仅面向产业振兴和人才振兴,还要面向文化振兴、生态振兴和组织振兴。

(二)国家重要文件带来的启示

《中华人民共和国国民经济和社会发展第十四个五年规划和2035年远景目标纲要》提出优先发展农业农村,全面推进乡村振兴,强调坚持把解决好“三农”问题作为全党工作重中之重,走中国特色社会主义乡村振兴道路,全面实施乡村振兴战略,强化以工补农、以城带乡,推动形成工农互促、城乡互补、协调发展、共同繁荣的新型工农城乡关系,加快农业农村现代化。提出提高农业质量效益和竞争力、实施乡村建设行动、健全城乡融合发展体制机制、实现巩固拓展脱贫攻坚成果同乡村振兴有效衔接这4个方面的建设路径。认真学习贯彻落实《中华人民共和国国民经济和社会发展第十四个五年规划和2035年远景目标纲要》,我们在DY市推进“村社合一”与乡土人才队伍建设方面得到以下启示。

1.在战略规划上力求做到优先发展农业农村,全面推进乡村振兴以聚集人气

中共中央、国务院从2004年下发《关于促进农民增加收入若干政策问题的意见》至2020年下发《关于抓好“三农”领域重点工作确保如期实现全面小康的意见》,连续不间断地以中央一号文件方式出台关于“三农”工作的政策,足以证明中央对“三农”工作的关注和期盼。“优先发展农业农村,全面推进乡村振兴”是做好“三农”工作的战略定位,是制定国民经济和社会发展“十四五”规划和2035年远景目标根本出发点。只有确立“三农”工作战略定位,才有可能在DY市实施乡村振兴战略中确保人力资

源、资金资源、技术资源、政策资源等要素向DY市农村倾斜，才能赋予DY市农村应有的“价值”，才能“聚集人气”，才能吸引人才、留住人才。

2. 在工作思路上强化各方面的乡土人才支撑

第一，培养具有“提高农业质量效益和竞争力”意识和能力的乡土人才。包括具有国家粮食安全、耕地保护、智慧农业、绿色导向、优质粮食和产业融合发展等意识和能力的乡土人才等。

第二，在“实施乡村建设行动”中充分发挥乡土人才作用。充分调动各村各寨乡土人才参与乡村建设行动积极性，着力提高广大农民群众科技文化素质。要搭建好各种平台采取切实措施提高农民群众尤其是乡土人才的科技文化素质，推动乡村人才振兴。

第三，在“健全城乡融合发展体制机制”中培育乡土人才。尤其要加快培育农民合作社、家庭农场等新型农业经营主体，健全农业专业化社会化服务体系，发展多种形式适度规模经营，实现小农户和现代农业有机衔接等方面的乡土人才。

第四，在“实现巩固拓展脱贫攻坚成果同乡村振兴有效衔接”中培育培养乡土人才。包括加快培养培育在脱贫攻坚与乡村振兴有效衔接中的帮扶机制、产业可持续发展、社会保障救助和协作帮扶等方面的乡土人才。

（三）对策建议

如前所述，DY市农村推行“村社合一”，所需要的人才不仅仅是乡土人才和乡贤，还应当包括其他各级各类人才，尤其是高级人才。习近平总书记对乡村振兴与人才需求之间的关系有许多精辟论述。一是认为人才振兴是乡村振兴的基础。他说要创新乡村人才工作体制机制，充分激发乡村现有人才活力，把更多城市人才引向乡村创新创业。二是要深化人才发展体制机制改革，要破除人才在引进、培养、使用、评价、流动和激励等方面的体制机制障碍，实行更加积极、更加开放、更加有效的人才政策，形成具有吸引力和竞争力的人才制度体系，实现聚天下英才而用之。三是要拓宽用人视野，打开视野不拘一格，把各方面人才作用充分发挥出来，以更高的站位和更宽的视野去发现人才、使用人才、配置人才。四是认为我国涉农高校肩负着培养“知农爱农”人才重任。他说中国现代化离不开农业农村现代化，农业农村现代化关键在科技、在人才。新时代，农村是充满希望的田野，是干事创业的广阔舞台，我国高等农林教育大有可为。他希望各高校继续以立德树人为根本，以强农兴农为己任，拿出更多科技成果，培养更多知农爱农新型人才，为推进农业农村现代化、确保国家粮食安全、提高亿万农民生活水平和思想道德素质、促进山水林田湖草系统治理，推进乡村全面振兴不断作出新的更大的贡献。五是要汇聚全社会力量，强化乡村振兴人才支撑。要全面建立职业农民制度，加强农村专业人才队伍建设，发挥科研人才支撑作用，鼓励引导工商资本参与乡村振兴，鼓励社会各界人士投身乡村建设。六是要加强“三农”工作干部队伍的培养、配备、管理、使用，把到农村一线锻炼作为培养干部的重要途径，形成人才向农村基层一线流动的用人导向，造就一支懂农业、爱农村、爱农民的农村工作队伍。七是面向“四新”培养更多理工农医等紧缺人才，着眼经济社会发展和未来市场需求办好职业教育，科学设置学科，提高层次和水平，培养更多专业技能型实用人才。八是推动乡村振兴必须把人力资本开发放在首位，强化乡村振兴人才支撑，加快培育新型农业经营主体，让愿意留在乡村、建设家乡的人留得安心，让愿意上山下乡、回报乡村的人更有信心，激励各类人才在农村广阔天地大施所能、大展才华、大显身手，打造一支强大的乡村振兴人才队伍，在乡村形成人才、土地、资金、产业汇聚的良性循环。习近平总书记关于乡村振兴和农村人才需求之间密切关系的论述，为我们构建DY市乡土人才培养和使用体系指明了方向。

1.认真做好DY市乡土人才规划工作

（1）做好乡土人才需求调研工作。

根据DY市推行“村社合一”实际情况，在DY市农业农村局对农村实用人才统计基础上，重新编制更为科学合理的DY市农村实用人才（“村社合一”所需人才）信息采集表，明确要求各乡镇组织力量对辖区各村乡土人才和乡贤状况进行调研。在充分论证DY市109个行政村推进“村社合一”发展壮大集体经济组织对包括乡土人才在内的各级各类人才需求基础上，为DY市编制乡土人才需求规划提供依据。

（2）科学编制DY市乡土人才需求规划。

科学编制DY市人才需求规划，将DY市实施乡村振兴战略与推行“村社合一”发展壮大农村集体经济组织，以及农业产业结构调整，与农村人才需求结合起来。重点考虑和分项编制产业振兴、人才振兴、文化振兴、生态振兴和组织振兴对应的人才需求。规划内容应当包括：规划背景和目的、指导思想、基本原则、已有发展基础、重点任务、具体措施和保障等。

2. 实施DY市新型农业经营主体培育培养计划

(1)充分认识新型农业经营主体是带动农村社会发展的中坚力量。

在现阶段,新型农业经营主体主要包括种植养殖大户、家庭农场、农民合作社和龙头企业。

党的二十届三中全会提出了促进农民合作经营的要求,强调新型农业经营主体的扶持政策应与带动农户增收紧密相连。为此,需加速培育新型农业经营主体,构建以农户家庭经营为基础、以合作与联合为纽带、以社会化服务为支撑的多层次复合型现代农业经营体系。这对于推进农业供给侧结构性改革、引导农业适度规模化经营、促进农民就业和增收、激发农业农村发展新动力具有重要意义。因此,建议在DY市实施新型农业经营主体的培育计划。

(2)实施新型农业经营主体计划主要举措。

一是明确指导思想和基本原则。在指导思想上,坚持以习近平新时代中国特色社会主义思想为指导,深入贯彻落实党关于实施乡村振兴的意见,历年中央一号文件精神,以及习近平总书记关于“三农”和乡村振兴工作重要论述。在基本原则上,坚持农村土地集体所有和家庭经营基础性地位;坚持发挥市场在资源配置中的决定性作用和更好发挥政府作用;坚持落地见效和齐抓共促相结合;坚持因地制宜特色发展,重点支持新型农业经营主体发展绿色农业、生态农业、循环农业,率先实施标准化生产、品牌化营销、一、二、三产业融合,走产出高效、产品安全、资源节约、环境友好的发展道路。

二是充分发挥政策对DY市新型农业经营主体发展的引导作用。这些政策包括引导新型农业经营主体多元融合发展;引导新型农业经营主体多路径提升规模经营水平;引导新型农业经营主体多模式完善利益分享机制;引导新型农业经营主体多形式提高发展质量。

三是建立健全支持DY市新型农业经营主体发展政策体系。这些发展政策包括完善财政税收政策;加强基础设施建设;改善金融信贷服务;扩大保险支持范围;鼓励拓展营销市场;支持人才培养引进;等等。需要特别指出的是,在支持人才培养引进上,要依托新型职业农民培育工程,整合各渠道培训资金资源,实施现代青年农场主培养计划、农村实用人才带头人培训计划以及新型农业经营主体带头人轮训计划,培养更多爱农业、懂技术、善经营的新型职业农民;要办好农业职业教育,鼓励新型农业经营主体带头人通过“半农半读”、线上线下等多种形式就地就近接受职业教育,积极参加职业技能培训和技能鉴定；要鼓励有条件的地方通过奖补等方式，引进各类职业经理人，提高农业经营管理水平；要将新型农业经营主体列入高校毕业生“三支一扶”计划、大学生村官计划服务岗位的拓展范围，鼓励大中专毕业生、退伍军人、科技人员等返乡下乡创办领办新型农业经营主体；要深入推行科技特派员制度，鼓励科研人员到农民合作社、龙头企业任职兼职，完善知识产权入股、参与分红等激励机制；要建立产业专家帮扶和农技人员对口联系制度，发挥好县乡农民合作社辅导员的指导作用。

3.加强村组干部人才培养

加强对各村组干部的培养。尤其是加强对DY市109个行政村的村党组织书记、村委会主任、村委委员和组织员的培养。按照村组干部应当具备8项综合素质（党性原则、道德情操、廉洁自律、政策水平、民主作风、奉献精神、心理素质和创新精神）和8项综合能力（把握方向、谋划全局、团结协作、带头执行、学习提高、带动致富、依法办事和群众工作）要求，对全市109个行政村的干部进行培养培训。由中共DY市委组织部牵头同DY市内高校签订村干部综合素质能力提升培养培训协议，建立DY市农村干部队伍培养培训基地，有计划地对DY市所有在任村级干部和后备干部进行培养培训。

加强对DY市村级干部队伍结构调整，将村级干部队伍任职年龄、性别、任职履历、工作实绩以及8项综合素质和8项综合能力考核，作为选用村级干部标准。采取切实措施稳定村级干部队伍，让愿意留在乡村、建设家乡的人留得安心。要创新稳定村级干部模式，包括努力提高经济待遇；面向村级干部降低国家公务员录用门槛，让符合条件的村干部有机会通过招考进入公务员队伍；实行村级干部任职满一定年限可以享受退休工资等社会保障制度；建立鼓励在外工作的离退休干部返回乡村，通过竞选方式出任村组干部制度；建立鼓励乡贤回乡参与村组公务员制度；等等。

4.加大对回乡创业就业的大中专毕业生、知识分子和复员退伍军人的支持

由政府人力资源部门和人事部门牵头，组织调查研究制定出台更为明晰的鼓励政策，比如制定大中专毕业生回乡（农村）创业就业实施办法、在外工作知识分子回乡（农村）创业就业实施办法、复员退伍军人回乡（农村）创业就业实施办法；鼓励上述人员尝试自主创业，并给予创业资金支持；鼓励上述人员进入职业院校攻读面向农村产业发展的专业，或者面向农村产业振兴、人才振兴、文化振兴、生态振兴和组织振兴的相关专业，学成后务必回乡参加乡村振兴行动。

5.充分发挥地方高校在DY市乡土人才振兴上的培养培训作用

目前在DY市的3所高校虽然不由DY市直接管辖,但都具有为DY市地方经济社会发展服务的功能。它们可以承担培养农村经济社会发展所需要的经济类、管理类、文化类、生态类、法律类等人才;可以面向DY市农村培养医学类和健康养生类人才。建议中共DY市委和DY市人民政府同3所高校对接,就农村实用人才培养进行协商;3所高校及其所属二级学院也可以主动面向DY市有关职能部门,本着"人才培养、学术研究、传承文化、服务地方经济社会发展"的理念,以建立校外实践实训平台或校地合作方式,积极参与到DY市乡土人才培养培训中,充分发挥地方高校作用。建议DY市鼓励支持上述3所高校有针对性地建立职业农民培训基地或新型农民学院。

6.加大对DY市乡土人才培养培训的经费投入

建议DY市将乡土人才培养培训列入每一年经费预算,科学合理地用于DY市乡土人才培养培训工作。每一笔培训计划及其经费分配报送到具体乡镇和行政村,明晰培养培训对象、培训内容、培训时间、培训学校。在培训对象和内容上,要经过严格把关和筛选推荐,实事求是、学以致用、学有所用;将每个乡镇和行政村乡土人才培养纳入考核指标计划,务必按任务完成;建立健全乡土人才培养培训诚信教育制度,严禁冒名顶替或虚假培训。

7.广泛开展强化农村实用人才的经验交流

一是充分利用电视、广播、报刊等媒体大力宣传农村人才开发的意义和成果,不断扩大影响,使人们意识到农村实用人才能带动广大农民科技素质的提高,能带动实用技术成果的广泛推广和转化,能带动更多的农民走向富裕,从而提高人们对农村实用人才的思想认识。二是充分发挥农村实用人才的辐射带动作用,在推广典型经验上狠下功夫。善于及时捕捉辐射面广、经济效益高的"土专家""田秀才"的典型事例,专门召开实用人才开发工作典型经验交流会,让"土专家""田秀才"现身说法,介绍自己的典型事例及取得的经济效益,通过这些工作,激发农民学科技、用科技的积极性,以科技促致富。

8.加强统筹建立农村实用人才培养培训机制

建立政府统筹,人社、农业、科技、教育等部门协作配合,社会广泛参与的培训机制,不断提高农民的科技素质。围绕农村经济发展实际,大力发展农村中等职业教育,兴办与农村经济紧密联系的各类职业学校,按需施教,培养急需实用人才。本着

“需要什么,培养什么;缺什么,补什么”的原则,采取多种方式,培养急需的农村实用人才,使广大农村青少年接受农村实用技术教育,让他们带着技术回家参加劳动,从而进一步加强农业科学技术的传播,使农村实用技术人才源源不断地涌现出来,成为发展农村经济的中坚力量。

9.制定优惠政策加快农村实用人才队伍建设

为充分调动实用人才的积极性,鼓励他们放手发展,并更好地影响和带动广大群众共同致富,在政策和待遇上要给予农村实用人才充分的倾斜。一是支持农村实用人才兴办民办科研实体和开发型经济实体,扶持在外务工人员返乡创业。在创业培训、科技立项、税费优惠、信贷支持、金融服务等方面,给予优惠和支持。二是健全农村实用人才的选拔机制,鼓励更多的农民群众成长成才。选拔德才兼备的实用人才担任乡镇、村委领导职务,使农村人才成为带动农民致富的“领头雁”;或推选优秀人才作为人大代表、政协委员;或通过一定形式招录具备管理才能的实用人才进入乡镇公务员队伍,充分激发农村实用人才的活力和上进心。三是积极解决农村实用人才的职称、医疗和养老保险等问题,彻底消除他们的后顾之忧,从而凝聚人心,激发农村实用人才工作热情,进一步推动DY市农村实用人才队伍建设。

九、结语

习近平总书记指出“要推动乡村人才振兴,把人力资本开发放在首要位置,强化乡村振兴人才支撑,加快培育新型农业经营主体,让愿意留在乡村、建设家乡的人留得安心,让愿意上山下乡、回报乡村的人更有信心,激励各类人才在农村广阔天地大施所能、大展才华、大显身手”。中共DY市委、DY市人民政府深入贯彻落实“坚持创新驱动发展与深入实施人才强国战略”“优先发展农业农村与全面推进乡村人才振兴”和“建设高质量教育体系与大力培养技术技能型人才”。2024年中央一号文件精神也明确提出,要实施乡村振兴人才支持计划,加大乡村本土人才培养,有序引导城市各类专业技术人才下乡服务,全面提高农民综合素质。这些政策指导精神为积极探索DY市乡村振兴与乡土人才需求之间的关系指明了方向。

通过调研,研究者认为现行乡村发展战略及涉农政策文件给我们带来的启示是:在战略规划上力求做到“优先发展农业农村,全面推进乡村振兴”以“聚集人气”。在工作思路上要强化各方面的乡土人才支撑,具体包括培养具有“提高农业质量效益和竞争力”意识和能力的乡土人才;在“实施乡村建设行动中”充分发挥乡土人才作用;在“健全城乡融合发展体制机制”中培育乡土人才;在“实现巩固拓展脱贫攻坚成果同乡村振兴有效衔接”中培育培养乡土人才。在具体做法上:一是认真做好DY市乡土人才规划工作;二是实施DY市新型农业经营主体培育培养计划;三是加强村组干部人才培养;四是加大对回乡创业就业的大中专毕业生、知识分子和复员退伍军人的支持;五是充分发挥地方高校在DY市乡土人才振兴上的培养培训作用;六是加大对DY市乡土人才培养培训的经费投入;七是广泛开展强化农村实用人才的经验交流;八是加强统筹建立农村实用人才培养培训机制;九是制定优惠政策加快农村实用人才队伍建设。

第三节

乡村振兴工作队服务能力分析

在全面推进乡村振兴战略中,如何提升乡村振兴工作队服务能力,以实现农业农村现代化受到普遍关注。研究人员通过运用文献法和问卷调查法,基于协同治理理论,提炼出乡村振兴工作队参与乡村治理存在的问题,提出了相应对策。

一、研究背景及意义

为深入贯彻落实党中央关于乡村振兴决策部署,深挖精准扶贫重要经验,助推乡村振兴,中共中央办公厅印发了《关于向重点乡村持续选派驻村第一书记和工作队的意见》,要求各地区根据实际情况认真贯彻落实。该意见指出,要以习近平新时代中国特色社会主义思想为指导,适应“三农”工作新形势新任务新要求,健全常态化驻村工作机制,为全面推进乡村振兴、巩固拓展脱贫攻坚成果提供坚强的组织保证和干部人才支持。贵州省持续派强用好驻村第一书记和工作队,为巩固拓展脱贫攻坚成果同乡村振兴有效衔接注入强劲动能。2021年至2024年,全省接续选派3.2万名驻村第一书记和工作队员、组建10035支工作队赴基层乡村开展工作。[①]为管理好乡村振兴工作队,巩固拓展脱贫攻坚成果与乡村振兴有效衔接,Q州采取“一规三单”方式,为乡村振兴驻村工作“立规矩”,给乡村振兴工作队编制任务清单、据实发单、定期督单,确保乡村振兴工作队高效运转。乡村振兴工作队参与乡村治理工作过程相比以前的驻村工作队,做到了围绕“五个振兴”目标,更加明确了具体帮扶责任。因此,在乡村治理现代化新时期,人们对乡村振兴工作队角色定位、工作重点提出了新要求。乡村振兴工作队参与乡村治理工作过程与派驻工作队制度设计初衷有何差距?乡村振兴工

① 贵州持续派强用好驻村第一书记 为乡村振兴注入强劲动能[EB/OL].(2024-07-01)[2024-11-09].https://city.news.cctv.com/2024/07/01/ARTIev36Dut5uUs15y2KcOLc240701.shtml.

作队工作成效如何？乡村振兴工作队队伍建设成效如何？这些问题成为社会关注的焦点。

基于协同治理理论视角，研究人员分析探讨DY市乡村振兴工作队参与乡村治理和建设中存在的问题及其原因，创造性提出加强乡村振兴工作队服务能力的意见和建议，为基层治理中乡村振兴工作队可持续发展提供理论借鉴。这对了解乡村振兴工作队参与乡村治理存在的问题，促进政府机构对乡村振兴工作队的规范化管理，建立合理的人力资源管理制度，根据选派用人的标准推进乡村振兴工作队伍激励约束管理等都具有一定的参考意义。

二、文献回顾

魏来等（2025）指出，驻村工作队是指为推动精准扶贫和乡村振兴，由各级党委、政府派驻到乡村的临时性组织，组织成员包括驻村工作队队长（通常由驻村第一书记兼任）和队员，其来源包括党政部门、事业单位和国有企业等。[①]高斌琦（2021）提出在新时代的使命面前，乡村振兴工作队要重点履行建强村党组织、推进强村富民、提升乡村治理水平、为民办事服务等职责，在乡村振兴中发挥生力军和催化剂的作用。[②]杜富海（2022）指出驻村工作队作为乡村基层实现治理体系和治理能力现代化的重要力量，以结构型嵌入、资源型嵌入、意识型嵌入和文化型嵌入等方式参与乡村基层治理，在嵌入过程中却面临外生占位、资源错配、经验不足和文化排斥等治理困境。[③]

综观近年来学术界、理论界对乡村振兴工作队参与乡村治理及乡村振兴的研究及其成果，可以看到，这些研究和观点对加快乡村建设，促进农业农村发展起到了积极作用。这些思想观点以及认识主张许多具有探索性借鉴意义，对于各地政府改革和构建乡村振兴工作队体系，提升乡村治理能力提供了新的研究思路。但从宏观层面看，对于如何更有效地提升乡村振兴工作队服务能力，致力于落实驻村政策的实施，还需要做进一步的工作和努力。特别是要进一步保障工作队的基本需要，对乡村振兴工作队驻村服务进行经验总结和规律性阐释。本研究试图在已有成果的基础上，从微观层面分析乡村振兴工作队驻村的有效性，对乡村振兴工作队参与乡村治理

① 魏来，陶珊珊.新经纪体制：驻村工作队的嵌入路径与组织逻辑——基于湖北襄中镇的案例研究[J].南京农业大学学报（社会科学版），2025，25（1）：115-127.

② 高斌琦.乡村振兴视域下驻村工作队建设的本土实践——基于H县的实证调研[J].农村经济与科技，2021，32（15）：285-287.

③ 杜富海.乡村振兴战略背景下驻村工作队嵌入式治理困境与纾解[J].领导科学论坛，2022（5）：83-88.

等问题做进一步的深入研究。

三、概念界定与理论基础

(一)乡村治理

乡村治理主要通过优化资源、调整乡村布局、强化基层治理能力、改善生态环境、完善基础设施和提升公共服务等措施,使当地经济和社会发展得到充分改善,提高群众的物质生活水平和精神文明水平,进而增强乡村治理建设的能力,彻彻底底地改变贫苦农村“脏乱差”的现状。

(二)乡村振兴工作队

根据前文魏来等关于驻村工作队的概念界定,本研究所指的乡村振兴工作队研究对象包括2024年5月Q州从州直单位选派的387名到DY市助推脱贫攻坚有效衔接乡村振兴的帮扶人员。为落实中央关于“选派优秀干部到乡村振兴一线岗位”的重要指示精神和有关工作部署,Q州总结运用脱贫攻坚驻村帮扶工作经验,在党组织软弱涣散村、易地扶贫搬迁安置村或脱贫村选派驻村干部和驻村第一书记,并成立乡村振兴工作队,着力建设一支政治素养硬、业务能力强、工作作风优良的乡村振兴驻村帮扶队伍,助力乡村振兴,实现共同富裕的伟大愿景。

(三)协同治理理论

协同治理理论是指社会各方利益相关者通过协作的方式共同参与到社会治理的过程中,以达到提升治理效能和增强公共利益的目的。该理论的主要特征体现在治理主体多元化上,除政府外,还包括公益部门、私营部门以及公民等,在治理过程中各主体通过有效协同,可以明显升治理效率;政府在参与治理过程中处于主导地位,其他主体在参与治理过程中配合政府协同治理。在协同治理过程中各治理主体合作形式灵活多样,可以根据形势变化灵活地采取治理措施,不断完善治理举措;从治理目的上看,协同治理的目的是有效应对治理过程中的诸多问题,以提升治理效能,增进社会公共利益。①

---

① 李传忠.关于完善乡村治理多元参与机制的思考——以协同治理理论为视角[J].闽南师范大学学报(哲学社会科学版),2020,34(4):35-40.

四、DY市乡村振兴工作队状况调查

（一）调查方案与资料来源

1.问卷设计

本次调查针对被调查的387名乡村振兴工作队队员设计了《DY市乡村振兴工作队服务能力提升调查问卷》。问卷由五部分构成，一共38个问题。第一部分调查乡村振兴工作队成员个人基本情况，对样本背景进行基本了解。第二部分对乡村振兴工作队成员的个人工作履历进行调查。第三部分调查乡村振兴工作队队员对工作环境的评价态度。第四部分调查乡村振兴工作队服务成效。第五部分调查乡村振兴工作队对对乡村振兴工作的认识。

2.资料收集

研究人员通过阅读大量文献，分析、整理有关材料，对DY市乡村振兴工作队的基本情况进行全面的研究。资料来源于知网、贵州图书馆、广西图书馆、Q州组织部门、DY市人民政府官方网站等。本研究通过访谈和填答问卷的方式对DY市16个示范点、387名乡村振兴工作队成员进行调查，获取调研数据。

（二）DY市乡村振兴工作队简介

中共中央办公厅印发的意见，要求向各地区党组织软弱涣散村、易地扶贫搬迁安置点和脱贫村选派驻村第一书记和工作队，全国各地各级党委政府始终坚持党的领导，第一时间响应党中央的号召，坚决贯彻执行党中央的决定，坚决落实党中央的惠民政策，选派优秀干部下沉乡村振兴工作一线，与百姓同呼吸、共命运、共同生活、共同劳动、共创幸福伟业、共谋发展之路，在巩固脱贫攻坚所取得的丰硕成果基础上，奋力再创乡村振兴辉煌成就。DY市按照“分级选派、市级统筹、集中选派”的原则，以“1+2+N”体系（1名驻村第一书记、2名以上驻村干部、若干名帮扶干部）组建乡村振兴工作队驻扎一线。工作队队员来自不同单位，为增强对服务村的了解，按照常态化、长效化整顿建设要求，工作队一经派驻就对服务村进行了摸底调研，明确需要解决的事项或突出问题，提出合理的对策。

1.队伍结构

每支乡村振兴工作队由多名驻村干部组成，依据乡村实际帮扶需要确定工作队队员人数，工作队队员来自于不同单位、不同层级、不同领域，队伍结构呈现出以下特征：

一是男性居多。统计数据显示,DY市派出的乡村振兴工作队,男性占71.83%;女性占28.17%。可以看出男性多于女性。

二是年龄结构合理。30岁以下占28.94%;30—39岁占29.72%;40—49岁占32.56%;50—59岁占8.79%。

三是职务结构合理。在政治面貌上,中共党员有200人,群众有187人。在学历上,高中3人,中专24人,大专112人,本科240人,研究生8人。在职务层次上,一般干部有84人,优秀年轻干部有233人,科级干部有53人,乡科级副职有11人,乡科级正职有3人,县处级副职有3人。在派出单位上,省直有7人,市直有22人,县直有176人,乡镇有182人。

四是队员派出单位多元化。由表7-2、表7-3可见,以DY市A村和B村为例,乡村振兴工作队的队员来自不同单位、不同领域,服务队结构优,搭配科学。乡村振兴工作队的第一书记和队员主要来自省市县各级机关的优秀年轻干部,还有从相关领导岗位上调下来的、没有退休的一些优秀干部。可以看出两支工作队都有科级干部、优秀年轻干部。根据A村和B村的自然条件、人文条件,对应分派相应的人员,目的是促进乡村发展。

表7-2　DY市A村乡村振兴工作队队员名单

姓名	工作单位及职务	级别	队内身份
ZJ	市发展和改革局四级主任科员	科级干部	队长、第一书记
ZJH	市发展和改革局科技情报所工作人员	优秀年轻干部	队员
GSJ	街道科技宣教文化信息服务中心主任	一般干部	队员

表7-3　DY市B村乡村振兴工作队队员名单

姓名	工作单位及职务	级别	队内身份
LTJ	市机关服务中心工作人员	优秀年轻干部	队长、第一书记
XSG	街道片区综合服务中心主任	科级干部	队员
WXL	街道水利站工作人员	优秀年轻干部	队员

2.队伍管理

《贵州省乡村振兴驻村第一书记和工作队管理办法》明确要求,第一书记和驻村干部的日常考核评价由乡镇党委组织负责,县级党委组织每季度开1次调度会,每半年进行专题研究1次,了解驻村工作的情况;同时,派出单位主要领导每季度至少到帮扶村去开展1次调研,切实解决实际困难和问题。注重正向激励,在各种评先评优或表彰奖励中向第一书记和工作队倾斜。强化负向约束,明确划出纪律红线,凡是出现每个月驻村时间不足20天、自身作用发挥不好、不服从当地党委组织管理等情形之一的,责令原单位召回,3年内不得提拔使用,并对派出单位主要领导进行诫勉谈话。

(1)乡村振兴工作队的保障机制。各级党委(党组)高度重视驻村第一书记和工作队的选派工作,强化对乡村振兴工作队的支持,时刻关心驻村干部,保障工作队的相关福利待遇。一是落实工作队员各类补助,例如生活补助、交通补助等,派去边远贫苦农村地区的,可以参照当地同级人员津贴标准给予补助;二是关心驻村干部的身体心理健康,定期体检,购买人身意外事故保险,按相关规定报销医疗费等;三是保证工作经费,具体由地方财政统筹安排。

(2)乡村振兴工作队的激励机制。通过树立正确用人导向,积极考察识别干部,对在乡村振兴工作中做出成绩的、群众满意度高以及工作态度好的人员优先选拔任用;对态度不认真、敷衍了事的开展批评教育;对履职能力差、不能胜任的及时调整处理。在日常管理考核中,各级主管部门强化调研监督,注重及时发现和解决有关问题。注意总结工作中的成功经验,树立先进典型,大力宣传表彰,形成良好的社会氛围。

3.工作内容与工作流程

(1)DY市乡村振兴工作队的工作内容。一是开展思想政治工作,充分利用相关教育平台,推动村、社区“两委”班子在村级发展和治理中发挥积极作用;二是帮助抓好产业振兴,认真落实市委印发的深入推进“村社合一”发展壮大农村集体经济工作方案,不断增加培训力度,创新发展模式;三是帮助抓好人才振兴工作,牢固确立人才引领发展战略地位;四是帮助抓好文化振兴工作,加强文化服务体系建设,提高文化建设质量;五是帮助抓好生态振兴工作,坚持党建引领,积极向群众宣传生态宜居乡村建设的意义与政策,打造美丽乡村。

(3)DY市乡村振兴工作队的工作流程。以A村为例,A村采取了三级网络员管理模式。一级网络员1人,二级网络员4人,三级网络员8人,分别对接具体的农户和区域,并根据具体情况调整。

五、DY市乡村振兴工作队参与乡村治理取得的成效与存在的问题

（一）工作成效

1.深入开展政策宣传，提升村民对政府的认同感

代表党和政府的乡村振兴工作队，在村内宣传惠民政策、重要公共场所张贴通俗易懂的标语，线上线下细心解读，推动相关惠民政策落地落实，带领人民群众走上致富路。在中国共产党的坚强领导下，通过工作队的引导帮助和积极落实，绝大部分农户对乡村振兴工作队这个集体非常信任，乡村振兴工作队给群众带来了幸福感和获得感，也对加强和提升党和政府的公信力起到了积极作用。

2.开展精准管理，助推产业振兴

以A村为例，研究人员了解到该村驻村第一书记真正把群众当亲人，带领A村结合当地自然条件发展主要产业茶叶，让全村人均茶产业收入达到3800元左右，还大力推进海花草种植700亩，带动村民增收200多万元。该同志解决当地公路问题，让村里每个大小地方都通路。因为A村为少数民族聚居地方，民族矛盾严重，该同志到来后，通过不断努力使村庄建立友好邻里关系。A村在该同志的带领下发展得越来越好，村民也过上了小康生活。

3.完善基层党组织建设，强化基层党建工作

乡村振兴工作队下派农村后，一是帮助村级党支部加强基层组织建设，整顿了村级不规范的党组织建设；二是帮助选优育强村“两委”班子，推动村“两委”在村级发展和治理中履职尽责；三是在村党组织发展党员，为所驻村培养优秀后备力量；四是不断调整组织体系，保障村级基层组织运转经费，管理好村级组织活动场所。

（二）存在的问题

1.派出单位对驻村工作不够重视

一是在驻村帮扶人员选拔过程中，部分派出单位存在一定程度的组织机制缺陷，受部门本位主义倾向影响，个别单位将驻村工作异化为“人员分流渠道”，优先选派非骨干人员或责任意识薄弱的干部参与帮扶。二是乡村振兴工作队队员都来自上级部门、企事业单位等，他们大部分长期生活和工作在大城市，可能会不适应乡村的生活

和工作环境,少数人员的责任感和信念会逐渐消失。

2.缺乏对工作队队员的激励机制

DY市乡村在基础设施等各方面相比于大城市落后很多,驻村工作过程也会比较艰苦。在这种艰苦的环境中,单位给员工激励机制不够,容易使工作人员缺乏工作的热情。对乡村振兴人才的管理缺少一套健全的考核体系,基层人员学习培训形式内容单一,造成的后果就是发展空间少,工作动力也不足,难以持久扎根乡村。

3.工作队队员工作紧迫感不强

专业对口的乡村振兴工作队更加有利于开展驻村帮扶工作,如果在专业上不对口,就相对难推动乡村振兴工作的深入开展。部分队员工作感不强,工作懈怠、处理事情拖拉。

六、影响DY市乡村振兴工作队参与乡村治理成效的原因分析

(一)乡村振兴工作队队员综合素质参差不齐

部分驻村工作队政治理论学习不足,风格不牢固,工作时而积极时而不积极,工作不深入、不细致。高学识高素质人员相对短缺,导致专业技术水平整体不高,面临突发事件的应急能力不强,在专业技术水平上还需要提高。

(二)乡村振兴工作队的职责功能定位不清

乡村振兴工作队在引领产业发展、建强村级党组织、推进事务解决等方面取得了较好成效。但在驻村帮扶过程中,也存在问题,一部分驻村工作队与村“两委”干部权责不清楚,出现推诿现象。有的村干部放弃了自己的工作内容,让驻村帮扶干部承担所有乡村振兴工作,个别村干部甚至成了各项工作的“局外人”。

(三)多方协同治理主体配合不够

一是乡镇政府为了完成上级下发的一些任务,经常支配村委会,体现在村务决策、管理等方面;二是村党支部与村委会存在职能交叉、管理权限不清楚等问题,存在互相不认同理念、互相不支持工作等情况;三是村委会与社会组织在村庄治理上会出现冲突。

七、DY市乡村振兴工作队的服务能力提升路径

(一)加强队伍建设

一是加强乡村振兴工作队人才培养,根据乡村工作实际,合理安排优化基层事业单位编制,增加高层次人才,解决专业技术人员资源不足问题。二是重视各方面人才的培养。整合各类人才相关培训计划,加大专业技术人才和懂农村农业人才等的培训力度,对各类专业人才实行重点培养。三是营造良好氛围,完善基层专业人才评价激励机制和服务保障机制。

(二)协调多方主体相互配合

一是乡镇政府要主动担当责任,调动村干部的工作积极性。二是乡村振兴工作队与村“两委”班子在分工上要明确,密切配合,做到“到位但不越位”。三是村委会和社会组织要清楚自身的社会角色,村干部与村民也要对自身与驻村干部的社会角色有正确的认识。

(三)建立健全监督和评估体系

乡村振兴工作队开展驻村工作是长期的,队员的原单位无法对乡村振兴工作队队员高效监督和评估,同时乡村振兴工作队队员与所驻乡镇不是直属关系,当地对乡村振兴工作队队员的监督和评估不全面,在这种各方共同管理的状况下,不可避免地会产生职责定位不清、责任主体不明的问题。乡村振兴的主管部门要健全乡村振兴工作队的监督与评估体系,最大程度提升乡村振兴工作队工作热情。在工作过程中淘汰那些不作为、不负责的人,还要健全晋升机制,让那些长期在当地工作的人员和取得工作成效的人员有途径得到奖励和晋升。

(四)完善激励保障机制

完善和细化考核标准,激发乡村振兴工作队驻村工作热情。完善和提高驻村工作队的保障机制,首先就要解决乡村振兴工作队吃和住的问题,方便其工作及生活;其次,乡村振兴工作队开展工作过程中,与家人相隔两地,合理给驻村干部安排假期,让他们与家人团聚;最后就是要保障乡村振兴工作队的经费和他们的相关补贴。

八、结语

本研究采用问卷调查法,基于协同治理理论,对乡村振兴工作队的队伍建设及其参与乡村治理存在的问题进行研究。通过分析得出,DY 市在乡村振兴工作队队伍管理上,围绕驻村工作内容与工作流程进行了规范化设计与管理,建立了乡村振兴工作队的保障约束机制;DY 市乡村振兴工作队取得了一定工作成绩;同时发现乡村振兴工作队参与乡村治理存在一些问题,如派出单位对驻村工作不够重视,导致资源支持有限,驻村工作队队员对工作重要性认识不足等。上述问题产生的主要原因在于乡村振兴工作队队员综合素质有待提高,工作队队员职责功能定位不清以及多方协同治理主体在配合上存在问题。

本研究存在以下不足之处。首先,研究对象为所有的DY 市乡村振兴工作队,调查对象为387 名工作队队员,实际研究中难以开展深入访谈以获取更多一手资料,资料分析停留在数据资料的基本描述统计分析上,研究结果难以大面积推广;其次,对其他学者关于乡村振兴工作队驻村帮扶的具体措施、存在问题及其提升路径的理论借鉴不足,同时本研究重点关注乡村振兴工作队参与乡村治理存在的问题,对驻村帮扶干部参与乡村建设带来的影响研究程度不够;最后,由于研究者理论知识积累不够,掌握的研究方法有限,在进行乡村振兴工作队参与乡村治理存在问题的原因分析时,分析深度不够。希望在未来的研究中,能结合我国的政策优势、乡村治理现代化理论对乡村振兴工作队进行理论挖掘,同时在整合各地区先进经验基础上,对乡村振兴工作队驻村帮扶工作实际操作层面的现实问题进行深入研究。

第四节

壮大乡村人才队伍的路径优化

壮大乡村人才队伍亟需突破传统路径依赖,构建具有系统性、创新性的人才培育生态。面对城乡人才流动失衡、本土人才开发不足、数智技术赋能滞后等深层矛盾,本节从多维视角提出壮大乡村人才队伍的路径:通过产教融合深挖本土人力资本潜力,重塑城乡要素双向流动机制,创新数智技术赋能模式,构建县域人才协同发展新格局。

一、构建产教融合共同体,激活本土人才存量

产业链是基础,教育链是支撑,人才链是关键。以贵州的茶叶产业为例,产业链涵盖茶叶种植、加工、销售等环节。教育链包括农业院校的茶叶种植与加工专业、职业院校的相关技能培训等。人才链则涉及从茶叶种植能手到加工技师、销售人才等各类专业人才。三者深度耦合,即教育链根据产业链需求培养人才,人才链为产业链提供人力支持,同时产业链的发展又反哺教育链的优化与人才链的提升。因此,可以结合贵州“村社合一”经验提出“校地企协同育人”模式。在贵州“村社合一”的背景下,“校地企协同育人”模式具有独特优势。村集体经济组织与当地农业院校、农业企业合作,共同培养适应本地农业产业发展需求的人才。院校提供理论知识教学与技能培训,企业为学生提供实习实训基地与就业岗位,村集体经济组织则为学生提供实践场景与创业支持。这样可以培养出既懂理论又会实践、既能服务本地产业又能带动村民致富的本土人才。同时,应探讨乡土人才技能认证体系与产业需求精准对接策略。以贵州的乡村旅游产业为例,可设立乡村旅游服务技能认证标准,包括导游讲解、民俗文化展示、农家菜烹饪等项目。通过与旅游企业、景区等合作,了解市场需求,制定相应的认证考核内容。对通过认证的乡土人才,给予相应的荣誉证书与就业

推荐,使其技能得到社会认可,同时满足乡村旅游产业对专业人才的需求。

二、构建城乡要素双向流动的新型人才生态

一是创新“季节工程师”“周末专家”等柔性引才机制。在农业生产旺季,可聘请“季节工程师”指导农业生产。在贵州某地的蔬菜种植基地,当处于蔬菜种植的关键时期时,可以从城市聘请具有丰富经验的农业工程师,为当地农民提供技术指导,解决种植过程中遇到的问题。同时,“周末专家”模式也可在乡村推广。如某乡村的特色手工艺产业,邀请城市的手工艺专家利用周末时间到乡村进行指导,传授新的设计理念与制作工艺,提升乡土手工艺产品的品质与市场竞争力。

二是设计数字技术赋能的远程协作平台。利用数字技术搭建远程协作平台,打破城乡空间限制。尤其是贵州的农村电商可以通过建立远程协作平台,城市的专业电商人才可以为农村电商从业者提供线上培训、运营指导、产品推广等服务。同时,农村电商从业者也可以通过平台与城市的企业、商家进行对接,拓展销售渠道。此外,平台还可以实现远程诊断、技术咨询等功能,如农村的养殖户遇到动物疾病问题,可通过平台向城市的专业兽医求助,兽医通过视频诊断、远程指导等方式帮助解决问题。

三是建立城市退休人才“银龄智库”返乡服务机制。城市退休人才具有丰富的工作经验和专业知识,是乡村发展的重要人才资源。贵州可建立“银龄智库”,组织城市退休教师、医生、工程师等返乡服务。退休教师可以到乡村学校开展支教活动,传授教学经验,提升乡村教育质量;退休医生可以到乡村卫生室坐诊,提供医疗服务,培训乡村医生;退休工程师可以为乡村产业发展提供技术咨询与指导,帮助解决技术难题。通过建立“银龄智库”返乡服务机制,让城市退休人才在乡村发挥余热,为乡村发展贡献力量。

三、打造乡村人才振兴数智赋能新范式

一方面,基于贵州大数据战略优势,构建乡村人才数字画像系统。贵州作为大数据综合试验区,具有丰富的数据资源和技术优势。利用这些优势,构建乡村人才数字画像系统,对乡村人才进行全面、精准的画像。通过收集乡村人才的基本信息、教育背景、技能特长、从业经历等数据,建立人才数据库。然后运用大数据分析技术,对人

才数据进行挖掘和分析,生成乡村人才的数字画像。通过数字画像,可以清晰地了解乡村人才的分布情况、技能结构、发展需求等,为乡村人才的培养、使用和管理提供科学依据。

另一方面,开发AR、VR沉浸式培训场景。借助AR、VR技术,开发沉浸式培训场景,提升乡村人才培训效果。在农村电商培训过程中可以开发AR、VR沉浸式培训场景,让学员身临其境地体验电商平台的操作流程、网络营销技巧、客户服务等内容。通过沉浸式培训,学员可以更加直观地学习和掌握相关知识和技能,提高培训的趣味性和实效性。此外,AR、VR技术还可以应用于农业技能培训、乡村旅游服务培训等领域,为乡村人才提供更加丰富多样的培训体验。建立"云端师徒制"知识传承网络,促进乡村传统技艺的传承与创新。针对贵州的少数民族传统手工艺,可以通过"云端师徒制",将传统手工艺大师与年轻学徒进行线上配对,建立师徒关系。师傅可以通过视频教学、在线指导等方式,将自己的技艺传授给学徒;学徒也可以通过线上交流、作品展示等方式,向师傅请教问题、汇报学习进展。同时,利用数字技术对传统技艺进行记录和保存,建立传统技艺数字博物馆,让更多的人了解和学习传统技艺,推动传统技艺的创新发展。

四、探索"县域人才共育联合体"建设路径

首先,建立"县域人才共育联合体",涵盖政府、企业、高校、科研机构等。例如,贵州某县建立了人才共育联合体,共同培养县域发展所需的人才。这个联合体可以整合各方资源,实现人才的共同培养和共享。政府、企业、高校、科研机构可以通过联合体进行合作,提高人才培养效率和质量。其次,建立生态功能区人才专项补偿基金,用于支持欠发达地区的人才发展。人才可以通过基金获得资金支持,解决自身在工作和生活中遇到的困难。

第八章

绩效维度：乡村治理绩效的量化评估

探究何种政策组合有助于达成少数民族特色村寨治理绩效目标，对于实现中国现代化治理具有十分重要的理论意义和实践价值。研究人员基于公共价值理论，以20个贵州少数民族特色村寨为研究样本，运用fsQCA方法，从组态的视角探讨了村寨资源、村寨价值建构、村寨多元主体参与、村寨制度安排和村寨组织管理这五大前因条件的协同机制如何影响贵州少数民族特色村寨治理成效的多元路径。研究发现：村寨治理绩效的实现受到村寨资源、村寨价值建构等多重因素的影响，单一因素并不构成村寨治理绩效实现的必要条件，同时单个要素也并不构成实现村寨治理绩效的瓶颈。因此，形成了资源制度整合型、综合链接型、价值主导型三种有效路径。综合链接型驱动路径在提高村寨治理水平上发挥着更加重要的作用，而村寨资源是核心条件变量，是贵州少数民族特色村寨治理成效中的充分条件。村寨价值建构和村寨制度安排是快速有效提升贵州少数民族特色村寨治理绩效的可行性选择。在借鉴已有村寨治理的基础上，结合贵州少数民族特色村寨的实际，本研究建议通过资源配置明确利益相关者的关系，根据村寨特点搭建起不同的资源组合形式和村寨治理模式，同时建立健全民主法治的体制机制，为各治理主体进行“确权、保权、设权和增权”，以实现少数民族特色村寨治理创新发展和民主自治。

第一节

问题提出

在当前现代化治理视角下，中国少数民族特色村寨治理绩效的研究逐渐受到学术界的关注，而推动国家治理体系和治理能力现代化是新时代中国实现现代化强国的重要议题，可见这与新时代中国实现现代化强国的重要议题密切相关。[①]作为少数民族聚集地之一，贵州省的少数民族特色村寨治理对于推动乡村治理现代化至关重要。尽管近年来地方政府开展了多种乡村治理模式，但其绩效与预期仍存在一定差距，村民的体验感获得感还未完全达到其期望水平。在此背景下，如何推进贵州少数

① 刘伟，布晨明．新时代国家治理现代化的时代方位、制度优势与实践方略[J].重庆工商大学学报(社会科学版)，2023，40(2)：26-35.

民族特色村寨治理,提升治理效能,成为当前国家政策与乡村振兴战略的重要议题。

学术界在公共价值视角下对贵州少数民族特色村寨治理绩效的实现路径进行了积极探索。首先,在贵州少数民族特色村寨的建设标准及治理绩效评价研究方面,学界关注定性探索,在分析国内外相关经验和政策标准基础上,分析总结出适用于不同地区的治理绩效评价标准体系。此外,调研贵州各地少数民族特色村寨,进行问卷调查和实地走访,有助于分析治理执行进展与绩效评价,为实现路径的制定提供实践支持。许源源等通过对2003—2022年我国54份乡村典型示范政策文本的扎根分析,总结提炼出典型治理的运行机制理论模型框架。[①]他们尝试借助质性分析软件对与少数民族特色村寨治理相关的政策文本进行量化分析,总结治理特征和价值选择,为优化路径的提出提供参考。其次,通过实证方法深入研究少数民族特色村寨治理问题,主要关注村寨治理的质量评价指标体系、治理效果评估、治理成效的影响因素以及村民对治理效果的认知满意度等方面。例如,采用改进的TOPSIS法对治理质量进行测度和评价,或者利用固定效应模型对各地少数民族特色村寨的面板数据进行分析,评估治理实施效果。[②]在研究居民满意度和参与意愿时,可运用主成分分析法构建影响因素模型,制定满意度评级标准,或者基于行为理论框架利用双变量Probit模型分析影响居民治理参与意愿和支付意愿的因素。[③]这些研究方法和路径的应用,有助于全面理解和提升贵州少数民族特色村寨治理绩效,进一步促进公共价值的实现。

尽管近年来对贵州少数民族特色村寨的社会治理绩效研究逐渐增加,但整体上仍处于初步探索阶段。具体来看,专门针对村寨管理绩效的研究并不多见,当前的研究更多聚焦于治理绩效的评价和效率的分析。对于治理绩效的深层逻辑及其理论支撑的探讨相对较少,尚未构建起一个系统化的研究框架。同时,已有研究往往局限于对单一因素的解释和探讨,忽略了治理绩效实现的复杂性。实际上,治理绩效是多重因素协同作用的结果,而非简单的因果关系。另外,已有研究多从单个案例入手,然而单一案例的研究无法全面展示治理的整体情况,难以满足构建贵州少数民族特色村寨整体性治理绩效指标体系的研究需求。

因此,本研究选取公共行政领域的新兴理论——公共价值理论作为研究的起点,

① 许源源,王琎.典型治理的运行机制研究——基于2003—2022年的乡村典型示范政策的扎根探索[J].湖南师范大学社会科学学报,2022,51(6):96-109.

② 罗明忠,魏滨辉.乡村治理、社会资本与农村收入差距[J].中国农业大学学报(社会科学版),2023,40(6):116-136.

③ 李雨柯,罗小锋,唐林.资源禀赋、家乡认同与农户村域环境治理参与方式选择[J].生态与农村环境学报,2023,39(11):1430-1440.

深入探讨贵州少数民族特色村寨治理绩效的内在逻辑,依据治理绩效评价体系的各个关键维度,构建了一个分析模型,用以评估影响村寨治理绩效的多种因素。本研究选取贵州省的20个典型民族村寨作为研究样本,采用模糊集定性比较分析方法进行多案例分析。通过探讨贵州少数民族特色村寨治理绩效实现的关键条件组态和可能的发展路径,旨在为推动与贵州少数民族特色村寨类似的其他少数民族特色村寨治理水平的提升,也为以后的少数民族特色村寨治理研究提供新的探索视角和实证案例。同时,根据调研资料梳理4个典型贵州少数民族特色村寨治理实践,分析村寨治理存在的困境。

第二节

文献回顾与分析框架

一、文献回顾

(一)乡村治理的实践经验与研究进展

作为国家基层社会治理策略的重要组成部分,乡村社会治理得到全国各地地方政府的重视。研究人员在政府官网收集到部分省份基层社会治理的实践做法。山东省泰安市岱岳区“三联”服务中心:该服务中心依托社区党组织、物业公司和社区居民委员会,通过统筹社区资源、整合服务资源、提供优质便捷的服务,实现了社区服务一体化和普惠化。重庆市渝北区“三定”机制:该机制通过确定城乡建设用地范围、城市规划用地范围和农业用地范围,规范城市与农村土地利用,促进城乡一体化发展。安徽省天长市“群防群治”模式:该模式通过居民小组和治保队联合巡逻、物业公司管理、居民自治等方式,实现了针对性的社区治理。四川省阆中市“党建+社区治理”模式:该模式依托基层党组织,设立社区治理委员会,通过居民议事、信息发布、服务管理等方式,实现了有有效的社区治理。可见,乡村社会治理的实践形式多种多样,应因地制宜、因时而变,以提高乡村社区的整体发展水平和居民生活品质。

在学术界,乡村治理也得到了广泛的关注。已有研究主要从三个角度对乡村治理建设展开分析。

第一,乡村治理模式设计和内容建设研究。李双燕通过对桂东L村驻村工作的实例进行考察,基于驻村队简约的嵌入式治理实践提炼驻村队多维的嵌入方式,指出简约的嵌入式治理是驻村队嵌入乡村开展工作呈现的治理模式和治理理念,该模式能从组织、资源、工作、主体和文化方面全面赋能乡村治理现代化目标的实现。聂平平等认为基层党建通过“政治势能下沉”与“政治动能转化”两条路径,为乡村治理提供了“弥散性支持”和“嵌入性支持”。这两条路径相互交织、相互影响,形成了四种党建引领乡村治理形态:权威式治理、嵌入式治理、复合式治理和简约式治理。苗世亮等研究指出，通过搭建乡村治理“四治融合”平台，营造“四治一体融合”的治理生态，探索符合乡村实际的“四治融合”模式，促使数字技术深度融入乡村治理的各个领域，使乡村发展真正享受“数字红利”。还有学者通过对江苏乡村空间治理的历程回顾，总结提出江苏三个不同时期的乡村空间治理阶段及其重点、逻辑和特征，认为江苏探索出了“规划统筹—行动协同—政策合力”的乡村空间治理系统路径，为新时期的乡村空间治理提供了现实样本素材。

第二，乡村治理绩效的评估及其影响因素研究。熊若希等利用292家农民专业合作社的调研数据，通过构建成员管理参与行为影响合作社绩效的理论框架，实证分析了成员参与行为对合作社绩效产生的影响，发现成员参与管理程度越高，合作社的治理水平越高。[①]同时，“村‘两委’+合作社”共治模式能更显著地提升乡村治理绩效。另一方面，高道明等利用29个省份355个行政村调查数据测算了乡村治理水平，并对其主要影响因素进行了实证检验。研究表明，壮大集体经济、推行“政经分开”均能显著促进乡村治理有效；村支书的年龄和营商管理经历对乡村治理有效有显著的正向作用；规模因素对村庄治理有效的负面作用体现为人口规模扩张而并非地域范围扩大。熊春林等依据我国62个县域乡村数字治理案例，运用清晰集定性比较分析方法，基于TOE框架，探究设施支撑能力、政府引导能力、财政支持能力、社会协同能力、农民参与能力对提升乡村数字治理效能的联动作用及路径选择。李才森构建的乡村振兴战略下乡村治理绩效评价指标体系由基层党组织建设状况、村民自治实践状况、法治乡村建设状况、德治乡村建设状况、平安乡村建设状况等5个二级指标和27个三级指标构成。张素罗等结合“三治合一”乡村治理体系，将乡村治理绩效操作化为自治成效、法治成效、德治成效三个维度，构建了涵盖18个指标的乡村治理绩效评价体系。[②]

第三，有效乡村治理实现路径研究。桂华认为，立足乡村振兴战略和借助国家资源输入，以农村公共服务供给为抓手，运用村民自治框架，推动人民当家作主从制度理念向“过程化”的村庄公共治理行动转化，是迈向乡村“治理有效”的基本路径，也是提升资源输入效率的办法。[③]钟卓良等认为未来的乡村治理需要以主体有效、结构有效、机制有效、技术有效和形式有效“五个有效”为保证，促进乡村治理的整体创新和

---

① 熊若希，漆雁斌，何强.成员管理参与、治理水平与合作社绩效提升——基于292家农民专业合作社的实证分析[J].农村经济，2024(5)：134-144.

② 张素罗，时一凡.乡村治理成效评价体系构建与测度——基于河北省调研数据[J].河北农业大学学报(社会科学版)，2023，25(6)：80-89.

③ 桂华.国家资源下乡与基层全过程民主治理——兼论乡村“治理有效”的实现路径[J].政治学研究，2022(5)：27-38.

效能提升。[1]赵敬丹等提出治理主体从政府主导到多元共治，决策方式从经验决策到数据驱动，运行机制从无序脱节到高效有序的转变，为提升乡村治理效能提供了一条新的路径。[2]侯万锋从国家治理视野，提出以情感与制度互嵌、情感和技术互融为支撑，把以情感形塑乡村共同体形态、以情感柔化乡村治理结构、以情感嵌入增强制度治理效能、以情感驱动技术治理价值回归等作为新时代推进乡村情感治理的实践进路。[3]文宇等基于TOE框架的组态分析识别出技术组织互构型、协同共生融合型、数字环境赋能型等三种驱动高水平数字乡村治理绩效的路径。[4]陈万莎提出通过党组织结构创新、党的群众工作方式机制创新以及党员的政治培养和转化机制创新等，从治理结构、治理理念、治理方式和治理主体四个方面促进乡村治理体系和治理能力现代化。[5]

（二）文献评述

上述研究在深化乡村治理的模式设计、绩效评估及其影响因素以及有效实现路径方面做出了许多有益的探索。相关学者通过研究和实践不断探索和提出了一系列重要观点和建议，为乡村治理工作的改进和发展提供了理论支撑和实践指导。

然而，这些探索主要集中于对乡村治理的模式、内容、实现路径等提出了政策建议，描述性分析、规范性讨论是主要的分析方式，少数学者关注基于经验素材进行实证分析的研究路径。尤其在乡村社会治理绩效研究方面，尚未达到深入阶段。首先，现有研究很少直接探讨乡村治理绩效的结果，主要局限于对绩效评价指标构建或效率的分析，而未深入研究乡村治理绩效的理论层面和价值取向，研究框架单一。其次，现有研究缺乏全域视角审视乡村治理绩效的系统性特征，多关注单一因素的生发机制，即通过统计回归来检验单一要素的边际净效应，较少将多个因素相互作用融入形成非简单的线性关系加以探索，忽视了对乡村治理绩效在整合性的驱动机制、组织过程以及制度环境等方面的分析，鲜有研究从协同效应的系统视角探讨多重条件之

① 钟卓良，韦少雄.高效能型乡村治理：生成机理、现实困境与实现路径[J].理论导刊，2022(10)：81-88.

② 赵敬丹，苏雪寒.数字赋能何以实现乡村整体智治——基于浙江省德清县“数字乡村一张图”全景治理平台的分析[J].沈阳师范大学学报(社会科学版)，2025，49(1)：30-41.

③ 侯万锋.国家治理视野下的乡村情感治理：维度、困境与进路[J].甘肃社会科学，2024(2)：101-108.

④ 文宇，姜春.注意力再分配、外部资源依赖与数字乡村治理绩效——基于TOE框架的组态分析[J].中国行政管理，2023(7)：58-67.

⑤ 陈万莎.党建引领乡村治理现代化的实践机制和现实路径[J].暨南学报(哲学社会科学版)，2024，46(2)：20-37.

间的整体影响机制。同时,已有研究多以单个案例为研究对象,难以全面把握乡村治理的整体情况,无法满足构建治理绩效研究体系的需求。

因此,考虑到贵州少数民族特色村寨的独特属性,本研究以公共行政新范式——公共价值理论为理论框架,旨在深入探讨贵州村寨治理绩效的内在逻辑。在构建贵州少数民族特色村寨治理绩效影响因素的分析框架时,充分考虑了乡村治理绩效体系的各个方面。鉴于该地区治理绩效受到多种因素的综合影响,研究采用了贵州省的20个典型民族村寨作为样本,运用模糊集定性比较分析方法进行多案例深度探究。通过探讨条件组合和相关路径,旨在为贵州少数民族特色村寨治理研究提供新的研究视角。同时,通过实地调研归纳描述4个贵州少数民族特色村寨乡村治理的现状,以加深对现代化治理视域中乡村治理规律与机制的理解。

二、分析框架

(一)公共价值理论

传统的公共行政范式以马克斯·韦伯提出的科层制为核心,侧重于实现政策目标,导致其无法适应快速发展的外部环境。从20世纪70年代开始,新公共管理范式兴起,新公共管理范式以市场化为工具提供公共服务,以绩效主义和顾客导向为核心,因过于重视效率而导致正义、公平等公共价值缺失。在这种背景下,公共价值学说超越了传统管理范式的局限应运而生,该学说有效整合了多元价值,提供了更好的公共服务。

自从1995年马克·穆尔(M.H.Moore)率先提出公共价值概念以来,学界形成了两条关于公共价值的研究路径。路径一关注公共价值结果导向研究。马克·穆尔在阐释如何创造公共价值的过程中提出了"战略三角模型",为构建公共价值管理理论分析框架奠定了重要基础,其中主要包括公共价值、合法性与支持及运作能力。①路径二侧重于共识,着眼于公共价值的定义与解释,将其视为行为规范或对行为的解读,注重行为的合理性与过程,但也不排斥对结果的关注。这两种研究路径都强调了多元性和公共性,多元性体现在多元主体的多重价值观,而公共性则表现为集体价值偏好。因此,在贵州少数民族特色村寨治理中,不仅需要关注绩效的实际结果,也需要达成对价值取向的共识。

① 马克·H.穆尔.创造公共价值:政府战略管理[M].伍满桂,译.北京:商务印书馆,2016.100-101.

(二)公共价值理论适切性分析

自1995年马克·穆尔提出"公共部门管理者应该怎样根据所处的环境来思考和行动以创造公共价值",这一基本问题引起理论界与实践界的广泛关注。左停等基于公共价值理论,拓展了战略三角模型,从乡村价值的受益人特征与利益相关者属性出发,构建了乡村公共价值管理分析框架。研究识别了生计价值、粮食安全价值、经济价值、生态价值、文化价值等五大乡村价值,明晰了乡村价值是复杂多样的体系。[①]目前公共价值理论已广泛应用到邻避冲突、环境生态治理、政府绩效、数字政府及区块链等领域。

公共价值理论在贵州少数民族特色村寨治理绩效的分析中同样具有适用性。

首先,这一理论的适用性体现在少数民族特色村寨治理的逻辑前提和问题导向上。公共价值理论的提出源于传统治理范式的局限性,而少数民族特色村寨治理同样受制于传统模式的不足。在传统治理模式下,单一主体难以有效推进少数民族特色村寨治理,因此,引入公共价值理论成为解决这一问题的有效途径。

其次,在多元主体性方面,公共价值理论强调的多元主体共同参与合作,在少数民族特色村寨治理的实践中有所体现。村寨治理是一项系统工程,牵涉到多个部门,需要多元主体共同参与。在贵州少数民族特色村寨治理中,政府、社会组织以及当地村民等多方共同参与治理,形成了一种集体共治的模式。这种模式的建立与公共价值理论所强调的多元主体共同创造公共价值的理念有共通之处。

再次,少数民族特色村寨治理中的网络性与公共价值理论观点一致。公共价值理论强调多元主体形成网络结构来创造公共价值,注重参与主体之间的合作精神。在贵州少数民族特色村寨治理中,也需要建立多元主体之间的网络模式,促进资源共享和合作,以最大程度地提升治理效果。

最后,在价值引领和价值目标方面,少数民族特色村寨治理与公共价值理论相契合。公共价值理论要求摒弃单一主义,强调民主、公平、合法性和责任等价值理念。贵州少数民族特色村寨治理的目标也是公平、正义、效率和民主等价值。在治理过程中,需要平衡和整合多元主体的价值诉求,形成价值平衡,以最终实现治理目标。同时,公共价值理论强调通过多重价值要素的平衡和整合来共同创造公共价值,这与少数民族特色村寨治理中多元主体通过对话、协商等方式进行价值选择和平衡的过程相符合。因此,少数民族特色村寨治理应该以基于多元主体偏好的公共价值为引领,以此推动集体行动的实现。

---

① 左停,杜岚,丁悦.公共价值理论视域下乡村价值的识别、取向与实现路径[J].中国农业大学学报(社会科学版),2024,41(5):130-149.

(三)公共价值理论的战略三角模型

马克·穆尔提出的战略三角模型明确构建了三个关键维度,即强调公共价值、合法性与支持、运作能力。

公共价值理论强调了根据组织环境的变化定义公共价值的重要性。公共管理者需要深入了解环境变化,根据实际情况不断调整和定义公共价值的使命和愿景。这一维度体现了公共管理的方向性,是整个治理过程的基础。而合法性与支持维度涉及公共价值实现的授权环境。这包括了政治授权和社会支持两个方面。公共管理者需要在政治层面获得支持和授权,同时也需要考虑利益相关者的社会支持,这样才能有效推动公共价值的实现。另外,运作能力维度则涵盖了资源配置、管理和组织效能等方面。公共管理者不仅需要关注组织内部的运作和管理,还需要密切关注外部环境,与之紧密相连,以确保公共价值的创造和实现。

在实践中,公共管理者需要不断地在这三个维度之间寻求匹配和平衡。只有当公共价值的使命与愿景明确,获得了政治和社会的支持,并且具备了足够的运作能力时,公共价值才能得以实现。反之,如果相关部门无法反映集体偏好,政治上出现利益囤积导致决策扭曲,或者在运作中缺乏有效的管理,公共价值就难以真正实现。因此,战略三角模型提醒我们,公共管理不仅要关注使命和愿景的定义,还要重视政治和社会的支持,以及组织内外部环境的运作能力,这样才能最大程度地创造和实现公共价值。

少数民族特色村寨治理绩效的内在逻辑机制为治理主体参与治理,其价值理念与社会价值机制契合度高,而基于公共价值的治理绩效就是追求社会价值与多元治理主体间高度契合的关系状态。据此,如图8-1所示,本研究结合贵州少数民族特色村寨现实治理制度情境和实践场景,构建理论分析框架。具体包括村寨资源、村寨价值建构、村寨多元主体参与、村寨制度安排、村寨组织管理等五个分析维度。

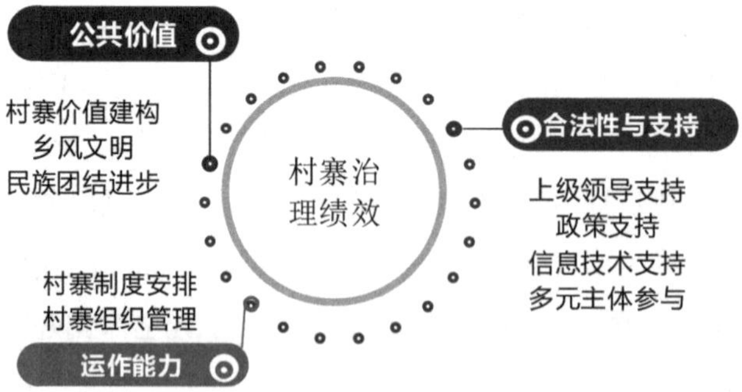

图8-1 公共价值—运作能力—合法性与支持的作用链条

第三节

研究设计

一、研究方法介绍

少数民族特色村寨乡村治理绩效受到多种因素影响,本研究意在探寻影响贵州少数民族特色村寨乡村治理有效性的多种条件因素,采纳了定性比较分析(Qualitative Comparative Analysis, QCA)方法。这一研究方法能够识别出多种条件因素的组合,并揭示出治理有效性的潜在动因。该方法注重多重影响因素而非单一因素对结果的影响。

定性比较分析(QCA)方法是查尔斯·拉金在1987年首次提出的一种方法和技术。杜运周等指出该方法包括清晰集定性比较分析(csQCA)、模糊集定性比较分析(fsQCA)以及多值集定性比较分析(mvQCA)3个基本类别。一个完整的定性比较分析要经历以下几个基本步骤:①根据研究问题确定样本案例;②针对研究问题提炼结果变量,通过理论分析提炼条件变量;③校准变量与构建真值表,即以案例为单位对各个变量进行数据编码;④利用QCA软件进行单变量分析运算和标准化分析运算,并对运算结果加以分析。[①]

对比定量研究(以回归分析为主)和定性研究(以案例分析为主),QCA在组织治理有效性方面具有如下几点适用性和可行性。一是小样本要求。QCA适合于中等数量(10~60个)的案例研究,能够提供更加有效的分析结论。本研究关注的贵州20个少数民族特色村寨治理案例属于小样本案例,符合对样本数量的要求。二是因果关系的复杂性。由于少数民族特色村寨治理的影响因素复杂,而“多重并发因果”是QCA方法关注的重点,探究影响因素间复杂条件排列组合的内在逻辑也是该方法运用的显著特点,尤其在需要考虑多重条件变量的作用结果,分析其因果机制时。

① 卢东宁,谢倩毅.组态视角与定性比较分析:数字乡村建设的路径选择[J].湖北农业科学,2024,63(11):252-257.

二、样本选取过程

为了确保样本案例在因果条件和结果条件上具有足够的差异性，根据QCA方法对良好样本的定义，即案例间相似性和案例内异质性相结合的特点，研究者有目的地选择了贵州不同地州市的典型少数民族特色村寨作为样本案例。这些村寨案例各自展现出独特的结构特征和治理效果，从而在因果条件和结果条件上呈现出显著的差异性，为后续的QCA分析奠定坚实的基础。

在遵循代表性、地域分布和多样性案例选取原则的基础上，研究人员从2020至2023年间贵州省民政部门发布的乡村治理示范村名单中，结合地方及全国性报纸上发布的相关报道，进行了细致的筛选。最终，在贵阳市、安顺市、铜仁市、黔东南苗族侗族自治州和黔南布依族苗族自治州等地，精选出20个具有鲜明民族特色的村寨作为案例样本（见表8-1）。这确保了案例结果条件的充分差异化，为深入研究贵州少数民族特色村寨治理提供了鲜活且具有代表性的实践样本。

表8-1 贵州少数民族特色村寨乡村治理样本案例

编码	少数民族特色村寨案例	编码	少数民族特色村寨案例
1	黔南布依族苗族自治州都匀市匀东镇饶河村	11	黔西南布依族苗族自治州安龙县招堤街道联合村
2	黔南布依族苗族自治州荔波县玉屏街道水浦村	12	黔西南布依族苗族自治州贞丰县永丰街道必克村
3	黔南布依族苗族自治州三都水族自治县普安镇高硐村	13	六盘水市水城区营盘苗族彝族白族乡高峰村
4	安顺市黄果树旅游区黄果树镇石头寨村	14	毕节市百里杜鹃管理区黄泥彝族苗族满族乡朝门村
5	黔南布依族苗族自治州惠水县涟江街道好花红村	15	安顺市经济技术开发区宋旗镇和兴村
6	黔东南苗族侗族自治州榕江县平阳乡丹江村	16	安顺市镇宁布依族苗族自治县宁西街道高荡村
7	黔西南布依族苗族自治州兴仁市屯脚镇鲤鱼村	17	黔南布依族苗族自治州福泉市凤山镇竹王城村
8	铜仁市思南县三道水土家族苗族乡周寨村	18	黔南布依族苗族自治州龙里县龙山镇余下村
9	黔东南苗族侗族自治州凯里市舟溪镇曼洞村	19	黔南布依族苗族自治州荔波县瑶山瑶族乡瑶山村
10	黔东南苗族侗族自治州剑河县柳川镇加禾村	20	黔南布依族苗族自治州罗甸县逢亭镇祥脚村

三、结果变量与条件变量的操作化与测量

有学者认为导致结果变量产生的途径主要有两种:一是依据研究问题对相关领域的既有文献进行全方位回顾,归纳出影响结果产生的因素;二是根据研究所选择的理论视角下的各维度,构建影响结果的因素。本研究结合两种途径,认为民族村寨治理绩效受到诸多因素影响,主要归纳为五个条件变量,分别是村寨资源、村寨价值建构、村寨多元主体参与、村寨制度安排、村寨组织管理。(详见表8-2)

表8-2　基于网络治理理论、公共价值理论构建分析框架及变量

变量类别	变量名称	衡量指标	赋值规则	赋值
条件变量	村寨资源	1.人力资本 2.建设资金 3.社会资本	同时强调三项内容	1
			强调其中两项内容	0.67
			仅强调其中一项内容	0.33
			三者皆未强调	0
	村寨价值建构	1.村民参与 2.乡风文明 3.民族团结进步	同时强调三项内容	1
			强调其中两项内容	0.67
			仅强调其中一项内容	0.33
			三者皆未强调	0
	村寨多元主体参与	1.党建引领 2.多元权力主体 3.协商共治	同时强调三项内容	1
			强调其中两项内容	0.67
			仅强调其中一项内容	0.33
			三者皆未强调	0
	村寨制度安排	1.上级领导支持 2.文件政策支持	同时符合两项内容	1
			具有上级领导支持,未有文件政策支持	0.67
			未有上级领导支持,具有文件政策支持	0.33
			未有符合项	0
	村寨组织管理	1.基于村寨公共价值的管理流程 2.村寨治理制度与政策 3.信息技术支持	同时强调三项内容	1
			强调其中两项内容	0.67
			仅强调其中一项内容	0.33
			三者皆未强调	0
结果变量	村寨治理绩效	1.村寨治理实施前后三年文化、经济、政治、社会环境是否显著改善 2.是否获得相关荣誉 3.是否被媒体广泛报道	同时符合三项内容	1
			符合其中两项内容	0.67
			仅符合其中一项内容	0.33
			未有符合项	0

少数民族特色村寨治理绩效是村寨治理的直接结果，可以有很多衡量维度，诸如村寨经济发展、民生改善以及社区和谐等。这里依据模糊集定性比较分析（fsQCA）的理论框架，将村寨治理实施前后三年的变化情况，包括村寨治理实施前后三年文化、经济、政治、社会环境是否显著改善，是否获得相关荣誉，以及是否被媒体广泛报道等，作为评估治理绩效的具体衡量标准。

以上条件和结果变量的定义与操作化，部分直接提取自现有的文献，而另一部分则是基于治理实践过程中的实质性知识衍生而来。接下来，本研究将逐一对这些变量进行详细的探讨。

（一）村寨资源

作为乡村社区治理的重要基础保障，村寨资源多少直接影响村寨治理绩效的优劣。单菲菲等指出，充足的建设资金与设施能够为社区建设与管理提供稳定的经费保障来源和充足的建设场地，是社区治理有效性提升的物质基础。[①]这里的村寨资源主要包括人力资本、建设资金、社会资本等资源，人力资本资源即人力资源，重点关注引进专业人才和精英主体助其完成村寨治理活动，专业的社区治理人才队伍能够更加有效地承接资源，提供优质服务，也更加有可能实现社区治理有效性；建设资金主要是指各个少数民族特色村寨拥有的日常运作资金，也包括各少数民族特色村寨自身争取到的上级政府机构额外补贴、市场与非营利社会组织援助及捐助的投入资金，额外投入资金增加，可能会有助于少数民族特色村寨自主性治理活动的有效开展；社会资本由网络、规范和信任这三个核心要素构建，社会资本程度高有利于激发社会合作，促成集体行动，进而提升村寨治理绩效。

基于前述分析，对于村寨资源变量的量化评估，依据人力资本、建设资金和社会资本这三个关键指标的不同组合来进行赋值，采用的是一种四值编码方案。具体来说，如果一个村寨在治理过程中同时重视这三种资源，那么它的资源变量赋值将被设定为1；如果只强调其中的任意两种资源，赋值为0.67；若仅关注这三种资源中的某一种，赋值为0.33；若三种资源均未被重视，则赋值为0。

（二）村寨价值建构

在公共价值的治理绩效中，其标准是由参与各方共同达成的，即通过价值建构来实现。当社区治理实践的目标与居民的价值追求相契合时，便能够激发社会的活力，

① 单菲菲，高敏娟.社区治理绩效的内涵、框架与实现路径——基于20个案例的模糊集定性比较分析[J].上海行政学院学报，2020，21(5)：100-111.

进而推动治理创新。在实现治理绩效的过程中，村寨村民的行为得到规范和引导，他们通过参与村寨治理来表达自身的需求和偏好，从而反映出村寨的公共价值。徐顽强等认为要从人民满意的治理理念引导、多元共治的网络化治理结构、公共服务有效供给的治理过程、公共价值建构的绩效评估四个维度出发，建立一个“理念先导、网络治理、服务有效、价值衡量”，现代化的城市社区精准治理架构。①对于农村社区亦如此，在村民参与村寨治理过程中，需要搭建民族团结活动平台，积淀乡风文明，铸牢民族共同体意识。因此，对于村寨价值建构，本研究将从村民参与、乡风文明以及民族团结进步这三方面内容进行评估。如果村寨治理能够均衡地重视这三个方面，则将赋值为1；如果只强调其中的任意两个方面，则赋值为0.67；若仅关注这三个方面中的某一方面，则赋值为0.33；若三者均未被充分重视，赋值将被设定为0。

（三）村寨多元主体参与

在村寨治理中，多元主体的参与旨在通过建立有效的争议解决和矛盾处理机制，促进各主体与村民之间的共识达成，实现和谐共处，并形成协同治理的合力，这是推动村寨治理创新与发展的关键所在。在此过程中，党建引领发挥着核心作用，以基层党组织为基石，构建科学、高效、严密的组织架构，探索协商共治的治理模式创新。同时，完善跨领域党组织的联动机制，整合各方资源，汇聚多方力量，共同参与社会治理，是实现村寨多元主体协同治理的重要保障。基于此，村寨多元主体参与从党建引领、多元权力主体、协商共治这三项内容来考量。如果村寨治理能够均衡地重视三项内容，则将赋值为1；如果只强调其中的任意两项内容，则赋值为0.67；若仅关注这三项内容中的某一项，则赋值为0.33；若三者均未被充分重视，赋值将被设定为0。

（四）村寨制度安排

何绍辉研究指出，完善城市社区治理制度体系有利于推动社区治理发展，离开了城市社区治理的微观基础，城市社区精细化治理就不可持续，社区治理质量提升就是一句空话。②目前基层政府围绕城市社区社会组织发展、社区社会工作者队伍建设、社区卫生服务、社区服务设施等方面积极出台相关政策规章。少数民族村寨的良好治理，离不开基层政府指导，诸如制定村寨发展规划、确定村寨长期发展目标等。除此之外，基层政府还需要提供资金、设施、项目等方面的政策支持，为村寨治理制定综合性法规，从而为实现村寨治理有效性提供制度保障。因而，村寨制度安排从上级领导支持、文件政策支持这两项内容来考量。如果村寨治理同时符合两项内容则赋为

① 徐顽强，李敏．基于公共价值导向的城市社区治理架构研究[J]．宁夏社会科学，2019(2)：129-137.

② 何绍辉．新时代城市社区治理研究：背景、环境与基础[J]．山东行政学院学报，2021(5)：79-87.

1;具有上级领导支持,未有文件政策支持赋值为0.67;未有上级领导支持,具有文件政策支持赋值为0.33;若未有符合项,则赋值为0。

(五)村寨组织管理

社区组织管理体系的高效运转是社区治理有效的关键。村民委员会通过自我管理、教育和服务,在村寨治理中扮演重要角色。明确治理和协同机制,推动治理专业化和精细化,利用互联网和智能技术,村民委员会能提升服务信息化水平,增强服务能力,从而提高治理效率。明确村民委员会的权责,强化自治功能,建立清晰的管理流程和办法,完善党组织领导下的配套组织制度和议事规则,是实现村寨治理绩效的重要途径。因而,村寨组织管理从基于村寨公共价值的管理流程、村寨治理制度与政策、信息技术支持这三项内容来考量。若村寨治理能够均衡地重视这三项内容,则将赋值为1;如果只强调其中的任意两项内容,则赋值为0.67;若仅关注这三项内容中的某一项内容,则赋值为0.33;若三者均未被充分重视,赋值将被设定为0。

(六)村寨治理绩效

村寨治理绩效为结果变量。村寨治理绩效即村寨社会治理的成果,可以表现为多方面的维度是否得到改善,诸如集体经济发展、村民居住环境改善、民族团结进步。本研究结合案例情况,将村寨治理实施前后三年文化、经济、政治、社会环境是否显著改善,是否获得相关荣誉,以及是否被媒体广泛报道作为治理绩效的具体衡量标准。

这里的相关荣誉包括是否被纳入全国乡村治理示范村镇名单、是否被评为国家乡村治理示范社区、是否获得全国民族团结进步示范区(单位)、是否被评为全国民主法治示范村(社区),以及是否获得省市级别的相关荣誉称号。根据四分位法,对这些荣誉变量不同情况进行量化赋值,其中,若村寨获得所有荣誉,则赋值为1;获得任意两项荣誉,则赋值为0.67;仅获得一项荣誉,则赋值为0.33;若无任何荣誉,则赋值为0。

四、数据收集

本研究在对官方公告、统计资料、学术文献和报纸报道的全面检索与评估基础上,根据表8-2中的赋值规则进行赋值,进而运用模糊集定性比较分析方法进行详尽分析,旨在探究在多样化治理情境下,影响贵州少数民族特色村寨治理绩效的多重因果路径。

第四节

数据分析

一、单变量必要性分析

通过单一条件变量分析，可以判断影响贵州少数民族特色村寨乡村治理绩效的前因变量中，哪些变量为村寨治理绩效的必要条件。关键指标为一致性（consistency）和覆盖度（coverage），通常认为，变量的一致性数值达0.9及以上则认为该变量为必要条件。必要条件检验的最终原始数据见表8-3，表8-4是转换的必要条件变量分析。表8-4中的必要条件分析结果显示，五个条件变量能够较好地解释不同村寨治理绩效水平不同的原因。其中，高水平村寨治理绩效的各个条件的一致性均低于临界值0.9，说明不存在实现村寨治理绩效高水平的必要条件。但是村寨资源这一变量值得关注，该变量具有较高的一致性（0.838），虽然在数值上还未达到必要条件的标准（0.9），但是在实际中具有较高的解释度，表明该变量是产生村寨治理绩效高水平结果的重要原因之一。低水平村寨治理绩效的各个条件的一致性水平中，非村寨价值建构、非村寨多元主体参与、非村寨组织管理的一致性均大于0.9，这3个条件可能是解释村寨治理绩效水平不高的必要条件。然而，进一步检验分析发现，3个条件均无法构成解释各自结果变量的必要条件。综上得出，各单一变量均不能独立解释结果变量，因此需要对影响村寨治理绩效水平的影响变量做进一步的组态分析。

表8-3 必要条件最终原始数据

必要条件分析		
结果变量: *y*		
测试条件:		
	一致性	覆盖度
a	0.838474	0.911739
~*a*	0.482955	0.686274
b	0.676136	1.000000
~*b*	0.511364	0.539846
c	0.674513	0.925390
~*c*	0.646916	0.723230
d	0.729708	0.899000
~*d*	0.484578	0.597000
e	0.622565	0.957553
~*e*	0.618506	0.635530
必要条件分析		
结果变量: ~y		
测试条件:		
	一致性	覆盖度
a	0.645833	0.437776
~*a*	0.869792	0.770473
b	0.300781	0.277311
~*b*	1.000000	0.658098
c	0.602865	0.515590
~*c*	0.912760	0.636116
d	0.475260	0.365000
~*d*	0.868490	0.667000
e	0.430990	0.413233
~*e*	0.955729	0.612177

表 8–4　转换的必要条件变量分析

条件变量	高水平村寨治理绩效		低水平村寨治理绩效	
	一致性	覆盖度	一致性	覆盖度
村寨资源	0.838	0.912	0.646	0.438
~村寨资源	0.483	0.686	0.870	0.770
村寨价值建构	0.676	1.000	0.301	0.277
~村寨价值建构	0.511	0.540	1.000	0.658
村寨多元主体参与	0.675	0.925	0.603	0.516
~村寨多元主体参与	0.647	0.723	0.913	0.636
村寨制度安排	0.730	0.899	0.475	0.365
~村寨制度安排	0.485	0.597	0.868	0.667
村寨组织管理	0.623	0.958	0.431	0.413
~村寨组织管理	0.619	0.636	0.956	0.612

表 8–5　复杂解

频率阈值: 1			
一致性阈值: 1			
	原始覆盖度	唯一覆盖度	一致性
*a**~*b**~*c***d*	0.323052	0.135552	1
*a***b***c***d*	0.487013	0.272727	1
*a***b**~*c**~*d***e*	0.215909	0.0551948	1
解的覆盖度: 0.67776			
解的一致性: 1			

表 8–6　中间解

频率阈值:1			
一致性阈值: 1			
	原始覆盖度	唯一覆盖度	一致性
*a**~*b**~*c***d*	0.323052	0.135552	1
*a***b***c***d*	0.487013	0.272727	1
*a***b**~*c**~*d***e*	0.215909	0.0551948	1
解的覆盖度: 0.67776			
解的一致性: 1			

表8-7 简约解

频率阈值:1			
一致性阈值: 1			
	原始覆盖度	唯一覆盖度	一致性
*a*d*	0.649351	0.0811688	0.960384
b	0.676136	0.133929	1
*a*e*	0.594968	0.0535714	1
解的覆盖度: 0.892045			
解的一致性: 0.970848			

表8-8 高水平村寨治理绩效的组态分析

条件组态	组态1	组态2	组态3
村寨资源	●	●	●
村寨价值建构	⊗	○	●
村寨多元主体参与	⊗	●	⊗
村寨制度安排	●	●	⊗
村寨组织管理	—	—	●
一致性	1	1	1
原始覆盖度	0.33	0.49	0.22
唯一覆盖度	0.14	0.27	0.06
解的一致性	1		
解的覆盖度	0.68		

注:●表示核心条件存在,○表示边缘条件存在,⊗表示补充条件缺失,—表示该条件可存在也可不存在。

资料来源:QCA软件数据分析结果。

二、多因素组合分析

本研究采用fsQCA3.1软件工具执行条件配置分析,其中一致性阈值被设定为0.8,而案例频数阈值被设定为1,以布尔最小化技术来识别条件的组合模式。在分析结果的呈现方面,遵循Ragin和Fiss所提出的定性比较分析结果的表达框架,该框架的优势在于其能够显著地展示不同条件在构成结果中的权重和重要性。①结果输出为高水平村寨治理绩效的三类解:不纳入任何逻辑余项的复杂解(complex solution)、纳入所有逻辑余项的简约解(parsimonious solution)、只纳入符合理论方向预期逻辑余项的中间解(intermediate solution)。②研究优先选择了中间解作为分析的基础,原因在于它合理地整合了具有理论意义的逻辑余项,并且避免了对必要条件的排除。因此,中间解在学术上被广泛认为是最具解释力的分析结果。鉴于解决方案需要在简洁性和全面性之间取得平衡,故采纳了中间解的条件变量组合,并参考简约解来界定核心条件与边缘条件。具体来说,那些既出现在中间解也出现在简约解中的条件被识别为核心条件,而那些仅存在于中间解中的条件则被视作边缘条件。经过分析软件结果输出,得出3种组态的充分条件(见表8-5至表8-8)。

分析发现,影响村寨治理绩效水平的影响变量组合是多样的,存在着3种组合路径,不同组合路径的一致性均高于0.87,表明这五种影响变量组合具有较强解释力。此外条件组态分析的解的一致性高于0.9,说明满足这3类条件组态的村寨治理绩效均呈现较高的绩效水平。解的覆盖度为0.68,表明具备较高村寨治理绩效水平的案例中,可以被3类条件组态解释的案例达到68%。解的一致性和覆盖度均高于临界值,由此可见数据实证分析的结果是有效的。根据这五种影响变量组合,可进一步分析影响村寨治理绩效水平的因素。

在条件组态分析的基础上,可将村寨治理绩效水平的五种影响变量组合归纳为制度资源整合型、综合链接型、价值主导型三种具体组态类型。具体而言包括,组态1:村寨资源* ~ 村寨价值建构* ~ 村寨多元主体参与*村寨制度安排(村寨资源、村寨制度安排为核心条件,村寨价值建构、村寨多元主体参与缺失为边缘条件);组态2:村寨资源*村寨价值建构*村寨多元主体参与*村寨制度安排(村寨资源、村寨价值建构、村寨制度安排为核心条件,村寨多元主体参与为边缘条件);组态3:村寨资源*村寨价值建构*~村寨多元主体参与*~村寨制度安排*村寨组织管理(村寨资源、村寨价值建构、村寨组织管理为核心条件,村寨多元主体参与缺失、村寨制度安排缺失为边缘条件)。

1.组态1可概括为资源制度整合型

该组态覆盖了约33%的案例,其中约14%的案例仅能被这条路径所解释。该路

① 该呈现形式可以区分条件组态中的核心条件与边缘条件。核心条件指的是在QCA分析的“简约解”和“中间解”中同时出现的条件变量,其对于结果变量而言重要性较大。边缘条件则指的是在QCA分析中只出现在“中间解”中的条件变量。相较于核心条件,边缘条件对于结果变量的重要性较小。

② 杜运周,贾良定.组态视角与定性比较分析(QCA):管理学研究的一条新道路[J].管理世界,2017(6):155-167.

径显示,在村寨价值建构、村寨多元主体参与缺失情况下,村寨资源、村寨制度安排的存在发挥了核心作用。村寨资源丰富的少数民族村寨,同时注重村寨制度的作用,制定相关政策法规满足公众对村寨美好建设的需求,可以促进高水平的村寨治理绩效实现。收集的案例中,毕节市百里杜鹃管理区黄泥彝族苗族满族乡朝门村的“农业+旅游”为主的乡村旅游是该路径的代表。该村是百里杜鹃风景名胜区的“东大门”,依托优质水源、肥沃土壤的资源优势,通过党组织领办村集体合作社,采取“村集体+合作社+群众”的运作模式,带动群众种植生态大米1000余亩。同时作为3个满族聚集村之一,少数民族文化底蕴浓厚,满族花坟、文武将军墓、满族入黔纪念碑等历史人文景点彰显着朝门村独特的少数民族历史底蕴。2022年,朝门村入选贵州旅游重点村。在制度安排上,围绕“德治、法治、自治”三治共融,充分发挥基层党组织战斗堡垒作用,与村民商议形成村规民约,结合民族团结文化理念熏陶,使得村民自觉形成遵守社会规范和社会信任的良好氛围,打造“立志、守信、忠义”文明村。可见,通过政府加强人力资本、建设资金的投入,注重外部科技力量与社会资本等各项资源的保障力度,充分发挥村寨资源优势,形成三治共融制度建设局面,通过“资源+制度”的整合作用,可弥补相应短板,达到较为理想的村寨治理绩效。

2. 组态2可概括为综合链接型

该组态覆盖了约49%的案例,其中约27%的案例仅能被这条路径所解释。该组态路径表明,村寨治理绩效受村寨资源、村寨价值建构、村寨多元主体参与及村寨制度安排等诸多因素的综合影响,只有关注村寨资源、村寨价值建构、村寨制度安排这三个核心条件变量相互间的联动适配,才能更好实现高水平的村寨治理绩效。案例中,黔南布依族苗族自治州三都水族自治县普安镇高硐村是一个苗族布依族村寨,依托村寨品牌资源优势,借乡村振兴集成示范试点建设项目契机,在上级部门政策资金支持下,通过乡村旅游促进村寨发生“蝶变”,完善组织机构建设,加强党建引领。在村寨价值建构上,高硐村紧扣“中华民族一家亲,同心共筑中国梦”总目标,结合党委设置,按照地理位置将全村划为5个民族工作服务网格,提供民族工作服务;通过与群众同写连心语、并肩照合影、合跳民族舞等交流方式,促进中华民族共同体意识显著增强。黔南布依族苗族自治州荔波县瑶山瑶族乡瑶山村以党建领村为基础,吸纳少数民族优秀文化,组建古寨文艺队,创作具有民族文化特点、村规民约特点的瑶族歌曲、小品及动漫,并进行演出。在村寨多元主体参与上,瑶山村通过乡贤寨老、社会组织等共同参与社会治理,组建有组管会、寨管会、乡贤会,实现政府行政管理与基层群众自治有效衔接和良性互动。可见,促进村寨治理绩效水平提升,离不开党建引领的组织体系建设,同时需要关注多元主体参与治理,结合村寨自有资源禀赋,形成综合因素的协同影响,提升这一组态内部的黏合性,避免了回归分析的单一逻辑。

3.组态3可概括为价值主导型

该组态覆盖了约22%的案例,其中约6%的案例仅能被这条路径所解释。在实现村寨治理的过程中,即便缺失村寨多元主体参与和村寨制度安排等条件变量,若充分运用村寨自身已有资源条件,塑造村寨独特文化价值内核,构建组织管理体系推进治理,则能够提高村寨治理绩效。案例中,以黔南布依族苗族自治州荔波县玉屏街道水浦村为典型,水浦村是中共一大代表邓恩铭的故乡,该村充分利用广州白云区帮扶契机,融合红色文化,打造"恩铭故里·初心水浦"。同时,该村结合自有的民族文化资源,例如马尾绣以及贵州省非物质文化遗产酿酒技艺和水族卯节,打造建成"水浦恩铭故里"国家AAA级旅游景区,形成"红色文化体验区(党性教育体验区)+特色民族村寨体验区+休闲科普体验区+生态康养体验区+林下经济观光示范区"。坚持党建领村,围绕"民族融合·团结奋进",发挥党员率先垂范,村寨文化建设吸纳恩铭故里红色文化、水族民族文化。该村建立"社管委"组织,明确"社管委"与"理事会"的关系,根据涉及范围确定议事主体,组(寨)内的常规事宜由理事会牵头开展议事,议事结果报村"两委",重大事项提交村委会研究。涉及几个组(寨)或者片区的事宜由社管委牵头开展议事,议事结果报村"两委",全村事情和重大事项村"两委"牵头议定。可见,根据村寨资源优势,凸显特色村寨文化民族资源,打造形成乡风文明、民族团结进步的村寨价值内核,引导公众积极参与建设,自觉遵守村规民约,为实现高水平村寨治理绩效奠定了基础。这一组态路径暗示了凸显村寨价值建构、依附村寨资源禀赋、科学进行村寨组织管理在促进村寨治理绩效水平提高的道路上发挥了关键作用。

三、条件间的潜在替代关系

比较三组条件组态的异同,旨在深入揭示五个关键变量间的潜在替代性关系。初步分析显示,在资源丰富的贵州少数民族特色村寨中,村寨价值构建与组织管理的条件组合能够替代村寨制度安排,进而有效提升治理成效,这一点在对比条件组态1和3时得到证实。进一步地,条件组态2与3的对比结果,揭示了对于既资源丰富又具有坚实价值构建基础的贵州少数民族特色村寨而言,组织管理的条件可以替代制度安排与多元主体参与的组合条件,同样能够促进少数民族特色村寨治理绩效的提升。潜在替代关系表明,村寨组织管理具有更加重要的作用,因为在村寨资源及村寨制度安排等客观条件因素下,村寨组织管理能够发挥出村寨制度安排和村寨多元主体参与组合出现时才有的作用。

四、组态中条件变量的重要性分析

在分析的三组条件组态配置中,村寨资源作为一个核心条件变量,在所有组态中均有出现,且出现的频率在所有条件变量中是最高的。此外,村寨资源在单一因素的必要性分析中,展现出较高的一致性(0.838)和覆盖度(0.912),这两项指标在所有变量中均排名靠前,一致性超过了0.8的充分条件标准,表明村寨资源是实现村寨治理绩效的一个充分条件。因此,尽管村寨资源不构成单个条件变量的必要条件,但其在三条路径形成中的参与表明,村寨资源在推动村寨治理绩效提升至高水平的过程中发挥着至关重要的作用。作为村寨治理绩效社会价值建构的重要体现,当地政府是否充分关注村寨建设自身资源禀赋优势,将村寨治理有关政策制度执行好落实好,以满足村民对村寨建设提质增效的需求,在绩效实现路径中具有重要意义。同时,村寨价值建构和村寨制度安排作为核心条件,同时参与了两条路径的生成,说明它们对促进村寨治理绩效提升也发挥了重要作用。

五、稳健性检验

一般而言,为了确保研究结果的可靠性,通常需要进行稳健性检验。围绕调整校准阈值、改变案例频数以及变动一致性门槛值等方法得以实现。在保持案例频数阈值不变的前提下,将一致性阈值从0.8提升到0.85,所得出的分析结果与之前的结论基本一致,表明研究结果具有一定稳健性,印证了研究结论的可靠性和有效性。

第五节

贵州少数民族特色村寨治理实践

习近平新时代中国特色社会主义思想的重要内容之一——推进国家治理体系和治理能力现代化，开启了中国国家治理体系和治理能力现代化的新篇章。国家治理包含政党治理、政府治理、公共管理、社会治理等内容。而国家治理现代化，即国家制度体系的优化以及治理能力的提升，构成了国家现代化的重要内容。

在新时代国家治理现代化背景下，党的二十届三中全会明确提出“继续完善和发展中国特色社会主义制度，推进国家治理体系和治理能力现代化”是全面深化改革的总目标。同时强调，城乡融合发展是中国式现代化的必然要求，必须全面提高城乡治理融合水平，促进城乡共同繁荣发展。

未来通过调整基层治理结构促进城乡融合发展，需要回应新时代基层社会治理体系现代化转型的要求。具体而言，一是治理主体由一家独大转向多元治理主体协同共治。基层治理错综复杂，需要政府、社会组织、个人共同参与，形成基层治理的三股动力（政党动力、政府动力与社会动力）协作机制很有必要。二是创新治理体制机制。面对大数据人工智能时代的到来，基层社会治理需要智慧治理与全局性治理相结合。全局性治理强调治理的公平与效率问题，要构建超大数据中枢平台，制定统一的数据标准，进而高效归集各部门数据并保证各类数据需求得到及时满足。同时，要引导和鼓励政府、企业、个人等治理主体的数据共享互通，以提质破壁。[①]

在以上基于对新时代国家治理现代化科学内涵的理论探讨基础上，本研究分析4个贵州少数民族特色村寨乡村治理的典型实践做法，揭示现代化治理视域中乡村治理的规律与机制。

① 韦彬，陈永洲．整体性智治：中国式现代化城市治理的新范式[J]．江汉论坛，2023(11)：37-45.

一、HY村:“四轮驱动”推进村寨治理

(一)HY村村情

HY村距乡政府驻地12千米。全村辖14个村民小组,539户,总人口2534人,少数民族占91%。全村总面积24.56平方千米,耕地总面积7994亩。

(二)HY村基层治理的特点及亮点

1.组织:形成“组管委”共商共议共管村寨治理模式

HY村九组重大决策、重要事项均执行“组管委”共商共议共管。组上成立了“组管委”,划分成3个网格片区,分类协调推进组上各类事务。同时,组建2个“护寨队”,负责开展陈规陋习的监督管理,确保乡风文明、淳朴。为助推集体经济发展,增强科学管理意识,组上实行专班化管理,共组建了兰花产业专班、养殖专班、环境卫生专班、生活专班、理财小组,共吸纳86名优秀劳动力加入,切实推动要素整合,强化群众劳动力分配。

2.制度:用好“国法”和“家法”两张牌

“国法”重点抓好相关法律法规、上级要求的执行落实,为群众画好底线红线。“家法”重点推进村民形成良好的生活秩序,养成良好的生活习惯。HY村村民委员会通过制定村规民约实现自我管理,改进原有的诸如婚丧大操大办、高额彩礼等不良习俗,体现“家法”的治理之道。建立“组社合一”产业分析会、道德评议会、组民议事会、禁毒禁赌会、红白理事会等“五会”制度,坚持用制度管权管事管民,让组社管理有规可依、有章可循。违反寨规民约、组委民约和卫生规定的,“组管委”有权扣罚参股分配权、处罚当事人。

在养殖方面,寨规民约明确组内不能分散养殖、人畜混居,改变了传统养殖方式,统一规划到后山进行集中饲养。在老旧房整治中,由党员带头,一周内自愿拆除29栋老旧房,完成整组水、电、厨、圈、厕所、庭院、道路等改造工程。

3.产业:进行土地流转,推进“组社合一”

按照省、州、县关于发展壮大村级集体经济组织建设工作的部署,HY村九组在镇村党组织的领导下,在“组管委”的组织带领下,基于村民小组,构建“组社合一”集体

经济组织,组织村民筹集65万元资金,作为“组社合一”组织组建的启动资金,同时做通群众工作,实现村民的120亩耕地、620亩林地全部入股参与村集体经济发展。“组社合一”实行组集体“三个统一”(统一规划、统一管理、统一使用)管理,形成了所有村民受益的“组社合一”的经济组织新模式。

HY村九组坚持以兰花产业为主导,积极发动群众筹资65万元,投资建设8800余平方米的钢架温室大棚,用于发展兰花种植和培育,创新“主导产业+统一管理”的产业发展模式,引领村民种植兰花10万余株,推进了村里800余亩耕地的承接包租项目。因地制宜发展耐旱作物种植,先后引进花椒300亩、佛手瓜100亩、辣椒400亩,采取集中种植、共同管护、统一销售的形式,抱团发展,助推产业振兴。初步预计将实现带动集体经济增收40万元左右。同时,利用院落前后肥土良田发展庭院经济,鼓励群众自行种植时令蔬菜,由组集体统销,确保四季有菜出,户户有增收;合理利用林地优势,大力发展林下特色种植业、养殖业,全力增强“造血功能”,确保合作社长效增收,现已规模养殖林下土鸡2000余羽、黑毛猪100余头。

由以上关于该村的组织构建、制度建设及产业发展的情况,可见HY村取得村寨治理的成功,关键在于:一是强调基层组织的核心地位,强化党的农村基层组织建设,将党的组织优势转化为发展优势。二是强调产业带动是前提,整合各类资源要素,实现抱团发展,为集体经济组织发展壮大提供基本保障。三是能人带动是关键,选优配强农村经济发展的“头羊头雁”,纵深推进农村产业革命。四是夯实基层治理的基础地位,用好“国法”和“家法”(寨规民约)两张牌,发挥自治自律、德治浸润、法治约束作用。

二、H村:构筑“五个同心”治理模式

(一)H村村情

H村距县城17千米,全村7.76平方千米,辖14个村民小组,15个自然村寨,668户,总人口3125人,其中布依族人口2816人。H村历史悠久、民风淳朴、物产丰富、农耕特色鲜明,是“全国乡村旅游重点村”“国家级少数民族特色村寨”“全国文明村”“全国精神文明示范村”和“铸牢中华民族共同体意识示范村”等。

（二）“五个同心”打造示范村

H村打造“铸牢中华民族共同体意识示范村”，是该村乡村振兴特色亮点之一。铸牢中华民族共同体意识是维护各民族根本利益的必然要求，是实现中华民族伟大复兴的必然要求，是巩固和发展平等团结互助和谐社会主义民族关系的必然要求，是党的民族工作开创新局面的必然要求。近年来，在县委、县政府的坚强领导下，在县委统战部和县民宗局的大力支持指导下，H村按照“六个一”（建一个阵地、观一个展板、听一堂课、看一部电影、读一本书、唱一首歌）模式，以“五个同心”为抓手，以民族团结进步为目标，高质量促进民族共同奋斗、共同繁荣发展。

1.同心共唱一首歌，构筑精神高地

持续唱响民族团结之歌，提升各族群众对中华民族的文化认同，创新宣传宣讲方式，把党的二十大精神编写为山歌歌词，提高群众的理解力和接受力，发挥文化阵地作用，推广健康、文明、科学且富有正能量的生活方式，促进群众将思想意识凝聚于民族团结与经济发展的核心议题上，进而培育和弘扬现代文明的新风尚。

2.同心向党薪火传，筑牢组织基础

把党的政治建设摆在首位，着力引导各族群众凝聚共识。以党建引领铸牢中华民族共同体意识，发挥宣传思想教育作用，结合新时代文明实践、综治平台、协商议事平台、村组院坝会、山歌会、协商议事会等形式，铸牢中华民族共同体意识；贯彻落实各级党组织民族工作会议精神，引导各民族群众感党恩、听党话、跟党走。

3.同心抱紧石榴籽，奠定交流基础

各民族优秀传统文化是中华优秀文化的组成部分，中华文化是主干，各民族文化是枝叶，根深干壮才能枝繁叶茂。近几年，H村以同心唱响民族团结之歌为载体，搭建各族群众交流平台，促进各民族广泛交往交流交融，不断凝聚各族人民紧跟核心、拥护核心，形成强大合力，深入开展了“永远跟党 走我们的节日”“庆丰收山歌大赛”“海峡两岸欢度民族节日”“六月六”等系列活动，维护统一、凝聚人心，不断铸牢中华民族共同体意识。扎实开展与台湾各地的民间组织交往交流，让台湾同胞感受到了贵州多彩的民族文化和浓厚的民族团结和谐氛围。

4.同心发展惠民生，夯实社会基础

中华民族一家亲，同心共筑中国梦。助推社会事业发展，着力提升民族和谐氛围。H村文化、医疗、公共服务设施健全，普及九年制义务教育措施完善，实现适龄儿

童入学率100%，建有少数民族特色小学，通过加强对儿童的中华优秀文化教育，进一步提升民族认同感。通过多渠道铸牢中华民族共同体意识广泛宣传教育和民生实事办理，不断夯实各民族共同走向社会主义现代化的社会基础。

5.同心抓文旅融合，打造当地民族文化品牌

H村抓好文旅融合，着力助推民族特色旅游发展，推动共同团结奋斗，共同繁荣发展。围绕省委主要领导到H村调研提出的进一步加强旅游产业化及文化传承相关工作要求，H村大力推进“旅游+”融合发展，一是将民族文化、非遗技艺、农业体验、亲子研学、休闲康养、水文化体验、四季采摘等旅游业态融合打造，大力推进旅游产业提质升级。二是发扬民族传统，以“三月三”、“四月八”、“六月六”、端午、国庆等节假日为契机，开展丰富多彩的民间文化活动，弘扬、传承与振兴当地民族文化，做到“以文促旅”“以旅彰文”。三是加强民族文化宣传，依托短视频账号，发布民族文化宣传视频。

（三）发展困境

尽管H村在团结民族村寨建设方面取得了一定的成就，但仍面临一些发展困境，主要有以下几个方面。

1.文化品牌传播和市场营销策略还有待加强

由于行业竞争的加剧，许多地方都在发展类似的旅游项目，竞争日趋激烈。H村虽然有独特的特色，但如果没有有效的品牌传播和市场营销策略，难以在众多竞争者中脱颖而出。相似的旅游产品容易让消费者产生选择困难，而在数字化营销和社交媒体盛行的今天，如果没有相应的宣传和推广能力，很容易被其他乡村所掩盖，影响到游客的到访决策。未来，H村需要挖掘和提升自身的独特文化和自然资源，设计出具有吸引力的旅游产品。

2.传统的布依族文化传承与现代化之间的冲突有待平衡发展

随着现代化和城市化进程的加快，特别是年轻人外流，H村一些传统的布依族文化可能面临被遗忘或消退的风险。如何在现代化进程中保持文化的活力，成为一个亟待解决的问题。同时过度开发旅游项目可能会对当地的文化景观造成破坏，进而影响到当地的传统文化。在这种情况下，如何协调经济发展与文化保护之间的关系，是一项复杂而重要的任务。现代媒体与文化的传播可能造成当地文化的稀释或改变。特别是一些年轻人受到外部文化的影响，可能会对传统习俗产生排斥情绪，导致

文化的断裂。

三、ZX侗寨：打造特色文旅品牌，推进村寨治理

（一）ZX侗寨基本情况

ZX侗寨被誉为“侗乡第一寨”和“鼓楼文化艺术之乡”。近年来，ZX侗寨抢抓“高铁时代”机遇，充分发掘侗族文化和生态环境优势，强化旅游基础设施建设，培育丰富旅游业态，实现了旅游业的快速发展。在2023年春节假期，ZX侗寨作为旅游目的地，接待游客数量达到4.36万人次，与2022年同期相比增长了148.16%。可见该地区旅游业的快速发展和市场吸引力强劲。

（二）ZX侗寨基层治理的特点及亮点

1. 产业：发展特色旅游业

围绕民族特色节庆活动，ZX侗寨结合已有资源，打造民族文化展示平台，将每年的谷雨节、芦笙节、侗年节、泥人节、祭萨节等传播出去，促进村寨集体经济发展和社会效益。ZX侗寨采取“政府+社会组织+市场”的运行模式，完善旅游产业管理，每年吸引诸多游客来体验民俗活动。2024年举办以“盛情ZX，放歌谷雨”为主题的活动，呈现了寨门迎宾、鼓楼习歌、盛装巡游、篝火狂欢、“村歌”大赛、“村锅”展示、蹦侗迪、丢卣卣、抹花脸、讨乌米饭、花桥对歌等系列特色民俗活动。据统计，此次民族节庆活动，实现旅游综合收入100余万元。

旅游产业还带动当地一、二、三产业的融合发展。ZX侗寨黄牛肉干、绿壳鸡蛋、茶油等地方特色产品，在民族特色旅游业发展带动下销售市场不断扩大。调研发现，营销策略是促进特色产品销售的关键，该村的产品主要通过新媒体营销、电商平台等方式推广，为了拓宽农产品的供给面，ZX侗寨引入企业对农产品进行加工，促进了当地经济发展提质升级。

2. 制度：建立激励约束制度，明确职能职责

以铸牢中华民族共同体意识为主线，ZX侗寨组织群众开展侗族文化活动，通过“积分超市”“十佳示范户”创建，推动搬迁群众交流融合，引导群众从协商的“旁观者”转变为“参与者”，增强“有事好商量、有事多商量”的社会认同，激发治理活力。

ZX侗寨在村寨建立“协商议事室”,将协商内容、流程、规则以及议事会成员等形成制度上墙,采取“微协商”模式,通过网格微信群、微信公众号、应急广播、大屏幕、LED显示屏等新媒体,实时滚动协商议事信息。

ZX侗寨全面推行“月评、季比、年考”机制,按照“责任压到网格、指令落到网格、成效体现到网格”的原则,对年终考核获“优秀”等次的网格员,给予一次性奖励1500元。

3.组织:形成“1+N”自治体系

ZX侗寨健全在村党组织领导下的“1+N”自治体系,以村民委员会为主体,以人民调解、治安保卫、公共卫生、妇女和儿童工作等下设委员会为支撑,利用“一中心一张网十联户”“乡村振兴帮扶网格”“志愿者服务队伍”“组(寨)管委”“乡贤会”组织优势,形成“多网合一”治理格局。在村“两委”的指导下,由各组群众推选出组(寨)管委成员。组(寨)管委设主任1名、副主任3名、委员若干名,将党员、护林员、保洁员、公益性岗位人员、调解委员、治保主任、民兵连长、妇女主任、团支部书记(青年干事)、新的社会阶层人士、乡贤人士、水书先生、寨老、致富带头人、退伍军人、正能量网红、网络直播带货人员等纳入委员会,群策群力,积极探索基层“共谋、共建、共管、共享”模式,完善基层群众自治,有效推动乡村振兴。

同时,村“两委”、驻村工作队、农村党员实行联系指导组(寨)管委制度,切实保障组(寨)管委方向不偏。建立组(寨)管委议事制度,村“两委”定期或不定期听取组(寨)管委工作情况汇报,帮助解决实际困难和问题。

(三)发展困境

以旅游业发展为中心的ZX侗寨在治理上取得了一定成效,但随着旅游业的快速发展,生态环境保护面临较大压力,村寨治理整体上面临一些困境。一是熟人社会结构瓦解带来治理挑战。该村治理主体牵涉旅游公司、村委会及派出所。村“两委”在处理村寨行政事务中,逐渐淡化了基于血缘、姻缘及地缘的“熟人社会”,更多考虑市场经济的合约社会关系。出现的一些传统与现代的矛盾需要关注,例如在现代化进程中如何保持和传承侗族的文化特色。二是旅游业发展带来的旅游服务质量滞后挑战。在发展村寨旅游业中,由于一些基础设施配套不完善、管理不到位等,旅游服务中出现强制购物、夸大宣传等现象,影响村寨整体形象。

四、BZ村:党建引领保障红色BZ放光芒

(一)实践做法

BZ村总面积40.1平方千米,辖16个村民小组13个自然寨,总人口459户1803人。BZ村居住的民族主要有布依、瑶、壮、毛南、苗、汉族等。BZ村设党总支1个,党支部2个,全村共有党员76名(含预备党员2名),其中女党员12人,35岁以下党员9人,60岁以上党员20人,高中学历及以上党员25人。

1.党群齐抓共进,打造红色美丽村庄

BZ村是红色美丽村庄试点建设村,县委书记亲自挂帅、亲自督导。规划之初,BZ村在上级指导下组织16个村民小组召开群众大会,党员群众、乡贤人士积极献策,征求意见100余条,使规划符合村庄实际、贴近群众需求,最终形成以"世遗胜地革命BZ"为主题的规划文本。BZ村在上级帮助指导下整合项目资金,谋划项目,组建五人小分队,全程跟踪指导项目实施。项目实施过程中,充分发挥支部凝聚力,动员群众全程参与和监督项目实施。

2.强化党建引领,打造"产业+旅游"的利益联结模式

坚持"六个一"发展模式,即组建一套有力班子、发展一个主导产业、建设一片示范基地、培育一个联建企业、建立一种发展模式、培养一批产业工人,大力发展群众认可度高、市场反响好的特色产品。BZ村产业由党支部组织创办,企业负责提供资金技术扶持和产销对接,合作社负责协调农户土地流转、资金入股、就业务工等工作。合作社发展种桑养蚕450亩、黄金蜜柚150亩、蜂蜜脐橙230亩、百香果1000亩、白芨2300盆、黑木耳10亩。与此同时,BZ村充分发挥资源优势,将坝区产业资源和红色旅游资源进行整合,村民从事农家乐接待、商品销售、保洁、导游服务、观光车驾驶员等职业人数逐年上升,直接带动近千人就业。

3.激活红色引擎,促进乡村治理高效有序

BZ村充分发挥基层党组织的组织优势和政治优势,组建了村级股份经济合作社、村级乡贤会、村级妇联,构建形成基层"1+N"组织体系,完善组织运行机制,紧密联系组管委和乡贤会,共同推进乡村治理,引领村民自治,有效化解群众矛盾纠纷。注重发挥村规民约自治作用,将环境整治、邻里关系、婚丧嫁娶等村风民俗纳入村规民约内容,通过宣传栏、文化墙、民歌等方式开展宣传,带动村民树立良好家风,转变民风,

形成文明新风尚。定期组织开展星级文明户的评选挂牌。在16个村民小组实施了“大宣传”工程,推动了“党的声音进万家、治理强音进村寨”的“双音”思想引导村寨全覆盖。

4.落实人才兴村、人才强村的发展理念

BZ村认真贯彻落实人才兴村、人才强村的发展理念,按照“四化建设”标准,不断强化组织阵地、薪资报酬、示范引领三个保障,建立标准化村委会阵地,聘请专业人才科学管理合作社,确保村干部实际工资逐年稳定提升。全面启动9个村寨的文化广场建设,陆续打造4个村民小组乡村治理示范点。乡村治理有成效、有力量,2023年以来,共有8名有志青年向村党支部递交入党申请书,有一名积极分子转为发展对象。

(二)发展困境

经过多年发展积累,BZ村于2021年获批全国第二批乡村治理示范村,荣获州、县先进基层党组织,贵州省森林村寨,县民主法治示范村等称号。不过在发展中,还面临一些困境需要突破。

1.缺乏专业化的服务组织导致服务能力显著不足

体现为民事纠纷日趋复杂,有效的解决机制难以形成。此外,村规民约的约束效力不足,导致村民铺张浪费地张罗红白喜事的现象仍然存在。

2.资源配置不足

在推进红色美丽村庄建设的过程中,资源配置不足,尤其在资金、人才和技术等方面的支持匮乏,导致红色美丽村庄建设所需的设施和优质服务不足。这限制了项目的顺利实施以及后续发展的潜力。

五、小结

上述4个贵州少数民族特色村寨的治理做法主要围绕党建引领,构建治理机构体系,形成治理制度规范,同时结合村寨自有资源禀赋,尤其是旅游村寨结合农文旅产业,带动村寨有序高质量治理格局形成。这几个村寨的共同治理亮点体现在,充分利用党的执政优势扩宽治理模式与渠道,村“两委”班子成员政治素质普遍较高,工作能力较强,班子成员之间团结协作,有较强的敬业精神和事业心,能严于律己。

但在治理中还面临一些困境。一是这几个村的信息技术应用都处于初级阶段,大部分乡村干部仅能运用微信群发布通知、微信公众号宣传村寨等,关注及搜集乡村发展政策、市场信息的能力欠缺。乡村品牌建设,产业发展需要利用科技创新成果。如何促进数字技术融入传统生产要素实现融合发展,促进乡村数字治理是需要进一步探索的问题。二是存在传统型权威与法理型权威共生困境。在水族、苗族及侗族等少数民族村寨中,代表传统型权威的“寨老”们扮演重要的治理角色,村民对族群有极大信任与依赖。这可能会出现村“两委”在治理中会遇到二者目标价值理念不一致而产生矛盾的情境。三是产业发展单一、劳动力不足。村寨治理需要为集体经济发展奠定基础,但由于年轻劳动力流入城市,传统村寨空壳化现象严重,缺乏村寨治理的人力资源补充。在产业兴旺战略思路下,满足不同顾客的农文旅产品需求与民族村寨单一的初级农产品推广还有巨大差距,产业转型、拓宽村民增收致富、转变农业生产方式仍然是很长一段时间内需要攻克的民族村寨发展难题。

第六节

结论与展望

本章基于公共价值理论及网络治理理论，在对已有文献梳理的基础上，将贵州少数民族特色村寨治理绩效的影响因素归纳为5个，分别是村寨资源、村寨价值建构、村寨多元主体参与、村寨制度安排、村寨组织管理。围绕这5个条件变量，结合20个贵州少数民族特色村寨治理案例，运用模糊集定性比较分析方法（fsQCA），探究贵州少数民族特色村寨治理绩效的影响因素及驱动路径，验证了影响贵州少数民族特色村寨治理绩效的多元制度逻辑框架。在制度环境趋同化的背景下，我国省级政府呈现出差异化的治理应对逻辑，4个典型贵州少数民族特色村寨的治理共同凸显了充分利用党的执政优势扩宽治理模式与渠道，发展农文旅产业，夯实集体经济基础的特点。制度性约束下地方政府并非被动执行政策，而是通过生产要素重组和治理工具创新，最终实现治理效能的显著提升。

一、研究结论

第一，从单一条件因素看，这5个因素都不能单独作为村寨治理绩效的必要条件，同时单个要素也并不构成实现村寨治理高水平绩效的瓶颈。需要进一步分析组合效应。

第二，村寨治理的可持续路径有3种，具体可归纳为资源制度整合型、综合链接型、价值主导型。这三类条件组态构成了高水平村寨治理绩效的驱动路径，三条路径集合均具有较高的一致性和覆盖度，为村寨治理绩效研究提供了集合组态视角。

第三，综合链接型驱动路径在提高村寨治理水平上发挥着更加重要的作用。而村寨资源在三条路径中都是核心条件变量，这意味着相对其他条件而言，村寨资源的作用至关重要，是贵州少数民族特色村寨治理成效中的充分条件，这与观察到的案例相符。贵州各少数民族特色村寨数量众多，遍布各地州市，针对民族村寨的特色，应采取不同村寨治理模式。部分民族村寨在治理过程中突出独特民族文化资源优势地位,将村寨治理与民族文化资源相结合,吸引村民积极参与,增强了乡村民族团结共同体意识,提升了村寨治理成效。

第四,在村寨治理绩效的五个条件变量影响因素中,既有客观的村寨资源因素,也有主观的村寨价值建构和村寨制度安排因素。基于主观可控性考虑,村寨价值建构和村寨制度安排是快速有效提升村寨治理绩效的可行性选择。

第五,调研发现,这几个村的信息技术应用还处于初级阶段,存在传统型权威与法理型权威共生困境,产业发展单一、劳动力不足等困境。

二、实践启示

本研究根据条件组态分析探究各少数民族村寨的村寨资源、村寨价值建构、村寨多元主体参与、村寨制度安排、村寨组织管理与村寨治理绩效的关系,归纳分析4个贵州少数民族特色村寨治理实践做法,得出结论:基层政府及村委在少数民族村寨治理过程中,需发挥村寨组织管理能力与村寨价值建构的综合效应,以促进公共价值实现。

(一)以公共价值为导向,整合村寨价值建构耦合体系

村寨的价值建构强调了社会共同利益的实现和民族团结的发展。而村寨的制度安排可以提供资源和政策支持。将村寨的价值建构和制度安排相互整合,以公共价值为导向,可以构建一个村寨管理的耦合体系。首先,需要建立一套全面的评估机制,将村寨的价值建构与制度安排进行有机结合。这一评估机制应考虑到村民参与程度、乡风文明水平、民族团结程度等价值因素,并将其与上级领导的支持和政策文件的支持相结合,形成一套综合评估指标体系。其次,针对评估结果,需要制定相应的政策和措施,以激励和引导村寨朝着符合公共价值导向的方向发展。这包括通过奖励机制、政策支持等方式,促进村寨内部的组织架构建设和管理机制完善,提高村寨治理的效能和服务水平。同时,还需要加强对村寨治理模式的研究和探索,探讨如何在价值导向下实现村寨制度安排的科学性和合理性。这包括引入现代管理理念和方法,加强村寨管理的专业化和规范化建设,以适应时代发展和社会需求的变化。最后,还需要注重加强村寨内外部的沟通与合作,形成多方共赢的局面。这不仅包括与上级政府部门的密切合作,还包括与其他村寨和社会组织的协同发展,以共同推动公共价值的实现和村寨治理水平的提升。

（二）基于条件组态效应驱动，探索村寨治理创新模式

一是发挥治理主体积极性，形成村寨社区、社会组织和村民的多元治理主体。比如政府通过向社会组织购买服务，引入企业组织推动民族村寨建设。

二是形成“大数据+网格化+铁脚板”工作模式。这一模式注重融合现代信息技术与传统工作方法。它通过大数据技术实时汇聚和分析海量数据，为决策提供科学支持，实现风险隐患的实时感知和突发事件的快速响应。同时，网格化管理将村寨划分为多个网格，每个网格由专人负责，实现资源联用、问题联治、服务联动的精细化管理。此外，“铁脚板”强调工作人员深入基层一线，通过实地走访和调查，了解民意，广泛收集群众诉求，拉近党群干群关系。这一紧密联系、环环相扣、一体运行的有机整体治理机制的运行，有助于提升村寨治理的效率和精准度，增强村“两委”与村民之间的互动和联系，是推进基层社会治理现代化的重要途径。

三是构建民族旅游村寨治理模式。由于民族旅游村寨的特殊性，在村寨治理过程中，应聚焦于村寨村民参与和文化自觉，通过增强村民的本民族文化自主意识和铸牢中华民族共同体意识，激发其参与旅游发展的积极性。构建民族村寨社区自主治理制度，确保当地村民在资源管理中的主体地位，同时创新发展理念，鼓励成立旅游合作社，实现利益共享和社区自我管理。此外，应建立一体推进体系，实现州、县、乡、村四级联动，推动多部门协同和社会广泛参与。由法律保护、重点保护、智慧保护构成的高效保护体系，可确保民族文化资料的高效存储及检索。活态传承体系则通过建立传承阵地和抓好传承载体，将民族村寨打造成促进各族群众交往交流交融的前沿阵地。最后，融合利用体系将传统农耕、乡村旅游和生态康养相结合，推动民族村寨的可持续发展，实现传统与现代的有机衔接，为民族村寨基层治理现代化注入新活力。

四是打造民族村寨微服务队伍，构建“寨管家”微治理模式。可以借鉴遵义市湄潭县的做法，该县创新探索的“寨管家”微治理模式，围绕一中心多元主体构建治理机构框架，即以村“两委”为中心，村寨为单元，各方资源全面参与治理。组建为群众办实事的村寨村民志愿队伍，大事小事齐抓共管，发挥村寨治理主体作用，有效提升了服务村民的质量和村寨基层社会治理水平。这一模式的核心是要构建镇干部、村干部和寨长组成的核心团队的“3+N”组织架构。同时配备辅助团队，由副寨长和各类专员如保洁员、水管员等构成。通过细化治理单元，将村民小组划分为一个或多个寨子，确保治理覆盖到每家每户。“寨管家”明确了各成员的职责，推动村民自治，制定村规民约，签订“三包”协议，激发村民参与环境整治的积极性；提供便民服务，如帮助行

动不便的村民领取福利,调解邻里纠纷,维护公共设施,以及照料老少等。此外,“寨管家”还通过评选先进典型,营造崇德向善的社区氛围,促进了乡村治理水平的提升和人居环境的改善,增强了村民的自治能力和幸福感。

(三)打造村寨资源叠加效应,提升组织管理能力

基层政府应围绕村寨自身资源禀赋,打造村寨资源的叠加效应,并将重点放在村寨治理中的组织管理能力建设上。注意提升村寨内部组织架构和管理机制,以实现村寨治理的高效运作和可持续发展。在实践中,注重培养村寨领导班子的决策能力和执行力,提高村民自治意识和参与度,充分发挥村民自治组织的作用。通过不断完善村寨管理体系,构建权责清晰、运转顺畅的组织结构,努力实现村寨治理的现代化和专业化,为村寨发展注入强大的动力和活力,同时为实现村寨资源叠加效应奠定坚实基础。

(四)加强典型民族特色村寨的示范引领作用

被评为乡村治理示范村的民族村寨取得了杰出的村寨治理成果。在尊重现有乡村治理实践的基础上,地方政府可以尝试将资源配置相似的民族村寨纳入考量范围,采取科学的适应性治理策略,以促进其他少数民族特色村寨的协同发展。

三、研究局限和未来展望

研究还有一些局限有待改进。一是研究基于公共价值理论搭建分析框架,选取的五个条件变量能否实际反映公共价值、合法性与支持以及运作能力三个关键维度,还需深入探讨。二是对条件变量的测量仍有可改进的空间。例如村寨制度安排可以从上级领导支持、文件政策支持这两项内容来考量,也可以从村民对政策制度的响应程度来间接测量村寨制度安排情况,受限于资料的可获得性,本研究采取了前一种度量方式。以后的研究可以尝试从主观感知和客观指标来综合深化测量效度。三是研究选取的样本为20个贵州少数民族特色村寨,通过样本推断全省的民族特色村寨治理绩效的普适性尚需检验。四是从方法论角度审视,本研究采用了比较分析法,涉及将定性文本资料转化为可量化的数据变量,此过程深受研究者个人学术背景和对案例理解程度的影响,具有不可避免的主观倾向。后续研究可探讨将问卷调查和深度访谈等方法与之结合,以扩充案例样本规模,提升研究数据的精确度和可靠性。

第九章
面向中国式现代化的乡村治理展望

2025年中央一号文件强调通过制度创新、生态治理、产业升级和民生保障的协同推进，实现农村改革的深化与乡村振兴的全面突破，乡村建设被赋予新内涵。西方“孟德拉斯命题”认为现代化将终结传统农业、农村与农民，孟德拉斯所说的“农民的终结”，并不是“农业的终结”或“乡村生活的终结”，而是“小农的终结”。在孟德拉斯看来，从“小农”(paysan)到“农业生产者”(agriculteur)或农场主(fernier)的变迁，是一次巨大的社会革命。[①]但中国式现代化中的乡村治理并非如此，其发展需立足现实困境，把握内在规律。乡村治理现代化是国家治理能力现代化的重要组成部分，核心在于构建自治、法治、德治相结合的治理体系，借助“互联网+”等技术手段提升治理效能。

在乡村全面振兴规划(2024—2027年)下，乡村建设重点在于分类推进乡村振兴，完善防止返贫长效机制，推动帮扶政策体系转换。以县域为切入点，统筹城乡融合发展，尊重农民意愿，保留乡村特色。通过党建引领、技术创新与多元主体协同，乡村治理现代化将不断推进。

第一节

乡村治理的发展趋势

在新时代背景下，乡村治理正朝着多维度、系统化的方向发展，通过持续推进治理创新，乡村治理将不断提升效能，促进乡村经济社会的全面发展。乡村治理的发展趋势是多方面的，涵盖了数字化转型、“三治融合”、党建引领、城乡融合、软治理以及多元主体协同治理等多个维度。

一、数字化转型与技术赋能

随着信息技术的飞速发展，数字化转型成为乡村治理的重要发展方向。乡村治理的数字化转型不仅能够提高治理效率，还能增强治理的透明度和科学性。通过建

① 李培林：从“农民的终结”到“村落的终结”[J].传承，2012(15)：84-85.

立数字化平台，政府可以更精准地收集和分析乡村治理中的各类数据，从而为决策提供科学依据。例如，利用大数据技术可以实时监测农村环境、农业生产、人口流动等信息，帮助政府及时发现和解决问题。同时，数字化平台还为村民提供了便捷的参与渠道，使村民能够更直接地表达诉求、参与决策，从而增强村民的主体意识和参与感。此外，数字化转型还能够推动乡村公共服务的智能化，如在线教育、远程医疗、电子商务等，缩小城乡数字鸿沟，提升乡村居民的生活质量。

二、“三治融合”的深化

“三治融合”即自治、法治、德治相结合的治理模式，是乡村治理现代化的重要方向。自治是基础，通过村民自治能够充分发挥村民的主体作用，增强村民的自我管理、自我服务和自我监督能力。比如村民可以通过村务公开、民主议事等方式参与村庄事务的决策和管理，从而提高治理的民主性和有效性。法治是保障，通过完善乡村法治体系，能够规范乡村治理的各个环节，保障村民的合法权益，维护乡村社会的公平正义。德治是补充，通过弘扬传统美德、培育乡村文化等方式，能够营造良好的社会风尚，增强乡村社会的凝聚力和向心力。例如，开展道德模范评选、家风家训传承等活动，引导村民树立正确的价值观和道德观，从而促进乡村社会的和谐稳定。

三、党建引领与基层组织建设

党建引领是乡村治理的核心，通过加强基层党组织建设，能够为乡村治理提供坚强的组织保障。基层党组织在乡村治理中发挥着领导核心作用，能够统筹协调各方资源，推动乡村治理的有效实施。例如，通过开展主题党日活动、党员志愿服务等，能够增强党员的先锋模范作用，带动村民积极参与乡村治理。同时，基层党组织还能够加强与上级党组织的沟通协调，争取更多的政策支持和资源投入，为乡村治理提供有力保障。此外，党建引领还能够促进基层组织的创新与发展，通过探索新的治理模式和工作机制，不断提升乡村治理的水平和效能。

四、城乡融合与分类治理

城乡融合是乡村振兴的重要目标，乡村治理需要与城乡融合发展紧密结合，推动城乡基本公共服务均等化。打破城乡二元结构,促进城乡要素的自由流动和合理配置,能够为乡村治理提供更广阔的空间和资源。例如,加强城乡基础设施互联互通,能够改善乡村的生产生活条件,提升乡村居民的生活质量。同时,乡村治理还需要根据村庄类型和发展目标,实施分类治理策略。例如,对于集聚提升类村庄,重点强化产业发展和基础设施建设,提高村庄的集聚能力和辐射能力;对于特色保护类村庄,重点保护和传承乡村文化,发展乡村旅游等特色产业,实现乡村的可持续发展。

五、从“硬治理”向“软治理”转变

“硬治理”主要依靠行政手段和强制性措施,而“软治理”则更加注重文化、社会和心理等非强制性因素的作用。乡村治理从“硬治理”向“软治理”转变,是适应乡村社会变迁和农民需求变化的必然要求。例如,加强乡村文化建设,能够增强农民的文化认同感和归属感,促进乡村社会的和谐稳定;开展社会心理服务,能够缓解农民的心理压力,提升农民的幸福感和获得感。此外,“软治理”还能够更好地发挥乡村社会的自我调节功能,通过村民之间的相互监督、相互帮助,形成良好的社会秩序。

六、社会多元主体协同治理

乡村治理需要充分发挥政府、社会组织、企业、农民等多元主体的作用,形成共建共治共享的治理格局。政府在乡村治理中发挥主导作用,通过制定政策、提供公共服务等方式,引导乡村治理的方向和发展。社会组织则能够发挥其专业优势,为乡村治理提供技术支持和专业服务。例如,环保组织可以协助政府开展农村环境治理;文化组织可以推动乡村文化建设。企业可以通过投资乡村产业、提供就业岗位等方式,为乡村治理提供经济支持。农民作为乡村治理的主体,通过参与村务决策、监督治理过程等方式,能够增强乡村治理的民主性和有效性。多元主体协同治理,能够整合各方资源,形成治理合力,提升乡村治理的整体效能。

第二节

乡村治理与中国式现代化的深度融合

乡村治理与中国式现代化是辩证统一的有机整体，二者的深度融合既是国家治理体系现代化在乡村场域的实践延伸，更是实现全体人民共同富裕、物质文明与精神文明相协调、人与自然和谐共生的现代化目标的关键路径。这种融合通过制度创新、技术赋能与价值重构，推动乡村社会实现系统性变革。

一、乡村治理与现代产业体系构建的协同

中国式现代化要求构建新型工农城乡关系，乡村治理通过创新治理机制激活生产要素流动，为现代农业、数字经济与特色产业集群发展提供制度保障。

首先，乡村治理的创新机制能够促进生产要素在城乡之间合理流动。长期以来，城乡二元结构导致了要素流动的不平等，城市对农村的资源虹吸效应明显，制约了农村的发展。提升乡村治理水平，可以增强农村资源要素的配置能力，推动城乡要素的畅通流动，实现以城带乡、城乡共荣。例如加强农村土地制度改革，优化土地资源配置，促进土地流转和集约化经营，提高土地利用效率。同时，推动农村金融创新，完善农村金融服务体系，为农村产业发展提供资金支持。

其次，乡村治理为现代农业的发展提供了制度保障。现代农业需要高效的组织管理、先进的技术支持和完善的市场体系。乡村治理通过优化治理结构，提升治理能力，能够更好地协调各方利益，推动农业现代化进程。通过加强农村基层党组织建设，发挥党组织在农村发展中的领导核心作用，引导农民参与农业现代化建设。同时，完善农业社会化服务体系，提高农业生产的组织化程度，降低农业生产成本，提高农业生产效益。

再次，乡村治理为数字经济的发展提供了良好的环境。数字经济的发展需要完

善的基础设施、高素质的人才和创新的政策支持。乡村治理通过加强基础设施建设,提升公共服务水平,能够为数字经济发展创造良好的条件。加快农村信息化基础设施建设,提高农村互联网普及率,为数字经济发展提供基础支撑。同时,加强农村人才培养,提高农民的数字素养,为数字经济发展提供人才保障。最后,乡村治理为特色产业集群的发展提供了有力支持。特色产业集群的发展需要良好的产业生态、完善的产业链条和强大的市场竞争力。乡村治理通过优化产业布局,加强产业协同,能够为特色产业集群的发展提供有力支持。

二、乡村治理与人的现代化发展的联动

中国式现代化本质是人的现代化,乡村治理通过重构人才培养与价值实现机制,培育具有现代意识、数字素养与生态观念的新型农民,为乡村振兴和中国式现代化提供坚实的人才支撑。

(一)乡村治理与人的现代化发展的内在逻辑

中国式现代化强调以人民为中心的发展思想,旨在实现全体人民的共同富裕和全面发展。乡村治理作为乡村社会的管理和服务体系,其核心目标是提升农民的生活质量和幸福感。这一目标与人的现代化发展内在一致,都强调人的主体地位和全面发展。乡村治理通过优化治理结构、提升治理能力,能够更好地满足农民的多样化需求,促进农民的全面发展。同时,人的现代化发展也为乡村治理提供了动力和方向,推动乡村治理不断创新和完善。

(二)重构人才培养机制

乡村治理应注重建立多元化的教育体系,满足农民不同层次、不同类型的教育需求。这包括基础教育、职业教育、成人教育等,旨在提升农民的文化素质和专业技能。在数字经济快速发展的背景下,数字素养已成为现代农民必备的能力之一。乡村治理应通过开展数字素养教育,提升农民的信息获取、处理和应用能力。通过组织农民参加数字技能培训,使其能够熟练使用智能手机、电脑等设备,掌握电子商务、在线支付、远程医疗等数字技术,从而更好地适应数字经济发展。生态观念是新型农民的重要素质之一。乡村治理应通过开展生态教育,增强农民的环保意识和可持续发展观

念。可以组织农民参加生态保护培训，学习农业废弃物处理、水资源保护、土壤改良等知识，推动农业绿色发展。

（三）重构价值实现机制

一是建立激励机制。乡村治理应建立有效的激励机制，激发农民的创新活力和创业热情。这包括物质激励和精神激励，旨在鼓励农民积极参与乡村建设和治理。例如设立农民创业基金，为农民创业提供资金支持；开展“最美农民”评选活动，表彰在乡村建设中表现突出的农民，增强其荣誉感和责任感。

二是完善参与机制。乡村治理应完善农民参与机制，保障农民在乡村治理中的主体地位。这包括建立村民议事会、村民监事会等自治组织，让农民参与乡村事务的决策和监督。通过村民议事会，农民可以就乡村发展规划、基础设施建设、公共服务供给等议题进行讨论和决策，确保乡村治理符合农民的利益和需求。

三是构建共享机制。乡村治理应构建共享机制，促进乡村发展成果的公平共享。这包括建立利益共享机制，让农民在乡村产业发展中获得更多的收益。可以通过发展农民合作社、农业产业化联合体等新型农业经营组织，实现农民与企业、合作社之间的利益共享，提高农民的收入水平。

（四）培育新型农民

首先，提升新型农民的现代意识。新型农民应具备现代意识，包括法治意识、市场意识、创新意识等。乡村治理应通过开展法治教育、市场教育和创新教育，提升农民的现代意识。通过组织农民学习法律法规，增强其法治意识；开展市场培训，提升其市场洞察力和竞争力；鼓励农民参与创新创业活动，激发其创新活力。其次，增强新型农民的数字素养。具备数字素养能够促使新型农民熟练运用数字技术进行生产、生活和社交。应通过开展数字技能培训，使农民能够熟练使用智能手机、电脑等设备，掌握电子商务、在线支付、远程医疗等数字技术，从而更好地适应数字经济发展。再次，树立新型农民的生态观念。乡村治理应通过开展生态教育，增强农民的环保意识和可持续发展观念。组织农民参加生态保护培训，学习农业废弃物处理、水资源保护、土壤改良等知识，推动农业绿色发展。

三、乡村治理与中华文明传承创新的融合

中国式现代化强调精神生活的共同富裕,这不仅是对物质生活富裕的补充,更是对人的全面发展和文化自信的追求。乡村治理作为国家治理体系的重要组成部分,不仅在推动乡村经济发展、社会和谐稳定等方面发挥着重要作用,还在传承和创新中华优秀传统文化、构建现代文明新形态方面具有不可替代的功能。

通过深入挖掘乡村中的传统文化资源,如农耕文化、民俗文化、乡土文化等,并结合现代审美视角和市场需求进行创造性转化,创新传统文化的表现形式,如利用现代科技手段将传统文化元素融入到现代文化产品中,为乡村振兴注入强大的精神动力和文化支撑。同时,通过加强乡村文化建设,提升农民的文化素养和精神追求;推动乡村社会治理现代化,借鉴传统文化中的社会治理智慧,健全自治、法治、德治相结合的乡村治理体系;促进乡村文化与现代文明融合,开展各类文化活动、推广传统手工艺、传承民俗风情;等等。乡村治理能够构建现代文明新形态,推动乡村社会的全面进步和人的全面发展,实现乡村全面振兴和全体人民的共同富裕。

在乡村治理的实践中,可以通过多种途径实现乡村文化与现代文明的融合。例如,通过发展乡村文化产业,将传统文化资源转化为经济资源,开发乡村旅游、文化创意产品、民俗体验项目等,不仅能够传承和弘扬传统文化,还能为乡村经济发展带来新的增长点。同时,通过举办各类文化活动,如“村晚”“村BA”“村跑”等,推广传统手工艺,传承民俗风情,让传统文化与现代文明有机结合,丰富农民的精神生活,增强乡村社会的凝聚力和向心力。此外,乡村治理还应注重加强乡村文化建设,提升农民的文化素养和精神追求。通过建设乡村文化广场、文化礼堂、农家书屋等文化设施,营造浓厚的文化氛围,让农民在日常生活中感受到文化的魅力。同时,推动乡村社会治理现代化,借鉴传统文化中的社会治理智慧,健全自治、法治、德治相结合的乡村治理体系,提升乡村社会治理的水平和效能。

四、乡村治理与生态文明新形态的共生

中国式现代化坚持人与自然和谐共生,这一理念在乡村治理中具有重要的实践意义。乡村治理通过制度创新,能够将生态优势转化为发展动能,推动乡村经济社会发展与生态环境保护的良性互动,进而促进生态文明新形态的构建。

从理论层面来看,乡村治理与生态文明新形态的共生具有坚实的基础。中国式

现代化强调人与自然的和谐共生关系，这要求在乡村治理过程中，充分尊重自然规律，将生态保护纳入乡村治理的重要议程，通过制度创新，建立一套有效的生态治理机制，实现乡村生态系统的良性循环和可持续发展；通过制定严格的环境保护法规和政策，加强对乡村生态环境的监管和保护，推动乡村产业的绿色转型和升级，促进乡村经济与生态环境的协调发展。

在实践层面，乡村治理通过制度创新将生态优势转化为发展动能的路径多种多样。一方面，可以发展生态农业。通过推广绿色种植、养殖技术，减少化肥、农药的使用，提高农产品的质量和安全性，同时保护土壤和水资源，实现农业的可持续发展。例如一些地方推行的“稻鱼共生”模式，既提高了农业产出，又保护了生态环境，增加了农民收入。另一方面，可以发展生态旅游。依托乡村独特的自然风光和生态环境，开发乡村旅游项目，吸引城市游客前来休闲度假，带动乡村经济发展。一些乡村通过打造生态旅游景点，发展民宿、农家乐等旅游服务业，实现了生态与经济的双赢。

此外，乡村治理还可以通过加强生态文化建设，提高农民的生态意识和环保素养，促进乡村社会的生态文明新形态的形成。通过开展生态教育活动，普及生态知识，传播生态理念，引导农民树立正确的生态价值观和生活方式。通过举办生态文化节、生态知识讲座等活动，提高农民的生态意识，促进乡村生态文化的传承和发展。

总而言之，乡村治理与生态文明新形态的共生是中国式现代化的重要体现。通过制度创新，将生态优势转化为发展动能，不仅可以推动乡村经济社会的可持续发展，还可以促进乡村生态环境的保护和改善，实现人与自然的和谐共生。探索更多将生态优势转化为发展动能的有效途径，有助于推进建设美丽中国和实现中国式现代化。

五、乡村治理与治理能力现代化的互促

中国式现代化需要构建共建共治共享的治理格局，乡村治理通过组织重构与数字赋能实现治理范式转型，进而与治理能力现代化形成互促关系。中国式现代化强调以人民为中心，致力于实现全体人民的共同富裕和全面发展。在这一进程中，乡村治理作为国家治理体系的重要组成部分，承担着推动乡村经济社会发展、维护乡村社会稳定、促进乡村文化繁荣等重要任务。构建共建共治共享的治理格局，要求乡村治理必须从传统的管理模式向现代治理模式转变，充分发挥政府、市场、社会等多元主

体的作用,形成协同共治的良好局面。通过优化治理组织结构,强化基层党组织建设、构建多元主体协同治理机制,以及完善治理制度体系,建立健全自治制度、加强法治建设、强化德治作用,乡村治理能够实现治理范式转型。同时,数字赋能也是实现治理范式转型的重要途径,包括加强数字基础设施建设、推进数字技术应用、搭建数字治理平台。乡村治理的创新实践、组织重构和数字赋能,不仅提升了乡村治理的效率和效果,还为治理能力现代化提供了实践经验、人才支撑和创新动力。治理能力现代化则为乡村治理提供了制度保障、技术支持和资源投入,促进了乡村治理的健康发展。

第三节

乡村治理可持续发展的路径优化

乡村治理的可持续发展是实现乡村振兴战略的重要保障，其核心在于构建多元主体协同参与、生态环境友好、人才体系长效化以及技术赋能的治理模式。

一、多元主体的协同参与机制

乡村治理的可持续发展离不开多元主体的协同参与，包括政府、村级组织、企业、社会组织和村民等。构建多元主体协同参与机制的关键在于明确各方职责，优化参与路径，形成共建共治共享的治理格局。基层党组织在乡村治理中发挥引领作用，通过组织振兴和能力建设，提升党组织的号召力和凝聚力。以浙江“千万工程”为例，其通过多层次的领导力供给与资源整合，成功构建了高效的治理共同体，为乡村治理提供了有力支撑。政府在乡村治理中的角色需从管理型向服务型转变，强化公共服务供给能力。与此同时，企业与社会组织的参与为乡村治理注入了技术与资金支持。可以通过政府购买服务的方式，引入专业社会组织承接乡村治理延伸的公共服务。此外，村民作为乡村治理的主体，其参与积极性的提升也至关重要。要健全社会治理共同体机制，形成共同参与治理的合力，提高人人参与社会治理的效率和效果。[①]而这其中的关键是科学运用数字化管理工具，以促进公民参与，从而构建社会信任与提升治理效能。通过数字化平台，村民可以更便捷地参与村务决策、监督和反馈，增强其主体意识。

二、基于生态的环境治理改革

乡村治理的可持续发展离不开生态环境的保护与修复。基于生态的环境治理改

① 打造社会治理共同体 推进基层治理现代化[EB/OL].(2024-01-11)[2024-12-01].https://www.gmw.cn/xueshu/2024-01/11/content_37082493.htm.

革是实现乡村生态振兴的重要路径，具体而言：

一要紧抓生态产品价值实现机制。通过引入因素法、项目法等核算方法，全面考虑生态系统服务功能、生态产品价值以及环境效益等多方面因素，实现生态资源价值的精准评估。在此基础上，完善生态保护补偿制度，构建差异化的生态补偿标准体系，确保各类生态资源在开发和保护过程中获得公平、合理的经济回报。如可以通过"林权抵押+贷款""生态认证+市场交易"等创新模式，明确生态产品产权，降低交易风险，提高市场参与度，注重将生态产品纳入绿色金融体系。

二要促进生态治理与产业发展融合。一方面，推广清洁能源和生态农业。在乡村地区推广太阳能、风能等清洁能源，减少对传统能源的依赖，降低碳排放。同时，通过化肥农药减量行动，减少农业面源污染，保护土壤和水资源。另一方面，发展生态友好型产业。结合乡村的自然资源和文化遗产，发展生态旅游、休闲农业、农产品精深加工等产业。通过发展乡村旅游，将乡村的自然景观、民俗文化与现代旅游相结合，形成"生态+文化+旅游"的产业模式。

三要分类推进生态治理。根据不同村庄类型，因地制宜地开展生态保护和修复工作是实现乡村生态治理可持续发展的有效路径。对于集聚提升类村庄，应通过生态治理与产业发展的融合，提升村庄的综合竞争力。例如，发展多功能农业、农产品深加工等产业，推动农业绿色化、优质化、特色化、品牌化。同时，加强人居环境整治和公共服务配置，打造宜居宜业的乡村环境。对于特色保护类村庄，应重点保护村庄的自然生态系统和文化遗产。例如，通过生态搬迁、土地流转等方式，减少人类活动对生态系统的干扰。同时，利用绿色生态优势，发展生态旅游、民俗文化体验等产业，实现生态保护与经济发展的双赢。

三、长效化人才体系的构建

通过长效化的人才体系构建，吸引和留住人才，促进乡村可持续发展不容忽视。一方面，通过与高校、科研院所合作，开展多层次的技能培训，提升本土人才的治理能力。可以通过建立自主培养与人才引进相结合的模式，形成本土人才培育的有效机制。另一方面，突破城乡二元结构，完善社会保障和职称评定体系，为人才流动疏通渠道。积极探索村级党组织书记职业化管理模式，提升乡村治理人才的职业化水平。最后，在激励机制创新方面，通过经济激励与非经济激励相结合的方式，吸引大学生、退伍军人、返乡创业人员等投身乡村治理。通过完善积分奖励、公务员上升通道等措施，激发乡村干部的积极性。

四、创新治理工具与技术赋能

数字技术为乡村治理提供了新的工具和手段，其核心在于通过技术赋能提升治理效能。具体而言需要关注以下几个方面的建设：

一是数字化基础设施建设。数字化基础设施是乡村治理现代化的基础。加大对乡村数字化基础设施的投入，可以推动光纤、5G网络全覆盖，还可以通过安装视频摄像头，提升基层治安防控能力。

二是数字治理平台建设。数字治理平台是乡村治理现代化的重要载体。构建集公共服务、党建、村务管理等多种功能于一体的数字化平台，可以促进乡村治理的透明度和科学性显著提升。此外，数字治理平台可以通过大数据分析和人工智能技术，实现政策仿真和管理模拟，为乡村治理提供决策支持。通过智能分析技术，政府能够精准掌握村民需求，实现从“被动应付”到“主动服务”的转变。

三是提升村民数字素养。提升村民的数字素养是数字乡村建设的重要内容。通过远程教育和社交网络平台，开展数字化技能培训，能够培养具备互联网思维的“数字村民”。一要加强对优质教育教学资源库建设，实现优质教育资源的互联互通。二要通过短视频、直播等方式，宣传数字乡村建设中的优秀案例和典型人物，激发村民的内在动力。

结语

结语部分简要总结主要结论,阐明理论贡献与实践价值,同时反思研究局限,展望未来方向。研究遵循“问题提出—理论构建—实证分析—对策建议”的逻辑主线,层层递进地完成了对中国乡村治理路径优化的探索。

一、研究总结

本书以中国式现代化为理论框架,以贵州省为实证样本,系统探讨了乡村治理的多维实践与路径优化。研究通过“理论建构—历史演进—经验比较—维度剖析—绩效评估—未来展望”的逻辑链条,揭示了乡村治理与中国式现代化的深度融合机制。研究突显出以下特点:

一是理论逻辑的深化。在第一章至第三章中,通过解析中国式现代化的内涵特征,提炼出乡村治理的六大核心要素,并构建了“制度—技术—文化”协同驱动的分析框架。

二是实践路径的突破。第四章至第七章的实证研究表明,基层党组织嵌入治理是提升乡村治理效能的关键,而人才支撑与生态治理的协同创新则为欠发达地区提供了可复制的实践范例。研究特别揭示了贵州省乡村治理的三大典型性:喀斯特地貌区生态治理的复杂性、多民族聚居区文化治理的特殊性以及数字经济赋能治理的先锋性。

三是绩效评估的革新。第八章通过QCA方法对贵州20个少数民族特色村寨的治理绩效进行组态分析,发现只有关注村寨资源、村寨价值建构、村寨制度安排这三个核心条件变量相互间的联动适配,才能更好实现高水平的村寨治理绩效。典型案例如HY村“四轮驱动”模式,通过组织振兴、生态振兴、人才振兴的协同,实现了治理效能跃迁。

二、研究的理论与实践意义

研究构建了基于公共价值理论的乡村治理绩效分析框架,深化了对乡村治理绩效影响因素的理解,为乡村治理理论的发展提供了不同视角的理论补充与完善。此外,研究还提出了乡村治理能力建设的核心要素,包括组织能力、治理机制、人才支撑、资源配置、技术应用及文化引领等,进一步丰富了乡村治理的理论体系。

在实践层面,本研究为中国乡村治理的优化提供了具体的策略与建议。通过对我国乡村治理浙江“千万工程”经验等的借鉴，研究提出了重视农业与工业同步现代化、完善农村基础设施建设、激发农民的伦理精神内驱力、建立多元主体参与的乡村治理管理机制、提升乡村治理的智能化水平、重教育引导以提高农民素质及发展农村合作组织社会整合功能等启示，为中国乡村治理的实践提供了有益的参考。

与此同时，针对乡村干部治理能力、乡村人居环境治理、乡村人才队伍建设及乡村治理绩效等关键领域提出的提升策略，具有一定的针对性和可操作性，能够为地方政府和相关部门制定乡村治理政策提供决策参考。而通过对贵州少数民族特色村寨治理实践的分析，研究提出了“四轮驱动”“五个同心”等治理模式，为其他地区的乡村治理实践提供了有益的借鉴和启示。

三、研究局限与未来展望

（一）研究局限

尽管本研究在理论与实践层面取得了一定的成果，但仍有诸多不足之处。

在研究样本覆盖面上，尽管涵盖贵州9个市州，但对世居民族村寨的文化治理差异挖掘不足，如苗族“鼓社制”与布依族“寨老制”的治理效能比较尚未深入。

在研究方法上，虽然采用了多种研究方法，但由于时间和资源的限制，部分数据的收集和分析可能存在一定的局限性，影响了研究结果的准确性和可靠性。如对治理绩效的评估主要基于截面数据，未能充分反映“村社合一”改革的长期效应。

在研究范围上，对其他国家和地区的乡村治理经验涉及较少，限制了研究的国际视野和比较分析的深度。

在研究内容上，虽然对乡村治理的多个领域进行了探讨。但对于一些新兴领域，如乡村治理的数字化转型、碳中和乡村建设以及生态治理等，研究仍不够深入。特别是对于区块链技术在乡村治理中的应用、乡村碳汇交易机制等前沿议题，尚未给予足够的关注，有待进一步拓展与深化。

（二）未来展望

针对以上分析的研究局限，未来的研究可以从以下几个方面进一步拓展和深化。

在研究方法上，可以进一步优化数据收集和分析方法，提高研究结果的准确性和可靠性。可引入大数据分析技术，通过对海量数据的挖掘与分析，更精准地把握乡村治理的现状与趋势;同时运用案例比较分析方法,对不同地区乡村治理的典型案例进行深入剖析,提炼出更具普适性的治理经验与模式。

在研究范围上,可以扩大研究的国际视野。扩大至“一带一路”共建国家乡村治理经验比较,通过对其他国家和地区的乡村治理经验进行比较分析,提炼出更具普遍性和借鉴意义的治理模式和策略。深化区域比较研究,构建“东—中—西”“平原—山地—高原”等类型学框架,探究治理模式的适配性规律。

在研究内容上,可以加强对乡村治理新兴领域的研究。可以深入探讨数字技术如何赋能乡村治理,提升治理效能;聚焦生态治理、碳中和乡村建设等前沿领域,为乡村可持续发展提供理论支持与实践指导。还可以关注社会多元主体协同治理机制,研究如何通过多方协作,实现乡村治理的高效与和谐;关注新农人的数字生存逻辑如何重构乡村治理秩序;关注完善制度创新评估,建立乡村治理政策“成本—收益—风险”三维评估模型,重点监测生态补偿、人才反哺等制度的可持续性。

中国式现代化背景下的乡村治理,既是传统治理智慧的当代转化,更是人类文明新形态的生动实践。本书通过理论建构与贵州实践的深度对话,揭示了乡村治理从“经验治理”向“科学治理”、从“单一管控”向“多元共治”、从“被动适应”向“主动创新”的转型逻辑。未来的乡村治理研究,需要在坚守人民性底色的同时,以更大勇气推进理论创新、制度创新与技术创新的深度融合,为全球乡村治理贡献中国方案。

参考文献

1.重要文献

[1]中共中央文献研究室.习近平关于全面建成小康社会论述摘编[M].北京:中央文献出版社,2016.

[2]中共中央党史和文献研究院.习近平关于“三农”工作论述摘编[M].北京:中央文献出版社,2019.

[3]中国共产党中央委员会.中共中央国务院关于坚持农业农村优先发展做好“三农”工作的若干意见[M].北京:人民出版社,2019.

[4]国家统计局农村社会经济调查司.2023中国农村统计年鉴[M].北京:中国统计出版社,2023.

[5]中共中央国务院关于全面推进乡村振兴 加快农业农村现代化的意见[M].北京:人民出版社,2021.

[6]农业农村部农村合作经济指导司,贵州省农业农村厅.全国乡村治理示范村镇典型经验(贵州篇)[M].北京:中国书籍出版社,2021.

[7]农业农村部农村合作经济指导司,江西省农业农村厅.全国乡村治理示范村镇典型经验(江西篇)[M].北京:中国农业出版社,2020.

[8]农业农村部农村合作经济指导司,浙江省农业农村厅.全国乡村治理示范村镇典型经验(浙江篇)[M].北京:中国农业出版社,2020.

2.学术著作

[1]费孝通.乡土中国[M].青岛:青岛出版社,2019.

[2]梁漱溟.乡村建设理论[M].上海:上海人民出版社,2011.

[3]贺雪峰.大国之基:中国乡村振兴诸问题[M].北京:东方出版社,2019.

[4]埃莉诺·奥斯特罗姆.公共事物的治理之道:集体行动制度的演进[M].余逊达,陈

旭东，译．上海：上海译文出版社，2012.

3.期刊论文

[1]贺雪峰．农民与中国现代化[J].社会科学，2024(10)：171-183.

[2]徐勇．以协同治理推进城乡融合发展[J].人民论坛·学术前沿，2024(21)：13-19.

[3]栗伊萱，杨晓婷，毛寿龙．嵌入式统合：新时代干部下乡优化乡村治理结构的实践逻辑[J].公共管理学报，2024，21(4)：137-150.

[4]许晓，程同顺．中国共产党引领乡村治理的百年回望与经验启迪[J].公共管理与政策评论，2022，11(2)：74-86.

[5]叶雨寒，高强．日韩经验对中国农村空心化治理的启示[J].湖北农业科学，2021，60(10)：189-194.

[6]杨亚楠，苑惠丽．国外乡村规划发展的经验与启示[J].资源与人居环境，2021(11)：58-61.

[7]李金锴，苏青松，高鸣．乡村治理何以有效？——国外典型实践模式及启示[J].山西农业大学学报(社会科学版)，2022，21(1)：44-54.

[8]陈明．“十四五”乡村治理现代化走向及2035年远景展望[J].治理现代化研究，2022，38(3)：26-37.

[9]潘珣．数字技术赋能乡村产业人才队伍建设的理论机制、现实挑战与路径优化[J].南京农业大学学报(社会科学版)，2025，25(1)：104-114.

[10]万艾琳，庄天慧．乡村产业带头人培育：价值功能、现实困境及提升路径 [J].农村经济，2024(12)：92-104.

[11]俞佳佳，李乐．民族地区乡村振兴与“全方位嵌入”式社区建设：契合、互促、共生[J].民族学论丛，2022，(Z1)：141-147.

[12]俞可平．国家治理的中国特色和普遍趋势[J].公共管理评论，2019，1(3)：25-32.

[13]雷慧婷．基于SFIC模型的农村人居环境治理研究——以贵州省X村为例 [J].农村·农业·农民，2025(1)：74-76.

[14]贾文龙．社会资本嵌入农村人居环境多元主体合作治理的实践逻辑及优化路径[J].农村经济，2024(11)：124-132.